HERMES

在古希腊神话中,赫耳墨斯是宙斯和迈亚的儿子,奥林波斯神们的信使,道路与边界之神,睡眠与梦想之神,亡灵的引导者,演说者、商人、小偷、旅者和牧人的保护神……

西方传统 经典与解释 **HERMES**
Classici et Commentarii

施特劳斯集

刘小枫 ● 主编

增订本

犹太哲人与启蒙

——施特劳斯讲演与论文集：卷一

Essays & Lectures on Jewish Philosophers
and the Enlightenment by Leo Strauss

[美]列奥·施特劳斯 Leo Strauss ｜ 著

刘小枫 ｜ 编

张缨 等 ｜ 译

华夏出版社

古典教育基金·"资龙"资助项目

"施特劳斯集"出版说明

1899年9月20日,施特劳斯出生在德国Hessen地区Kirchhain镇上的一个犹太家庭。人文中学毕业后,施特劳斯先后在马堡大学等四所大学注册学习哲学、数学、自然科学,1921年在汉堡大学以雅可比的认识论为题获得哲学博士学位。1924年,一直关切犹太政治复国运动的青年施特劳斯发表论文"柯亨对斯宾诺莎的圣经学的分析",开始了自己独辟蹊径的政治哲学探索。三十年代初,施特劳斯离开德国,先去巴黎、后赴英伦研究霍布斯,1938年移居美国,任纽约社会研究新学院讲师,十一年后受聘于芝加哥大学政治系,直到退休——任教期间,施特劳斯先后获得芝加哥大学"杰出贡献教授"、德国汉堡大学荣誉教授、联邦德国政府"大十字勋章"等荣誉。

施特劳斯在美国学界重镇芝加哥大学执教近二十年,教书育人默默无闻,尽管时有著述问世,挑战思想史和古典学主流学界的治学路向,身前却从未成为学界声名显赫的名人。去世之后,施特劳斯才逐渐成为影响北美学界最重要的流亡哲人:他所倡导的回归古典政治哲学的学问方向,深刻影响了西方文教和学界的未来走向。上个世纪七十年代以来,施特劳斯身后才逐渐扩大的学术影响竟然一再引发学界激烈的政治争议——自由主义知识分子觉得,施特劳斯对自由民主理想心怀敌意,是政治不正确的保守主义师主;后现代主义者宣称,施特劳斯唯古典是从,没有提供应对现代技术文明危机的具体理论方略。为施特劳斯辩护的学人则认为,施特劳斯从来不与某种现实的政治理想或方案为敌,也从不提供解答现实政治难题的哲学论说;那些以自己的思想定位和政治立场来衡量和评价施特劳斯的哲学名流,不外乎是以自己的灵魂高度俯视施特劳斯立足于古典智慧的灵魂深处。施特劳斯关心的问题更具常识品质,而且很陈旧:西方文明危机的根本原因何在？施特劳斯不仅对百年来西方学界的这个老问题做出了超逾所有前人的深刻回答,而且提出了切实可行的应对方略:重新学习古典政治哲学作品。施特劳斯的学问以复兴苏格拉底问题为基本取向,这迫使所有智识人面对自身的生存德性问题:在具体的政治共同体中,难免成为"主义"信徒的智识人如何为人。

如果中国文明因西方文明危机的影响也已经深陷危机处境,那么施特劳斯的学问方向给中国学人的启发首先在于:自由主义也好,保守主义、新左派主义或后现代主义也好,是否真的能让我们应对中国文明所面临的深刻历史危机。

"施特劳斯集"致力于涵括施特劳斯的所有已刊著述(包括后人整理出版的施特劳斯生前未刊文稿和讲稿;已由国内其他出版社出版的《霍布斯的政治哲学及其起源》、《思索马基雅维利》、《城邦与人》、《古今自由主义》除外),并选译有学术水准的相关研究文献。我们相信,按施特劳斯的学问方向培育自己,我们肯定不会轻易成为任何"主义"的教诲师,倒是难免走上艰难地思考中国文明传统的思想历程。

古典文明研究工作坊
西方典籍编译部甲组
2008 年

目　录

增订本说明/刘小枫 …………………………………………… 1

二十年代
答法兰克福小组的"原则之言"(1923) ……………………… 2
评"犹太复国主义和反犹主义"讨论(1923) ………………… 19
诺焘的犹太复国主义(1923) ………………………………… 25
评拉伽德(1924) ……………………………………………… 35
犹太复国主义与正统(1924) ………………………………… 53
犹太复国主义之源(1924) …………………………………… 62
评温伯格的批评(1925) ……………………………………… 70
武装的教会(1925) …………………………………………… 79
评柯亨的《犹太教文集》(1925) ……………………………… 87
犹太学术研究院卡塞尔课程大纲(1925—1928) …………… 95
评弗洛伊德《一个幻觉的未来》(1928) ……………………… 110
论政治犹太复国主义的意识形态(1929) …………………… 126
罗森茨威格与犹太教学术研究院(1929) …………………… 134

三十年代
当代的宗教状况(1930) ……………………………… 140

四十年代
就犹太人问题对轴心国的再教育(1943) …………… 156

五十年代
序胡熙克《哲学论著集》(1952) ……………………… 170
论《创世记》的解释(1957) …………………………… 209
致编者的信:以色列国家(1957) …………………… 232
弗洛伊德论摩西与一神教(1958) …………………… 235
一段未宣读的开场白(1959) ………………………… 267

六十年代
追忆阿容松点滴(1961) ……………………………… 274
我们为什么仍然是犹太人(1962) …………………… 277

增订本说明

　　一个年轻的中国人要是迷上康德哲学，他不会觉得有什么道德问题，一个年轻犹太人则不然。犹太人天生是犹太教徒，而理性思辨天然带有的启蒙性质会瓦解犹太人的生活所凭靠的圣经信仰。一个犹太学人若要成为理性主义者同时又要保持犹太教信仰，的确很难。对于施特劳斯这个犹太裔学人来说，迷上康德哲学无异于遭遇切身的生存性悖论。

　　施特劳斯的哲学研究始于他对作为政治问题的犹太人问题以及圣经宗教与启蒙哲学的关系问题的关切，而且他终其一生都葆有这一关切。犹太政治体信仰与希腊哲学的冲突已经有近两千年历史，施特劳斯的思考表明，这一冲突迄今没有解决甚至没可能解决。五四新文化运动以来，传承华夏政治体信仰的儒家学人同样经历了启蒙哲学洗礼，对他们中的一些人来说，既信奉儒教又热爱启蒙哲学不会有问题，而另一些人则认为大有问题。无论哪种情形，施特劳斯的思考对我们会有启发吗？

　　这部文集旨在收集施特劳斯关于犹太人问题以及圣经宗教与启蒙哲学的关系问题的所有已刊论文和讲演稿，按写作或发表时间先后为序，以展示其思想轨迹。文集初版于2008年，眼下这个增订本除订正旧译外，增补了三篇早期文稿（其中两篇为2012年刊布的文献），删除了五篇论阿尔法拉比和迈蒙尼德的文稿及其附录（共六篇）。这些文稿将与晚近刊布的施特劳斯关于迈蒙尼德的讲稿汇在一起，作为"施特劳斯讲演与论文集"第三卷《论法拉比和迈蒙尼德》（刘小枫编，张缨等译，华夏出版社即出）单行。

编　者
2015年春
古典文明研究工作坊

列奥·施特劳斯

二十年代

答法兰克福小组的"原则之言"①

(1923)

卢白羽　张缨　译

[题解]施特劳斯起初是个政治犹太复国主义者,二十年代初期的文章跟现代犹太复国主义史尤其德意志的犹太复国主义运动史最乐观的一段时期相合。② 尽管犹太人不再遭受制度化的政府性歧视(systematic governmental discrimination),但直至一战结束,对犹太人的歧视始终还在,尽管犹太人中的精英取得了在文化、政治、经济上有影响力的社会地位,少数犹太复国主义者仍感受到反犹主义情绪在日益增长。这种感受让他们确认了自己一直以来的信念:欧洲犹太人的未来有赖于犹太人让自己脱离欧洲的能力。不列颠王国(the British crown)在1917年的《巴尔福宣言》(Balfour Declaration)中承认,支持犹太复国主义者建立一个"在巴勒斯坦的犹太祖国"的要求,这样一来,寻求脱离欧洲开始成为一个现实的政治选择,尽管实现这一选择的过程依然迟缓。英国支持犹太人移民巴勒斯坦实际上始于1920年(召开San Remo会议并与土耳其签订和平条约的那年),该年塞缪尔(Herbert Samuel)成为首任巴勒斯坦高级专员(High Commi- ssioner),但直至1924年洛桑条约(Treaty of Lau-

---

① [中译编者按]本文正文译自德文,卢白羽迻译,题解和注释(特别说明者除外)编译自Michael Zank编《施特劳斯早期文稿》中的注释,张缨迻译;正文部分方括号中是依据英译补充的内容。

② 有关背景参看Walter Laqueur,《犹太复国主义史》(*A History of Zionism*, New York:Schocken Books,1972),页445,450-455。

sanne)签订,巴勒斯坦才正式成为国际联盟(League of Nations)的托管地,使英国控制该地区移民成为一个依法现实(a de jure reality)。德国在1923年结束经济危机后,允许资金流向犹太复国主义规划和定居,在巴勒斯坦引发了一片真正的建筑景象,为新定居者提供了就业,这次发展在1925年达到顶峰。

施特劳斯肯定完全意识到了这些发展,但他几乎没有显示出对犹太复国主义的实践政治方面有直接兴趣。青年犹太复国主义者们就犹太复国主义的精神取向及其与欧洲文化之间的关系持续争论,在这一背景中,施特劳斯发出了自己的声音。施特劳斯提出的是从精神上脱离欧洲的可能性问题,因为他发现,文化犹太复国主义者对该问题的回答存在缺陷。文化犹太复国主义的现代化神学拒绝传统的犹太流亡宗教、拒绝其救赎惟独源于上帝的信仰,这在施特劳斯看来是一种未公开承认的无神论(an unacknowledged atheism),是一种现代文化新教主义(cultural Protestantism)的变种,其根源在启蒙运动对宗教的批判。尽管施特劳斯批评文化犹太复国主义,但他和柯亨(Hermann Cohen)一样主张,现代自由主义和共和主义的政治理念与圣经中的先知伦理一神教颇为投合。由此,尽管施特劳斯拥护赫尔茨式的犹太复国主义(Herzl Zionism)的政治目标,但对某些读者而言,施特劳斯显得像个热忱的宗教犹太复国主义者,反对宗教的现代主义。然而,施特劳斯拒绝这种对他立场的解释,他开辟了反对"东方人"(Mizrahi[中译按]宗教犹太复国主义组织)式的宗教犹太复国主义的第二条战线(参"评温伯格的批评"及"武装的教会"两文)。与他所赞同的彻底的智性坦诚(the radical intellectual honesty)相一致,施特劳斯承认,惟一对现代犹太人问题而言可接受的答案只是政治犹太复国主义,而政治犹太复国主义却缺乏属灵的深度。但无论如何,施特劳斯主张,与所有对宗教——无论传统宗教还是现代宗教——资源的错误依赖断绝关系,惟一可取的态度是政治犹太复国主义,并由此构成一种坦诚的无神论。然而,这一立场将施特劳斯推出了犹太复国主义主流可接受的界限。施特劳斯赞同犹太复国主义具有无神论基础的论点(在1928年"评弗洛伊德《一个幻想的未来》"一文中最明显),然而,他的这一立场遭到中间派犹太复国主义者的拒绝,这些中间派追求的是宗教与世俗(自由派、同化的)犹太人之间的联盟,他们认为,施特劳斯的主张在政治上和宣传上有害。

本文原题 Antwort auf das "Prinzipielle Wort" der Frankfurter,刊于《犹太评论》(*Jüdische Rundschau*)28 卷,第 9 期(1923 年 1 月 30 日)。《犹太评论》由 Robert Weltsch 主编(自 1918 年至 1938 年),是德国犹太复国主义者联盟(Zionistische Vereinigung für Deutschland,简称 ZVfD)的机关刊物。

作者提示

为便于理解,有几点必须提请读者注意:犹太协会联盟(Kartell Jüdischer Verbindung;简称 K. J. V.)①于[1922 年]圣诞节在柏林举

---

① K. J. V. 指德国犹太复国主义者学生联盟。参 Oskar K. Rabinowicz 所撰"Kartell Jüdischer Verbindungen"(犹太协会联盟)。该联盟的主要成员小组是"犹太人合作协会"(Bund jüdischer Corporationen,建立于 1910 年)和"犹太复国主义协会联盟"(Kartell zionistischer Verbindungen,建立于 1906 年),两者于 1914 年出于"教育其成员争取犹太共同体的民族统一及其在以色列土地上(in Erez Israel)的复兴"这一意图而合并。犹太复国主义学生运动的主要对立组织是德意志学生犹太教信仰协会联盟(Kartell-Convent der Verbindungen deutscher Studenten jüdischen Glaubens,简称 K-C),该组织与中央联盟(Central-Verein,简称 C-V)关系密切。主要的德国犹太组织建于德意志第二帝国时代,并主宰了魏玛民国时期犹太人生活的制度化图景(institutional landscape),关于其历史及意识形态背景,参 Jehuda Reinharz,《父辈之地抑或应许之地:德国犹太人的两难,1893—1914 年》(*Fatherland or Promised Land: The Dilemma of the German Jew, 1893—1914*,Ann Arbor: University of Michigan Press,1975);另参 Reinharz,"三代德意志犹太复国主义"(Three Generations of German Zionism),刊《耶路撒冷季刊》(*Jerusalem Quarterly*)第 9 期(1978),页 95 – 110。

行了一次特别集会。① 会上,[犹太协会联盟的]法兰克福小组②起而反对与蓝白联盟(Blau－Weiss)③合并——而这一计划已被提上议事日程。他们提出反对的主要原因是,据称蓝白联盟不愿、甚至是在精神上无法投身到"犹太内涵"④这一要求之中来。——"布雷斯劳派"(Breslau)⑤指的是蓝白联盟偏向德意志犹太人和强权政治

---

① 此文背景是1922年12月犹太复国主义学生组织K.J.V.(＝犹太协会联盟,见上注)和犹太复国主义青年运动"犹太迁徙者蓝白联盟"(Jüdischer Wanderbund Blau－Weiss)之间的合并,在Walter Moses领导下,后者于1922年早些时候的Prunn集会上已重组。新的蓝白联盟后来被索勒姆(Gershom Scholem)描绘为"半法西斯式的"(semifascist),见氏著《从柏林到耶路撒冷:回忆青年时代》(*Von Berlin nach Jerusalem: Jugenderinnerungen*, Frankfurt: Suhrkamp, 1977),页192。

② 法兰克福小组(die Frankfurter)指发表于《犹太评论》卷27,103－104期(1922年12月29日,页675－676)的一份宣言的5位签署者,他们是:Erich Fromm、Fritz Gothein、Leo Löwenthal和Ernst Simon,还有Ernst Michaelis(汉堡),后者是与K.J.V.有关的一个犹太复国主义兄弟会Saronia的成员。值得留意的是,后来有人称施特劳斯是属于该兄弟会的成员。见本书"评温伯格的批评"一文英译者注。[中译按]参"评温伯格的批评"一文的"题解"。

③ 有关蓝白联盟和20世纪20年代的犹太青年运动,见Glenn Richard Sharfman,《1900至1936年间的德意志犹太青年运动:意识形态和组织研究》(*The Jewish Youth Movement in Germany*, 1900—1936: *A Study in Ideology and Organiztion*,北卡罗来纳大学1989年博士论文,未刊[中译按]以下简称《犹太青年运动》),尤见第4章(论一战前蓝白联盟的历史)和第8章(战后蓝白联盟作为"真正的少数派")。

④ 字面意思:内容(Inhalte; contents),下文亦然。犹太迁徙者蓝白联盟(Wanderbund)具有实用理想和风格,试图保持青年运动的特征,模拟德意志候鸟(German Wandervogel[中译按]此为德意志青年运动组织)。

⑤ 蓝白联盟的第一个支部1907年成立于布雷斯劳。1912年,该支部与柏林支部合并为"犹太迁徙者蓝白联盟"(Jüdischer Wanderbund Blau-Weiss),布雷斯劳支部仍是最强大的小组,受宗教犹太复国主义派领导。参Sharfman,《犹太青年运动》,页76及以下。因此受到犹太复国主义学生组织的代表K.J.V.(犹太协会联盟)和其他组织的批评,因为蓝白联盟抗拒K.J.V.寻求

的一翼,他们在过去几个月里占据了蓝白联盟的统治地位。下述答复便是以这一事实以及刊登在《犹太评论》(*Jüdische Rundschau*)①上编号为 103/104 的相关文章为出发点。

以下回答受到某种倾向的左右。这一倾向在许多方面都十分贴近蓝白联盟迄今为止的倾向。然而,这却不能否认某些原则上的异质性,尤其不能否认,我们的倾向在某个原则性层面对立于蓝白联盟与法兰克福小组的联合阵营。因为我们赞同联合阵营双方都极度厌恶的价值,即"论证"与"形式的政治化主义"(formaler Politizismus)。在特别集会日里,最尖锐反对与最热烈赞同合并的双方,在反对以上两种价值这点上奇迹般取得了一致:双方都坚信,科学和政治独立自主的时代已经到头了。另外,大家切不要被摩西(Walter Moses)②的政治诉求蒙骗:

和接受的成人指导(K. J. V. 是德意志犹太复国主义协会[ZVfD]的青年支翼)。对蓝白联盟缺乏犹太内涵的进一步指责,见 Sharfman,《犹太青年运动》,前揭,页 74,204,206(Nahum Goldmann 批评蓝白联盟的"反智主义"[anti-intellectualism]);页 223(布鲁门菲尔德[Kurt Blumenfeld],1922),及页 226(索勒姆[Gershom Scholem])。K. J. V. 和蓝白联盟的 6 周合并破裂之后,为了回应施特劳斯在此回应的同样指责,一些蓝白联盟的成员公开强调他们拒斥犹太传统,这种拒斥在一份名为"无用的《圣经》"(Bible as worthless)的宣言中达到顶点。见 Sharfman,《犹太青年运动》,页 224。Sharfman 看出,这种极端立场并非蓝白联盟多数派的代表。施特劳斯在蓝白联盟中的宗教立场看来似乎是少数中的少数。

① Erich Fromm, Fritz Gothein, Leo Löwenthal, Ernst Simon 和 Ernst Michaelis,"关于教育问题的原则之言"(Ein prinzipielles Wort zur Erziehungsfrage),《犹太评论》卷 27,第 103-104 期(1922 年 12 月 29 日),页 675-676。

② 摩西(Walter Moses)是当时各派犹太复国主义运动的众领袖之一,一战后变得引人瞩目。在犹太复国主义的目标方面,他倡导一种更清晰的公共立场(public stance),批评主流犹太复国主义在移居巴勒斯坦问题上态度冷淡。尽管 ZVfD 主张通过加强犹太价值使犹太人逐渐与欧洲文化分离,摩西领导下的蓝白联盟却主张直接在巴勒斯坦建立一个犹太人聚居点,以此继续

摩西所谓的"政治",是古代而非现代意义上的,因此对我们没有任何重大意义。① 在彻底绝对地废除"私人"领域这一行为的背后,并不是一个现代利维坦,而是一个具有异教法西斯性质的东西,与法兰克福小组手里带有神话与人文主义色彩的东西相对立(这两种观点虽然都反现代性,却同样具有现代性,因此是内在于现代性的观点)。反对和赞同合并的双方对"信仰"的态度也毫无二致:双方都想将"信仰"树立为"论证"无法企及的最终确定性。毫无疑问,这符合我们这代人的倾向。从某方面来说,虽然我们对这一倾向抱有好感,但它却没法证明自身的合理性。在这里,

---

德意志文化([德意志]候鸟风格[Wandervogel-style])。蓝白联盟确实曾在巴勒斯坦建立起一个定居点,但很快就散掉了,这也导致1926年蓝白联盟的解散。参 Sharfman,《犹太青年运动》,页 200 及以下。与摩西的犹太复国主义议程不同,第一代蓝白联盟的领袖们(由于其青年运动的特征,该组织成员的年龄通常接近 20 岁,尽管领袖们到 30 岁必须放弃其职位)却主张,以某种含糊的方式返回锡安(Zion[中译按]即耶路撒冷),据说这意思指的是一种真正人格的集体"实现"(a collective "realization" of true personhood)(布伯[中译按]"实现"是布伯的提法),这一"实现"可以发生在 Karlsruhe([中译按]德国中南部城市),与发生在耶路撒冷没有区别。参索勒姆,"蓝白联盟的眼镜"(Die blau-weiβe Brille),《犹太人》(Der Jude)卷一,12 期(1917 年 3 月),页 822 - 825,英译参《论危机中的犹太人和犹太教》(On Jews and Judaism in Crisis, New York:Schocken,1976),页 49 - 53。施特劳斯在本文第一段所指,正是他与之有松散联系的前摩西风格的蓝白联盟。

① 1922 年,摩西(Walter Moses)写了一份宣言,该宣言确立起蓝白联盟的目标和"政治"原则。联盟组织具有等级结构,对领袖(Führer)的服从无可置疑。类似于此后的 Betar([中译按]此为修正派复国主义青年运动组织,1923 年由亚博廷斯基[Vladimir Jabotinsky]创建于拉脱维亚的里加)意识形态。摩西把蓝白联盟组织设想为犹太移民的先头部队,模拟军队的组织结构,近似于招募尚无战争经验的年轻人,这些年轻人发现,牺牲的理念不仅令人振奋,而且是一副解毒剂,可以清除自我不满、怀疑主义的毒素,以及在通货膨胀年代因经济危机的威胁而与德意志中产阶级认同的文化。参 Sharfman,《犹太青年运动》。

我们且不论,"科学"与"国家"这两颗反天主教精神结出来的果实是否可能会更亲近最内在的犹太倾向,胜过亲近我们的器官学家们(Organologen)构建出来的惬意得多的理想。① 人们大概会认同这一"也许",如果他们想起现代科学的圣经来源,想起圣经世界和17世纪的世界观中同样令人惊惧的特征,想起在构建现代世界观与现代国家观时斯宾诺莎扮演的角色,还会想起另外一些东西,例如,关于现代科学原则上具有功利主义性质的学说,完全是情感过于充沛的中伤诽谤;换言之,如果我们完全搁置不论抛弃现代精神究竟有没有道理,那么有一点就是不言而喻的:不可能不用现代手段摆脱现代生活。这样,我们根本就无需去掺和以惯常的方式羞辱"市民的"态度,这种做法已经逐渐变得很乏味了。

在布雷斯劳派与法兰克福小组(即法兰克福小组与蓝白联盟)之间的这场战斗里,我之所以认为必须站在布雷斯劳派(蓝白联盟)一边,完全是出于另外的原因,与前面提到的原因不在一个层面上。从表面上看,这次犹太协会联盟的集会意味着由西蒙

---

① 在"诺焘的犹太复国主义"一文([中译按]中译见本文集)中,施特劳斯亦曾强调诺焘(Max Nordau)的生命智慧学识(biosophic learning)。德意志青年运动和犹太青年运动的许多修辞都带有生机论观念(vitalist ideas)的特征,生机论者呼唤一种新精神,克服并取代理性、文明、自由、虚无、城市化文化(the rational, civil, liberal, nihilist, urbanized culture)。例如 Martin Bandmann(1923[中译按]此人为犹太青年运动领袖之一)说:"我们的协会(Bund)基于一种生机哲学(a philosophy of vitality),自觉地反叛意识形态主宰。我们协会的理想是真正的人(der wirkliche Mensch;real person),与意识形态化的人对立。我们的座右铭是 Primum vivere dernde philosophari([英译者按]原文如此)[首先是生活,其次搞哲学]。真正的人想要生命,意识形态化的人想要的只是有条件的生命……"转引自 Sharfman,《犹太青年运动》,页212。

(Ernst Simon)①提出的法兰克福小组精神的败北,然而,实际上却是这一精神的胜利:我们在论证上的无能、内涵上的空洞,都以最令人扼腕叹息的方式暴露了出来。无论如何,有一点确定无疑:我们还没有找到原则之"言",②我们还没有成熟到可以从原则上澄清自己。在集会上冒充成这种[原则之]言和得到澄清的东西,都浅薄而空洞。很遗憾,我们必须强调指出,这一匮乏是真正的匮乏。我们必须彻底疏远这种青嫩的多愁善感,即基于对其偏好的内在真实性的信赖,竟然放弃表达自身的[原则之]"言"的机会,放弃追溯根源、放弃辩护的机会,以我们的情况而言,就是放弃替犹太复国主义辩护的机会。有人认为,如果年复一年地将种种"[个人]体验"和"认信"泼在我们身上,直到我们恶心为止,那

---

① 西蒙(Akiba Ernst Simon)与施特劳斯同龄(出生于 1899 年),是个出于同化背景的回归派犹太人(reversionist Jew),属于以罗森茨威格(Franz Rosenzweig)和布伯(Martin Buber)为首的内部圈子。与索勒姆一样,西蒙在 1920 年代移居巴勒斯坦,积极参与那里的教育改革。见 Hans Jürgen Schultz 的《我的犹太本性》(*Mein Judentum*, Berlin, Stuttgart: Kreuz Verlag, 1978)中的自传式勾勒,另参 Ernst Simon,《桥:文选》(*Brücken: Gesammelte Ausfsätze*, Heidelberg: Lambert Schneider, 1965)。在一封致西蒙的信中,罗森茨威格提及施特劳斯在法兰克福教育之家(Frankfurt Lehrhaus)所作的题为"政治犹太复国主义理论"的报告,并要求西蒙作个回应性报告,以制衡(counterbalance)施特劳斯的立场。在罗森茨威格看来,施特劳斯的立场是"非常愚蠢的犹太复国主义",在教育之家很少能听到。罗森茨威格 1924 年 12 月 6 日致西蒙的信,见罗森茨威格,《书信与日记》(*Briefe und Tagebücher*, Rachel Rosenzweig, Edith Roenzweig-Scheinmann 和 Bernhard Casper 编, The Hague: Nijhoff, 1979),卷 2,页 1007。另见施特劳斯"圣经史与学术"(Biblical History and Science)一文([中译编者按]中译见施特劳斯,《斯宾诺莎的宗教批判》,李永晶译,北京,华夏出版社,2010)。

② 这里指对"原则之言"中"言词"(Wort)一词的浪漫化使用,讽刺施特劳斯此文回应的法兰克福小组的"原则之言"(prinzipielles Wort)。

时就能让我们忘记,这世上还有一种东西叫批判①——我们自己也会在一瞬间迷糊起来,②但从现在起,我们就要毫不含糊地拥戴客观冷静精神,而不是拥抱庄严激情的空谈。"信仰"也许依然重要——但信仰不是神谕,而是受到历史思想的控制。

所以,我们关心的并不是用其他论点——无论布雷斯劳小组还是基尔希海恩小组(Kirchhainer)③[的论点]——去反驳法兰克福小组的论点,而是要批判别人摆在我们面前的论点。这些论点不愿表达随便某个犹太人的个别愿望(Wollen)——这样的愿望也激不起我们参与的热情,而是希望表达犹太民族精神普遍而迫切的愿望,也就是达到所谓"犹太复国主义"阶段的犹太民族精神。只要我们其他人心中尚存复国理性,我们就有可能批判这些要求,就可以分别考察这些要求的前提。虽然我们此刻还说不出我们的[原则之]"言",可是,我们在今天已经愿意追问,其他人的[原则之]言是否就能持久。

"原则之言"首先也是批判之言——此言以考察、判断、裁决的姿态面向我们,也就是说,我们也是自觉地在肯定(bewuβt bejahend)而非仅仅不过在着的(seiend)"德意志犹太人"。集会的开

---

① 施特劳斯在"论与欧洲学术的讨论"(On the Argument with Europe Science)一文([中译编者按]中译见施特劳斯文集,《门德尔松与莱辛》,卢白羽译,北京,华夏出版社,2012)中,更为广泛地推衍这种对批判(critique/criticism)的辩护,在研究雅可比(Friedrich Heinrich Jacobi)的博士论文中,施特劳斯曾攻击"批判",因此该文成为他脱离早期立场的一个标志。

② 这句话呼应的是尼采的话,尼采承认曾一度受反犹主义疾病所惑。见尼采《善恶的彼岸》,格言251条,收《考订版尼采文集》(*Nietzsche Sämtliche Werke: Kritische Studienausgabe in 15 Bänden*, Giorgio Colli, Mazzino Montinari 编, Berlin, 1980)卷5,页192及以下;另参 Yirmeyahu Yovel,《幽深之谜:黑格尔、尼采与犹太人》(*Dark Riddle: Hegel, Nietzsche, and the Jews*, University Park: Pennsylvania State University Press, 1998),页119及以下。

③ 基尔希海恩(Kirchhain):施特劳斯的出生地。

场论点①应该立即遭到抗议:他们竟然说,立场和态度的无政府主义是德意志犹太青年运动的特征。谁如果认同那些虚无缥缈的模式,诸如"社会主义—资本主义"、"布伯思想—不信宗教"、"泛犹太主义—德意志犹太人的分立思想",甚至觉得这论点既简明又舒服,他就不会再考虑模式背后的现实究竟如何。这些大而化之的名字,只适合在短时间内对真正的现实作意识形态化的表达。毋庸置疑,前所未有的智性至上主义(Intellektualismus)让青年运动有权利怀疑,主观态度的纯粹任意性确实控制着蓝白联盟观点的转变。然而,情况并非如此。让我们从以兰道尔(Landauer)②和布伯(Buber)③的名字命名的总观点出发——大战刚一结束,这观点就成为蓝白联盟的所谓标准观点——我们会发现,从这个总观点到我们今天的总观点,经历了一场意义深远的发展过程。大家不妨想想布伯对宗教所作的彻底"内在论"(immanent)的解释。如果按照布伯的学说,上帝"在后来"才成为个体或民族的宗教体验,那么,这一学说由此也预示了"人性"的绝对化这条线索(究竟是从英雄角度还是从哈希德主义[chassidisch]来理解"人性",是后来才关心的问题)。进而,兰道尔从德意志中世纪④的背景出发,肯定与理性社会(Gesellschaft)对立的有机社群(Gemeinschaft)。然而,如果人们依循兰道尔所肯定的东西的内在活力,而不是他本人的一厢情愿,就会发现兰道尔的典型手法:他相当任意地删去了所有与权力相关的东西,然后把对有机社群的肯定发

---

① 指宣言(declaration[中译按]即"原则之言")一开始提出的论点。
② 兰道尔(Gustav Landauer,1870—1919),社会主义撰稿人(journalist)和哲学家。
③ 布伯(Martin Buber,1878—1965),犹太复国主义撰稿人、哲学家和神学家。
④ 在兰道尔的著述中,有一种是埃克哈特(Meister Eckehart[中译按]1260—1328,中世纪晚期基督教神秘主义者)著作的现代德文译文。见兰道尔,《权力与诸权力》(*Macht und Mächte*,2卷本,Köln:Marcon-Block-Verlag,1923)。

展成对权力原则的坚决肯定。是否接受一种对精神有所要求的权力原则,是区分兰道尔的"社会主义"与蓝白联盟迄今奉行的政治化主义(其中毫无任何"形式"可言)的关键。最后,当犹太民族主义已经过渡成为时代意识之后,终于可以允许从复国运动的利益出发,来强调德意志犹太人的特殊价值。——其中,有利于这一发展趋势的一个普遍状况起到决定性作用,即德意志犹太青年与德意志青年一样,也开始从战争带来的疲劳、从战败、从颠覆等造成的歇斯底里中摆脱出来。

如果人们关注的不是单独个体惹人感伤的转变,而是整体的发展,那么就不会忽视整体发展中出现的一个有意义的,而且清楚明确的方向。然而,如果人们错误估计了意义的内在趋势——这种趋势以某种方式指向未来——并由此给出论断的真正标准,那时,并且只有在那时,人们才会被迫设置所谓"客观的"标准,也就是说异于发展本身的标准。我们认为,不仅德意志犹太青年运动不缺乏自己的意义方向,而且这一方向在本质上就等同于全体德意志犹太人发展的意义方向。为了给它起个顺耳的名字,我们可以说这是"进入现实"(Einwirklichung),① 即下列趋势:获得进入正常历史"现实"(根基与土壤、权力与军队、农民与贵族)的入口。我们认为,犹太复国主义与民族同化之间的决定性差异在于,民族同化只考虑到个体进入现实,而非一个民族。复国运动归根结底并不意味着"回归民族"——复国运动这一层面的意义仅仅是"个人主义的"民族同化——而是回归现实,回归正常的历史生存。因此,复国运动和

---

① 这个措辞以及类似来自"现实"(reality;*Wirklichkeit*)一词的措辞,某种程度上是用来对应布伯的措辞"实现"(realization;*Verwirklichung*)的人为构词。因而,不久后,施特劳斯引入 Entwirklichtheit(该词亦见"诺奢的犹太复国主义"和"拉伽德评传"两文)。这个语词可以称为诊断性措辞(a diagnostic term),用来表达缺乏与现实的关联,施特劳斯将这一现实联系到[犹太民族的]流亡(*galut*,exile)[历史]。

民族同化是在一条战线上反对流亡(Galuth)。①流亡状态是"民族幽灵"的去现实化(Entwirklichtheit),如果想要回到朴实的现实,就必须从精神上捣碎它。自由主义通过分离宗教与世俗,完成了这一过程。按照自由主义的分离,宗教被抬升到布道、礼拜——简言之——庄严的领域,世俗领域则是德国各种思潮泛滥之地。我们且不看产生于18世纪的德国人与犹太人发自肺腑地互相帮助的情状,我们也不看德意志精神在经历了犹太力量的渗透之后出现的转折,德意志犹太人的发展史中剩下来对我们还有意义的,首先是尤其在世俗领域日益强烈的德意志化。当德意志犹太人成熟到可以接纳所有与"历史感"相关联的东西时,德意志化过程的动力就促成了一种特殊形式的德意志犹太复国运动(这种复国运动完全不同于过去世代的锡安之爱②)。对于德意志犹太人的发展来说,犹太宗教只具有负面意义,它一直激起某种张力、某种生疏感。从精神上规限着我们复国运动的力量并不源于犹太宗教。我们今天的困境恰恰在于,进入现实才是必要的目标,而德意志化不过是通向这一目标的偶然道路,只配具有形式上的意义,[而事实上]这条路却由各项内涵——有可能完成这一现实的各项内涵——引领,并且必须由这些内涵来引领。因为,如同铁箍般维系着这些内涵的信念(Gesinnung),活在这些内涵之中的精神,恰是流亡性质的。

此外还有如下情况:由世俗领域的德意志化生发出一些倾向,改变了德意志犹太人整个内心的宗教感。正是从这样的宗教感出发,上述"内涵"接受了完全不同的观点(Auffassung),也就是说,这

---

① [中译按]Galuth的本意是"流亡",一般专指犹太民族从以色列地被流放到世界各地的情形。
② Zionsliebe(Love of Zion)是希伯来语 hibbat tsiyon 的德文翻译,该词亦是19世纪晚期东欧犹太复国主义运动的名称,这一运动早于赫尔茨式的政治犹太复国主义(Herzlian political Zionism)。[中译按]Zionsliebe的原义指的应是历史上的犹太人对故土(锡安=耶路撒冷)的热爱,这里可能指历代犹太复国主义。

些"内涵"彻底改变了自身的特征(比如在法兰克福小组[成员]中居统治地位的观点就与晚期浪漫派的观点、与从19世纪"弥赛亚主义"精神而来的典型转折、也与以陀思妥耶夫斯基命名的情结一致)。若是不同时服用一剂基督教特有的精神,便不可能接纳更深层次的德意志事物。再想想犹太人内部对自由主义的反应。他们操起的武器,便是基督教欧洲在复辟时代①以及更早以前为了反启蒙[精神]而打造的武器。所以,我们发现,自身四周都被德意志犹太人世界牢牢粘住,而我们的精神正是在这个世界里强大起来的。

---

① Restaurationsepoche(复辟时期):由奥地利首相 Metternich 主导,始于维也纳议会(the Congress of Vienna)期间(1814),目标是恢复拿破仑战争之后被转移的权力,同时重组欧洲国家体制。复辟派理论家们(如 Louis de Bonald、Joseph de Maistre、Karl Ludwig von Haller 及 Friedrich Julius Stahl)把历史悠久的教会与贵族政制下自然的、基于家庭的社会秩序相提并论,攻击现代的自由民主秩序是"矫揉造作的小资产阶级女妖"(the "chimera of artificial-bourgeois";[中译按]chimera 是古希腊神话中狮头、羊身、蛇尾的吐火女妖)。复辟派极力反对自由主义共和派寻求建立的民族议会制度(例如,德国的 Vormärz 和 Palskirchenparlament),因此被称为"反动"(Reaktion)派([中译按]指反对法国大革命风潮)。一次世界大战前后,自由主义政制诉求面临危机,人们对从前视为"反动"(Reaktion)派的观点开始有了重新评价,引发新的论争,政坛日益歧见丛生。参见《宗教:历史与当代》[百科全书](*RGG = Religion in Geschichte und Gegenwart*, Kurt Galling 编,3版,Tübingen,1986)。一般而言,西欧犹太人此前在自由主义势力中获益,维也纳会议之后又被打消,因此,在犹太史书中,复辟派等于"反动"派(爆发反犹情绪,如法兰克福的"HEP! HEP!"骚乱、废除解放法令、恢复隔离区。这就引发了1848年革命中犹太人与共和主义势力的有力联盟)。参 Simon Dubnow,《最近的犹太民族史:第一次反动时代与第二次解放时代(1815—1881)》(*Die neuest Geschichte des jüdischen Volkes: Das Zeitalter der ersten Reaktion und der zweiten Emanzipation*,1815—1881, A. Steinberg 译,Berlin:Jüdischer Verlag,1929);及 Shmuel Ettinger,《从17世纪到当代:新时代》(*Vom 17. Jahrhundert bis zur Gegenwart: Die Neuzeit*),见《犹太民族史》(*Geschichte des jüdischen Volkes*, H. H. Ben-Sasson 编,München:Beck,1980)卷3,页103及以下。

并且,如果我们要坚持复国运动,就尤其牢固地黏附在这个德意志犹太人世界里。我们"无论如何"也必须走出这个世界,"必须"二字表明,对"犹太内涵"的要求在道德范畴中占据着一席之地——法兰克福小组的这些说法我们都举双手赞成,我们偶尔也会考虑这方面的问题。然而,人们似乎认为,直接领会、正确理解这些内涵易如反掌——抑或,人们难道毫不惧怕将自己的舍勒①(或者任何他们想起的什么人)带进这些"内涵"里去会带来的危险?我们强烈建议,必须就这一问题进行深刻反思。

我们认为,存在一个很有价值的德意志犹太传统。如果用传承的"内涵"来衡量,这个传统也许意味着冲淡和阉割这些"内涵",而如果用民族必需的事物的整全性(Totalität der nationaler Notwendigkeiten)来衡量,这一传统则享有绝对积极的意义。

对"内涵"的接受并非毫无问题,这并不是因为,接受"内涵"这一行为会受到流亡群体思想的限制,并且还会促进它,由此便危及我们的复国运动。而是因为,这些内涵具有宗教性质,因而有某种真理方面的内在要求,可是,实现民族诉求却无法满足真理方面的诉求。我们在这里区分"宗教的"与"民族的",无疑与古犹太现实相抵触。这种区分是上世纪的自由主义犹太人留给我们的遗产。尽管如此,这种区分在今天却不可或缺。因为,这个古老而封闭的犹太世界已经被摧毁,由于现代科学的入侵,犹太世界中的生活在心灵上的前提也被取消。人们曾以为,如果更加重视以前将宗教"内在化"的追求,甚至从这一追求出发,驳回宗教对真理的要求——人们曾以为这样做就能保护自己不受现代科学的危害。然而,当人们着手将宗教的整个教义性涵义(Lehrgehalt)消解在解释性涵义(Deutungsgehalt)中时,他们便

---

① 舍勒(Max Scheler,1874—1928),著名哲学家。基于胡塞尔的现象学,舍勒批判心理主义的哲学,基于一种价值直觉论(a theory of the intuition of values)重建哲学的形而上学。施特劳斯在博士论文中曾向舍勒致谢,参 Heinrich Meier 编《施特劳斯文集》(*GS = Gesammelte Schriften*,)卷 2,页 247。

是在侵蚀宗教最特有的本质。与宗教的本质完全无法分割开来的,是最小限度的教义性涵义;这便是对人类存在和需求毫不关心的上帝的存在。只有先从字面上承认这一涵义,彻底放弃任何牵强附会的解释,才有可能合理地遵守律法,尤其是遵守对祷告的规定。毋庸置疑的是,倘若不信仰,或者至少没有信仰的决心,没有人能够"真正地"祷告——那些认为"上帝"仅仅是心灵需求(尤其指"人类的圣化")的人,其实是在削弱通向信仰的心灵方面的前提。这样的人是绝对无法"真正"祷告的。可这种情况在今天正日渐抬头。宗教首先关心的是"上帝",并不是"人",这种观点恰恰是古代犹太人留下的伟大遗产——这是我们先辈传下来的,我们必须有责任感,要头脑清醒地持守住。人们不是"活出",而是"信仰"上帝的存在,这话说的就是上帝的这种优先权。在[过去的]封闭的世界里,分割"生活"与"信仰"会显得十分荒谬——一个民族,据自己的传统称,是由上帝亲自塑形的民族,这样的民族无法将自己的生活与对自身起源的见证分割开来。事实上,对这一民族来说,没有关于上帝知识的生活是不存在的。如果人们旨在重建这种逝去的生活,那么,就像需要其他要素一般,同样需要这种对上帝认知的要素——不多也不少。这就是说:以前隐含在每一个细微行动之中的信仰,今天必须明确地践行。

　　由民族同化带来的诸种力量生发出革新意志。很明显,革新并不是要建立民族与信仰的同一性。接受以前的宗教"生活"也不会建立这种同一性。这里再重复一遍,很明显,为了那些从外部进入这个关联的人,一个"明确的"信仰行为必须替代对上帝的信仰。在以前世代看来,对上帝的信仰是理所当然的,它直接投入("隐含")到他们的世界之中。这样的替代可能会有危险,即可能会要求某些"非犹太化的东西",某些之前在犹太生活中会觉得荒谬的东西——然而,由于今天犹太人处境的迫切性,这种信仰行为却不可避免。

　　宗教的原初要求,并不是信仰某些"教条",而是信仰一种存在。我们提出了一个事关信仰的格蕾琴之问。① 如此探问不是泛泛涉及第一原则，而是关切到我们祷告词里的所有细节。人们从外部随意对待来自一个完全封闭的世界的信仰观点，并滥用这笔财富，以此作为任意处置和恣意阐释的根基，甚至用作为这种行为辩护的理由。我们不承认这种权利，我们宣称它是在铸造伪币。有人认为，民族经历、我们过度生长的民族力量给我们带来的那种令人敬畏的谦卑体验就是宗教。这些空洞的废话，我们根本不屑讨论。我绝对不相信法兰克福小组能这样瞎扯淡。可是，要在这两种观点之间画出界限，也常常很难办到。我们似乎觉得，什么是"宗教"，应该按照《圣经》的意思来定，而不是按某些文人的说法——而且，人们必须对规定下来的宗教观旗帜鲜明地表明自己的态度。各种混杂②都是亵渎。

在宗教女权主义的时代，有一种立场颇具诱惑力，它以这样或那样的方式达到目的，扼杀男性般尖锐的质疑③的隐深愤懑，反对这样的立场究竟有何意义？反对意见无非是希望迫切强调，对民族生活的必要性的要求，与圣化人类的必要性的要求一样（就其关涉宗教事务方面而言），都没有什么意义。反对意见不过是在抗议，凡想要将某种特定的神秘而非宗教的态度强加给我们，都不过是一种

---

① 源于歌德《浮士德》卷1，格蕾琴（Gretchen）问浮士德一个涉及他的宗教观的问题："海因里希，你认为宗教是怎么回事？"（wie hältst du's mit der Religion?）

② Vermischung[混合、混杂]：指任何关于什么是上帝与什么不是上帝的[立场或态度的]混杂（mixing of what is God with what is not God）。

③ "男性的尖锐质疑"：强调的是这种质疑的"男性气概"（manliness）和"尖锐性"（severity），以此与施特劳斯在研究雅可比的博士论文中对质疑（或怀疑）的刻画相对照，在施特劳斯的博士论文里，怀疑指的是受到蔑视的对待世界的"非贵族式"态度。见《雅可比哲学学说中的认识问题》（Das Erkenntnisproblem in der philosophischen Lehre Fr. H. Jacobis），见《施特劳斯文集》（GS）卷2，页246。

狂妄的企图。这种狂妄的企图想要说服我们,赞同这种态度并不需要"信仰"——这反倒违背它的意愿,说了句实话:因为实际上,这似乎涉及一种不信上帝的态度。

另外还得小心某些误解:本文丝毫没有反对法兰克福小组的具体要求,比如涉及研习《圣经》、将安息日置于中心位置等方面。从我们的观点也可以直接得出同样的要求,这点已毋庸多言。

评"犹太复国主义和反犹主义"讨论

(1923)

张缨 译

[题解]以"咕哝"(Mauschel)为题,赫尔茨(Theodor Herzl)在世界犹太复国主义组织(World Zionist Organization)的报纸《世界》(Die Welt,卷20,1897年10月15日)上发表了一篇辛辣的文章攻击犹太富人群体,因为他们拒绝在经济上支持他。Mauschel(这个词来自摩西[Moses]名字的西部阿什肯纳齐[Western Ashkenazic]发音:Mauscheh)是一个对犹太人的贬义称呼,而德文犹太习语(Judendeutsch)在德语口语中至今仍然指口齿不清(咕哝),指做生意不诚实(欺骗),或指一种特别的纸牌游戏。通过使用这个反犹措辞,同时,通过将这种犹太人的内在斗争引向公共领域,赫尔茨打破了施特劳斯所谓的流亡心态的两种主要的禁忌。施特劳斯的这篇短文可能在此暗示,经由打破这些禁忌,从而在犹太人中建立起一种朋友与敌人间的内在分野,赫尔茨不经意地达到了犹太事务政治化的一个新水平。

有关赫尔茨的"咕哝"一文,见赫尔茨《犹太复国主义论著》(Zionist Writings: Essays and Addresses, Harry Zohn 编译, New York: Herzl Pres, 1973)卷一,页163-165;另参帕维尔(Ernst Pawel),《流亡的迷津:赫尔茨的一生》(The Labyrinth of Exile: A Life of Theodor Herzl, New York: Farrar, Straus, Giroux, 1989),页345-346,以及康博格(Jacques Kornberg),《赫尔茨:从同化到犹太复国主义》(Theodor Herzl: From Assimilation to Zionism, Bloomington: Indiana University Press, 1993),页164,219注35。在德国犹太复国主义学生

的行话(jargon)中,Mauschel 指在德国犹太人中的反对犹太复国主义派系,也就是说,指那些中央联盟(Central-Verein)的代表。参赫尔希(Paul Hirsch),"Fehldiagnose, weil Ferndiagnose"(误诊,因为误诊),刊于《犹太学生报》(Der jüdische Student,卷 18,5 期,1921 年 9-10 月),页 242。

施特劳斯这篇短文原题 Anmerkung zur Diskussion über"Zionismus und Antisemitismus",刊于《犹太教评论》(Jüdische Rundschau)卷 28,83/84 期(1923 年 9 月 28 日),页 501。收入迈尔(Heinrich Meier)编,《施特劳斯著作集》(Leo Strauss: Gesammelte Schriften,简称 GS)卷二,页 311-313。在原版中,《犹太教评论》的编者添加了一个编者按,以示不同意施特劳斯的观点:

> 尽管我们出版了下述文章——该文章的期望只不过是一个"对有关主题的讨论所附加的评注",然而应当留意的是,依我们看,德意志人民(不仅是国家)加于我们的要求,以及任何严肃的民族性的犹太政治家(national-Jewish politician)必须处理的要求,不仅应当出于解放时代(at the time of emancipation)所制订的以抽象方式厘析的"应许",而且还应当出于现实。

[中译按]若无特别说明,文中注释均出自《施特劳斯早期文稿》(Leo Strauss: The Early Writings, 1921—1932, Michael Zank 编译,页 79-82)英译者注;译文方括号中的文字为中译者为顺通文意而酌加。

> 以色列人对这些希未人(the Hivites)说:"只怕你们是住在我们中间的,若是这样,怎能和你们立约呢?"
>
> 《约书亚记》9:7①

在将犹太人的精神从流亡心态(Galuth-Gesinnung, galut-mentality)中解放出来方面,没有什么事实比犹太人团结的瓦解——其最流行的表述可在赫尔茨的"咕哝"(Mauschel)一文中看到——更具有决定意义。甚至可以说,我们的流亡式生存(Galuth-Dasein)②的社会条件的中断正是那种支持流亡的心态中断的征兆。倘若如此,只有伴随着我们刚刚暗指的革命性的改变,有关反犹主义的讨论才开始——至少就西方犹太人而言——变得(用赫尔茨的话说)"得体"(decent)。然而,这种仅仅注重心态的状况还远远不够。要说一个诸如拉伽德(Paul de Lagarde)③这样的人反犹论证的水平——当然,他不时失陷于恶意表达中——在犹太复国主义[阵营]中还

---

① 参《申命记》7章2节:"耶和华你上帝将他们交给你击杀,那时你要把他们灭绝净尽[即:住在他们中间的希未人],不可与他们立约,也不可怜恤他们。"[中译按]圣经引文据新标点和合本(上帝版)。根据《申命记》7章1节,7章2节中的"他们"不仅指希未人,而且也指赫人、革迦撒人、亚摩利人、迦南人、比利洗人和耶布斯人等。又,施特劳斯原作仅为:题词:《约书亚记》9:7。《约书亚记》9章7节的内容在脚注中出现。中文版将其放在篇首。

② 与这个结构对应的表述是Staatsbürger-Dasein,该词形成了犹太人生存的两种独特形式,即:流亡中的生存以及作为(解放了的)国家国民的生存。在犹太复国主义者看来,这两种生存最终都不合法、甚至不可忍受。"评注"的要旨(the point of the "Remark")是要强调,认识到犹太复国主义煽动的非法策略难以维系这点很重要,这种煽动植根于一种流亡心态,只要人们有能力(像施特劳斯理解的那样)恰切地进行解读,那么这一事实已然在反犹争议中显现出来了。

③ 见本文集中论拉伽德的文章([中译按]即"拉伽德评传")。当施特劳斯那时作为一个初出茅庐的作者极尽所能像称赞赫尔茨那样称赞反犹主义者拉伽德时,他的读者肯定会大吃一惊。

无人能及,这并不算是夸张。的确,这里提出的问题对满足于简单粗陋的事物、偏爱数据图表的护教实践没有用处。显然,由于这种局限,反犹主义能对我们的民族生活产生的最大影响错失了。

因而,我们将把自己限于进入德国犹太人作为国民的生存(Staatsbürger-Dasein)的内在正当性(innere Rechtfertigung)问题。至少对并不相信1789年([中译按]指法国革命)理想的人而言,提供这样一种正当理由颇为困难——众所周知,那个理想很大程度上引发了解放;但使它满足的是:这种作为国民的生存倚赖当下的法律,且由法律决定的权利和义务的圈子在本质上被描绘得毫不含糊。用一个公式来表达:①作为国民的生存要求对德国国家的忠诚,同样要求(尽管这听起来可能言过其实且不得当)对德意志人民的热爱。缺乏后者完全是不可设想的:爱并且只有爱才能跨越民族间的隔阂,只有以这样的方式才能使政治行动得以可能。即便德国犹太群体(das Deutsche Judentum)拥有足够的权力手段、心里怀有可以实现的民族统一目标(erreichbare irredentistische Ziele),从宪法意义上说,它仍不是一个少数群体,从政治意义上说,它也不是一个少数民族,由此,犹太群体不能以国家民族(Staatsvolk)为代价坚持少数民族的各种权利。

德国犹太人在德国拥有的权利是个人(Individuen)拥有德国国民身份的权利,他们同时拥有的是部分从旧的基督教国家延续下来并传递到新国家行政实践中的、以"信仰告白"(Konfession)为名的权利。

通过授予我们各种国民权利,德意志人民(das deutsche Volk)表明了对我们的信心。我们有能力保护我们作为个人的政治经济利益,照看我们的集体利益(确切说,这些集体利益本质上限于对教

---

① [施特劳斯原注]这里就德国犹太人所说的一切,当然如标题所示,仅仅涉及具有民族性犹太取向的犹太人(the Jew whose orientation is nationally Jewish)。

育的关注),以此作为宗教(尽管是私人的)自由的事实,并由此以跟我们的力量相称的方式对德国政治的走向施加影响。倘若有人相信他可以为了犹太人的利益而影响和利用德国政治,那将是不忠,将悖逆良心的命令。我们德国犹太人接受的国民权利只是建立在致力于我们的解放的开路先锋们(der Vorkämpfer unserer Emanzipation)反复重申的保证的基础之上:除了归属德意志的民族关系外(nationalen Zusammenhang außerhalb des deutschen angehören),我们无法维持归属任何民族关系。而即便我们将拒绝与犹太民族发生关系视为不正当和违法的,显然我们还必须进一步从这种拒绝中得出实践上的结论,这是我们的国民解放的必要条件(conditio sine qua non)。然而这意味着:作为德国国民,在我们的政治活动中,我们一定不能允许自己让任何犹太民族的利益拽离德国政治的主线(那些以"信仰告白"为名得到理解和允许的活动除外)。

对于我们(作为一种"信仰告白")的集体权利,这些关涉我们的民族利益的领域,德国人已经宣告了他们的漠然。当然,只要我们的活动空间(Spielraum)没有以东道主人民为代价而扩展,我们有这个自由,根据精神上从告白式狭隘(von konfessionalistischen Enge)中解放出来的民族发展方向(nationale Richtung)来详细阐述这些集体权利。只要布尔什维主义(Bolschevismus)没有蔓延至西方,在此我们是我们自己的主人——如同过去所是,也如同未来将是。

所有这些极其清楚地表明,对想要参与到德国政治生活中的民族犹太人(Nationaljuden)①而言,一种无止境的高度的反思尺度是必要的。任何天真的政治举动(naïve Politisieren)都会驱使他很容易分不清犹太人的利益和德国人的利益,同样分不清犹太的——尤

---

① [中译按]英译为 national Jew,颇难译成中文,这里应该是指与同化犹太人相对的一个概念。姑且译作"民族犹太人"。可参上文的施特劳斯原注。

其是①流亡式—犹太的——政治生活理念和相应的德国政治生活理念。（想想看,在其他事物之间的婚姻法、死刑问题、禁令等等。）具体说,天真的政治举动会驱使他与那些对犹太人的解放采取怀疑姿态的政治圈进行斗争——甚至当他们的政治决策完全与这个问题无关时。请允许我提醒诸位有关反对"战争精神症"（Kriegs-Psychose）的风暴,相当多的德国人称之为"一九一四年八月精神",不幸的是,这种调子还跑进了民族犹太人的报纸社论中。

在德国国民的宪法权利基础上倡导犹太人的民族利益并没有法律上的正当性。通过政党和组织"偷偷摸摸地"（hinten herum）倡导这些利益悖逆了赫尔茨发起的犹太复国主义的本性。任何认为这个解决方案不值得的人应当考虑一下,倘若一种主张缺乏其实际的、法律的以及道德的先决条件,那么公开、坦诚地放弃这种主张是否并不更加值得。任何认为这个解决方案看上去狭隘和不完美的人应当想想阿哈德·哈阿姆（Ahad Ha'am）②对致力这个问题的完美解决方案所说的话：必须越过流亡的界限来看待所有流亡问题。

---

① 在最初发表时,Militarismus 出现在 speziell 和 galuth-jüdische 之间。我们跟随迈尔（GS,卷二,页 313,618）将 Militarismus 视为错位。

② Ahad Ha'am 原名 Asher Hirsch Ginsberg,1856—1927,希伯来散文家,热爱锡安运动（Hibbat Tsiyyon[中译按]此运动为犹太复国主义的先驱,致力于在锡安[即耶路撒冷]建立犹太人定居点）的领袖,亦是"文化犹太复国主义"（cultural Zionism）的主要倡导者。[中译按]Ahad Ha'am 意为"这个民族中的一员",故这个名字需作为整体出现。

诺慕的犹太复国主义

(1923)

张缨 译

[题解]本文原题 Der Zionismus bei Nordau,发表于《犹太人月刊》(*Der Jude: Eine Monatsschrift*, Berlin)卷 7,10 - 11 期(1923 年10 - 11 月),页 657 - 660。重刊于迈尔(Heinrich Meier)编,《施特劳斯文集》(*Leo Strauss: Gesammelte Schriften*,简称 GS)卷二,页 315 - 321。如施特劳斯在一个脚注中所指出,此文涉及诺慕(Max Nordau)的《犹太复国主义文集》(*Zionistische Schriften*),增补 2 版,Berlin: Jüdischer Verlag, 1923。

诺慕(原名 Simon Maximilian Südfeld,1849—1923)是医生、记者兼评论家(critical essayist)。1892 年,他在巴黎遇到他的匈牙利同胞赫尔茨(Theodor Herzl),逐渐承担起犹太复国主义代表大会副主席(vice president of the Zionist congresses)的责任。赫尔茨在 1904 年逝世后,诺慕和那些接管了组织的"实干的犹太复国主义者"(practical Zionists)决裂,那些人不首先获得大国势力的政治担保,就将其目标设为在巴勒斯坦定居。1911 年之后,诺慕已经因有关犹太问题的演讲术(oratory)惹火最早期代表大会,他不再参与这些会议。1923 年 1 月 23 日诺慕在巴黎去世,这是施特劳斯写作此文的背景。参 Michael Stanislawski,《犹太复国主义和世纪末:从诺慕到亚博廷斯基的大同主义和民族主义》(*Zionism and the Fin de siècle: Cosmopolitanism and Nationalism from Nordau to Jabotinsky*, Berkeley: University of Califoria Press, 2001)。

[中译按]若无特别说明,文中注释均出自《施特劳斯早期文稿》(Leo Strauss: The Early Writings, 1921—1932, Michael Zank 编译,页 83-89)英译者注;译文方括号中的文字为中译者为顺通文意而酌加。

政治犹太复国主义的观点是:犹太人的困境(Judennot)只能通过犹太国家的建立、通过将个别犹太人的力量(Macht,或译"势力"、"权力")凝聚成犹太民族的力量得以缓解。在追求这个目标的过程中,赫尔茨(Herzl)利用富有犹太人的力量(完全不是一种犹太的力量本身)来牵制各种政治势力(politischen Mächten)并从中得利,另一方面,他利用各大国势力(Großmächte)为自己的规划谋求政治上的正当化——这些大国在政治事务上是惟一具有决定性的因素,并靠各大国势力来牵制犹太人。这些因素当中没有一样真正受他控制。但当他利用某一方势力来牵制另一方势力时,政治上无组织的个别犹太人的力量团结成一种政治意志,团结成犹太民族的政治意义(politische Bedeutung des jüdischen Volks)。

尽管诺焘完全赞同这个目标,他却反对赫尔茨那种"偷偷摸摸的"(hinterhältig)手段。诺焘想要权力(Macht),但他反对以阴谋(Intrige)为手段。他想要权力,但他呼吁道,在这个时刻,我们得承认我们无能控制任何权力。由此,他发起了从政治的犹太复国主义到精神的犹太复国主义的转化,①这一转化形成了犹太民族的无

---

① geistiger Zionismus:geistiger 意为"心智的"(mental;其中 Geist 指"心灵"[mind]),"智识的"(intellectual;其中 Geist 指心灵的活动),或者"精神的"(spiritual;其中 Geist 指"精神"[spirit])。为避免后者可能具有的宗教内涵,最好用"intellectual Zionism"而非"spiritual Zionism"。不过,下文涉及的"诚实"显示出,施特劳斯在"文化犹太复国主义(cultural Zionism)"的语境下看待诺焘的智识来源,而文化犹太复国主义并不单是一场智识运动,它更是一场混杂了文化/智识以及各种宗教传统(religious traditions)的运动。施特劳斯的智识规划(intellectual project)之一——在智识/文化与宗教之间作出区分的规

权势（Machtlosigkeit）的原则——更确切地说，形成了犹太民族对权力的抵触（Machtwidrigkeit）。

这种偏离赫尔茨的动机本身就是一种精神性的［动机］："真诚"（Ehrlichkeit, honesty）。我们知道赫尔茨的犹太复国主义自身在本质上就以得体和忠诚为推动力来决定。但赫尔茨太明白了，在［现实］政治中，说真话或说假话（von Wahrheit oder Unwahrheit zu reden）的界限很模糊。政治必须创造现实，而在某种特定的境域下，成功地创造现实的最有效最可行的手段，就是冒充成功的先决条件已经实现，并由此唤起必要的努力。当这种先决条件是一种只有通过巨大的努力才能激起的道德本性，而感觉迟钝的多数人又不愿进行努力时，这样的手段显得尤其有用。今天的假话，或许恰恰通过冒充为今天的真话，有可能成为明天的真话。赫尔茨式犹太复国主义的乐观主义的蔚蓝天空，欣然取决于一位煽动者的谋略。诺焘广为传布赫尔茨热烈相信犹太民族的传说（Märchen）——他自己并不相信这个传说，以便通过这种颇为戏剧性的方式，他可以坐实犹太民族对其领袖的辜负（Verrat）：换言之，诺焘出于政治的理由这样做。

我们从赫尔茨日记里的议论知道一点诺焘对赫尔茨的评断，该议论并未折射出煽动的目的：

划——正是发源于此：在犹太复国主义的具体事例中，在其智识/文化与宗教的混杂化（hybridization）中。赫尔茨的革命性成就（至少在早年施特劳斯所属的亚博廷斯基［Vladimir Jabotinsky］学派的理解中）在于将犹太人政治化，施特劳斯在此文中视之为诺焘背弃赫尔茨的理由。尽管施特劳斯坚持认为，政治事务（the political）凭自身的资格构成一个领域，附着其上的宗教或智识的主旨/动机仅仅是次要的，但他对前述洞见作了一般化处理。从方法上说，这篇文章和其他文章一样是"考古式的"，在其中，它辨识出（智识和精神的）素材的"次要用途"（secondary uses），并且，基于这种辨识，重构这些素材的原初位置。

> 诺惹发现我在和亲王们以及犹太人打交道时既不真诚而且还偷偷摸摸。我想有一天他会公布他的这一责难,并由此羞辱他自己、我以及我们所有人。(《日记》[*Tagebücher*]卷 III,页 63)

赫尔茨的日记显示出,这种"偷偷摸摸"构成了赫尔茨式政治的本质。诺惹辨识出这一倾向;他谴责这种倾向并呼吁一种信任的政治(eine Politik des Vertrauens)。由此(比如说),诺惹呼吁一种领袖的民主式权威化和领导,用以取代独裁者赫尔茨的交易姿态(negotiorum gestio;《日记》[*Tagebücher*]卷 II,页 251 以下)。诺惹呼吁的不仅是这些政纲,他制订这些政纲伤害的是犹太复国主义,同时也为赫尔茨添了大麻烦。在一次诺惹发表演讲的场合,赫尔茨留意到:"他完全没道理地对社会主义大献殷勤,暴露了我们所有的弱点,报告了我们的无助,等等"(《日记》卷 II,页 258)。对社会主义的同情和对秘密外交的反感具有相同的根源,共同导向瓦解赫尔茨基本政治路线的方向,而赫尔茨的基本政治路线的倾向是保守的,完全与"维持政治秩序合拍"。

在诺惹的《犹太复国主义文集》(*Zionistischen Schriften*)里有对赫尔茨的一段刻画,其中完全看不到任何肯定亲自说出且不止一次说出的责难。恰恰相反!

> 当我回顾他长达九年的苦难历程,看着他受伤的双手在现实的荆棘中摸索,为他对犹太人的美好信任而受困于迷雾中时,我心痛如绞。(《犹太复国主义文集》,页 160)

或许诺惹写下这个句子——顺便说一下,这句话具有极为典型的诺惹式的浮华,或更确切地说,芜杂风格——是出于诗艺的理由,而那一点可以说明这种表达的低格调。也可能他出于煽动的理由这样写,作为一种诉诸犹太人心灵的方式,而犹太人的心灵总是敏感于无辜受苦以及受挫的理想主义的诉求。否则,这句话就——无论在何种情况下——既荒唐也令人费解了。很多事例可以同样说明上述说法——诺焘宣称赫尔茨为"他身后一千二百万高贵者"的形象所主宰,或者——诺焘论及他对赫尔茨离世的当即印象时称,赫尔茨的"精致的感受性(ausgesuchte Empfindsamkeit)使他成为犹太复国主义的发起者和领袖"。倘若在当今的以色列,赫尔茨对许多人而言显得像个长期受苦的想入非非者(Schwärmer)(参 Emil Cohn 最近[对赫尔茨]的神化),①很大程度上诺焘要对此承担责任。尽管摆出仰慕者的样子,诺焘其实贬低了赫尔茨。通过以感伤的措辞向他自己和犹太民族说明赫尔茨的伟大,诺焘在挫败赫尔茨的种种最初推动力上贡献不小。这样做更糟糕的地方在于,按照其意识形态(并从而在其他方面),犹太复国主义从一开始就达不到赫尔茨意图达到的水平。赫尔茨完全有意识地限制自己进行一种更可行也更有效的论证。诺焘停留在这个较低的水平上,较之赫尔茨,他试图以同样的技巧和热情以及更胜一筹的机敏(Subtilität)前进。

"犹太复国主义就像任何历史运动一样,来自一种强烈的感受和清楚认识到的需要——在自然条件下正常生存的需要"(《犹太复国主义文集》,页178)。对诺焘而言,犹太复国主义是全新的现实感的产物,这种现实感是先前的流亡时代和同化时代(Galut and Assimilation)所缺乏的。

---

① Emil Cohn,《犹太教:时代的召唤》(*Judentum: Ein Aufruf an die Zeit*, München: Verlag Georg Müller, 1923)。在同一期的《犹太人》(*Der Jude*,卷7,1923年4月)中,罗森茨威格(Franz Rosenzweig)发表了一篇对 Cohn 此书的书评,题为"一部拉比书"(Ein Rabbinerbuch)。见罗森茨威格,《两河之地:信仰与理性短章》(*Zweistromland: Kleinere Schriften zu Glauben und Denken*, Reinhold Mayer 及 Annemarie Mayer 编, Dordrecht and Boston: Martinus Nijhoff, 1984),页671-676,858。

在流亡中,犹太人像生活在空中的民族(Luftvolk)①那样生活——无论在字面上还是在比喻意义上,犹太人都缺乏脚下的土地,他们依靠的全都是其他民族的行为的偶然性。在这种条件下,生活由一种强烈的生存意志所维系。犹太教的所有观念和形式都下意识地致力于保存民族生存并高扬生存意志。选民观念和弥赛亚观念在所有境域下都支持对民族未来的可能性和必要性的持续信仰。另一方面,通过诉诸奇迹般的事物、诉诸人的努力无法获致的东西,那些同样的观念阻止那种信仰迈向行动。所有的犹太习俗和[生活]方式都服务于和其他民族相隔离的目的,由此,这些习俗和生活方式服务于维系民族的生存;另一方面,通过使人民远离一个民族正常的生活条件,这些习俗和生活方式又妨碍了这同一种生活。政治中心的缺乏具有同样的效果:犹太民族不能在任一点上被消灭——并且,另一方面,正因为那个原因,所有全方位的政治行动都不可能。因而,这就是流亡的本质:它通过最小的正常性为犹太民族提供了最大的生存可能性。最终,自然的生存条件的缺乏必定毁了我们的民族。只有当缺乏自然生存条件的民族同样欠缺真正复兴和真正振兴的可能性时,迫害才可能具有如此可怕的后果。在流亡中,犹太复国主义和弥赛亚主义巧合一致(coincide),因为重返巴勒斯坦的期待成为弥赛亚的使命——这一使命一方面是祈祷发生的奇迹,另一方面又在理性上没有做好充分准备。犹太复国主义与弥赛亚主义的叠合根本不现实(entwirklichend[empties Zionism of its reality]),②只有通过同化才能卸去这种叠合。诺焘并不感到感激。同化将两种观念相互分开,以便通过放弃犹太复国主义和在弥

---

① Luftvolk 字面意思为"生活在空气上/中的人"(people living on/in the air),该词源自更常见的表述 Luftmensch,意为"某个生活在空中的人"。

② 施特劳斯在此所用的术语是 entwirklichend。参"答法兰克福小组的'原则之言'"(Response to Frankfurt's "Word of Principle")和"拉伽德评传"(Paul de Lagarde)[两文]中的类似措辞:Entwirklichheit。

赛亚主义中掺入使命论(Missionismus)①促进欧洲的犹太民族的安乐死(einen sanften Tod)。同化的基本动机不外是诸多西方犹太个人的自我主义,通过将流亡的观念世俗化,它恶化了——表达在信仰弥赛亚的"神秘"救赎中的——流亡的幻觉论(Illusionismus der Galut),而流亡的观念尽管带有神秘主义,却具有一种极其清醒的至关重要功能。同化带走了犹太人在隔离生活(Ghettoleben)中的自我确认,而给予他们的则是信任文明人性的虚幻替代品。同化的政治与流亡的政治并无不同,它局限于当下的需求。但同化的政治比流亡的政治更加无用,因为它在东道国家的态度问题上自欺欺人,相信犹太人问题能通过闭上眼睛而一劳永逸地解决。同化无外是对"忠诚、尊严、历史意识的一种牺牲"。

这是西方犹太教带给其解放的牺牲。这种解放的基础是法国革命的教条主义,它将犹太人解放的必要性演绎为三段论。然而,恰恰作为法国革命的后果和源自其中的文明趋势的强化,民族对立显得更为尖锐——这正是自由派犹太教(des liberalen Judentums)的善良希望的对立面。

解放仅仅出现于非犹太世界所发生的一种变化。这一变化沿着绝对理念(人性、无宗派的宗教性[entkonfessionalisierte Religiosität])的方向运动,能够为所有人类成员所理解,从而也能为犹太人所理解。对诺焘而言,这种基督教理念的世俗化——就如将使命论中各种犹太观念世俗化是"愚蠢且专横的"。显然,选民的观念即便在去势的状态(in kastriertem Zustande)下,与基督教启蒙运动意义上的普遍主义观念(die des Universalismus im Sinne der christlichen Aufklärung)相

---

① missionism 指19世纪犹太神学中一种共同的意识形态原则,该原则尤其属于改革派犹太教(Reform Judaism),即指以色列拥有传播伦理一神教的"使命"这样一种观念。参 Michael A. Meyer,《回应现代性:犹太教改革运动史》(*Response to Modernity:A History of the Reform Movement in Judaism*, New York and Oxford:Oxford University Press,1988),页137及以下。

比,明显本质上更少理性。

犹太复国主义通过同化的效果保留了犹太复国主义与弥赛亚主义之间的分离,也保留了民族的、此世的目的与精神的手段之间的分离——但它放弃了弥赛亚主义。与同化的灭亡意志(Untergangswillen der Assimilation)相反,犹太复国主义返回到流亡的生命意志中。诺焘因为同化放弃了犹太复国主义而指责同化,但他并不承认,在一个更深的层次上,上面提及的这一分离为犹太复国主义铺平了道路。事实上,正由于他将同化—解放的发展看作仅仅由非犹太世界所决定,因而他不得不将犹太复国主义视为民族主义和反犹主义这些非犹太现象的产物。出于这个理由,他无法达到对[犹太复国主义的]内在正当性、犹太式必然性(jüdische Notwendigkeit)的理解,也无法理解受到欧洲民族主义和反犹主义影响并从中学习的犹太式发展。

在这一点上,我们应当考虑两件事。第一,我们看到犹太复国主义如何推进并高扬同化的去犹太化趋势(die entjudende Tendenz);更准确地说,犹太复国主义的如此做法是为了跟流亡的不切实际(Entwirklichtheit)①这样一种幻觉论进行斗争,这是犹太复国主义在同化的使命论中认识到的。第二,诺焘对解放的批判显示了当今犹太复国主义的某种典型风格,即:对1789年([中译按]指法国革命)理想的天真的启蒙信仰与对犹太人问题的实际重要性的现实的怀疑论的同生共存。在诺焘那里,就如在赫尔茨那里一样,犹太复国主义的清醒内核一旦浮现,对同化和犹太复国主义同样自明

---

① [中译按]Entwirklichheit(英译为 the lack of grounding in reality),见4段之前:"犹太复国主义与弥赛亚主义根本不现实的叠合"(entwirklichende Verkopplung des Zionismus mit dem Messianismus),并参施特劳斯论拉伽德的短文([中译按]即"拉伽德评传"),在那里,施特劳斯引入名词 Entwirklichheit 时,称之为他自己的"一个几乎不可能的"新构词(a coinage of his own),而在此(此篇较早发表)他没有为使用该词而辩解(apology)。

的法国革命的忠诚理想的外壳就剥落了。

犹太复国主义是19世纪的后裔。诺焘要求一种——将微小的政治和经济事实的积累①看作巨大的革命变迁的动因的——"海洋式的"(neptunistische)、较少伤感夸张的(melodramatische)概念,而不是为剧烈的民族灾难所主导的——犹太历史的"火山式的"概念。犹太人的困境及其缓解失去了所有奇迹的伪装。我们应对的不再是弥赛亚的到来,而是有关犹太民族的"一个漫长、艰辛、共同的努力"。在犹太复国主义事务中,神学没有发言权;犹太复国主义纯然是政治的。[犹太复国主义]最一般的哲学基础由一种建立在生物学上的伦理学提供。将这一立场运用于犹太人问题是否正当,这样一个问题却并没有提出:这是一种无先决条件的学术(voraussetzungslose Wissenschaft)的声音!倘若我们不理会正当性问题,那么就会发生下述情形:一旦有人在涉及有机物时用因果论取代目的论,此人就会预先倾向于用民族需要的要求取代使命论。我们正在处理的还是一般规则的另一个例子:德国犹太人(普遍地说:西方犹太人)智识生活的动机中的变化,乃是欧洲人智识生活的动机中的变化的一个功能。

诺焘的犹太复国主义具有与生物学密切关联的特征,这就如赫尔茨的犹太复国主义以对技术的满腔热忱为特征一样。坦率地说,赫尔茨具有北德工程师的态度——"拥有我们的技术成就,我们会把事情做好",而诺焘则具有药剂师欧梅(Apothekers Homais)②的态度,此人用他著名的科学知识服务于公众,致力改进苹果酒的制

---

① 在《犹太人》(*Der Jude*)第7卷(1923)页660:"积累起来的以及政治、经济的"(summierenden und politischen wirtschaftlichen)(原文如此)。我们跟从迈尔在《施特劳斯文集》(卷二,页320)中的修正:"政治和经济上的积累"(summierenden politischen und wirtschaftlichen)。19世纪,强调微不足道的事实(petits faits significatifs)的重要性这一历史概念的主要文献出自 Hippolyte Taine。

② Homais 是福楼拜的《包法利夫人》(Flaubert's *Madame Bovary*)中的一个角色。

造,同时不忘时时强调自己的德性。

同化否认犹太问题的存在,而犹太复国主义则承认该问题的存在。有人可能揣测,这种承认属于19世纪的那一系列努力:将所有"问题"归诸生活的自明事实(例如:死刑问题、学校问题、宗教问题、性的问题,等等)成了问题。诺焘同样表现出这种对待犹太问题的微妙态度:作为朗博若索(Lombroso)①的学生、作为题为《文明人的习俗式谎言》(Die konventionellen Lügen der Kulturmenschheit)一书的作者,这一点不应令人称奇。然而,诺焘走得更远。他在当代意义上怀着对农奴(Heloten)的同情以及对斯巴达人相应的愤怒(Entrüstung)。但对他而言自明的是:必须用犹太复国主义的斯巴达精神取代同化的农奴境域。然而,这一点对伦理、进而对犹太政治而言,恰恰是用更为男子气的因果论(männlicheren Kausalismus)置换目的论的结果。

---

① 朗博若索(Cesare Lombroso,1835—1909)为意大利人。从《犯罪的人》(L'uomo delinquente,1876)一书开始,朗博若索以进化论术语解释头骨学(craniology)、人相学(physiognomy)以及其他如今广遭质疑的颅相学(phrenology)形式的资料,并认为犯罪行为的本性取决于一种受生物条件限制的隔代遗传(atavism,或译"返祖现象")。由于其对犯罪、预防和惩罚的本性的直接冲击,朗博若索的研究当时在犯罪学者、法理学家之间影响深远,并帮助开辟了犯罪人类学(criminal anthropology)这一研究领域。诺焘和朗博若索曾相互交换签名著作,私交甚密。诺焘的主要著作《文明人的习俗式谎言》(Die konventionellen Lügen der Kulturmenschheit,Leipzig:Elischer,1883)是献给朗博若索的,而后者则将《犯罪:原因与救治》(Le Crime: Causes et Remedés,Paris: F. Alcan,1907)献给诺焘,献词如下:"献给你:最亲爱、最有力的战友!"(que vous dédie,comme le frère le plus aimé et le plus puissant!)他们的友谊同样扩展至朗博若索的女儿:Paola 和 Gina。

评拉伽德①

（1924）

张缨 译

[题解]本文原题 Paul de Lagarde，刊载于《犹太人月刊》(*Der Jude*: *Eine Monatsschrift*, Berlin)卷 8，第 1 期(1924 年 1 月)，页 8 - 15。施特劳斯选来作为深思犹太复国主义的"反思"定向点的人物拉伽德(1827—1891)是——如同拉伽德自称的——"彻底的保守主义"(radical conservatism)的最重要的发起者之一，也就是说，他是现代主义的反动类型(the reactionary type of modernism)之一，该派此后通过德意志青年运动(German youth movement)，逐渐被吸纳到民族社会主义的规划中。NSDAP(Nationalsozialistische Deutsche Arbeiter Partei[民族社会主义德意志工人党])规划日后的某些主要特征——大德意志(Greater Germany)的统一、东方的殖民化、将东欧犹太人迁往巴勒斯坦或马达加斯加——早已在拉伽德的早期演讲(收录于其广受欢迎的著作《德意志文集》[*Deutsche Schriften*])中作为德国的必要使命得到充分的发展和倡议。见拉伽德，《德意志文集》(*Deutsche Schriften*: Gesammtausgabe letzter Hand，第 5 版，Göttingen 1920)。第一部这样的文选(拉伽德称之为)《神学—政治

---

① [中译按]本文译自《施特劳斯早期文稿》(*Leo Strauss*: *The Early Writings*, 1921—1932, Michael Zank 编译, New York: State University of New York, 2002, 页 90 - 100)。若无特别说明，题解及文中注释均出自英译者。译文方括号中的文字为中译者为顺通文意而酌加。

论》(theological-political treatises)于1878年出版,其第二卷出版于1881年。1886年,两卷集结成一,并添加了新的材料(大众版,即较为便宜的版本,1891年)。其他版本随后相继推出。另见拉伽德,《文集》(*Ausgewählte Schriften*, Paul Fischer 编,修订2版,München: Lehmanns, 1934)。

  作为柏林大学闪语专业(Semitic languages)的学生,拉伽德(原名 Bötticher)曾受《德意志神话》(*German Mythology*)一书作者格林(Jacob Grimm, 1785—1863 [中译按]格林兄弟中的兄长)监护(protégé),也曾是诗人兼东方学学者吕凯尔特(Friedrich Rückert, 1788—1866)的密友。拉伽德在巴黎和伦敦度过了一年游学时光,此后返回哈勒(Halle),他曾在那儿教授东方语言,并作了第一次政治性演讲"论德意志政治的当前任务"(Über die gegenwärtigen Aufgaben der deutschen Politik,1853年11月)。该演讲日后发表于拉伽德的不同选集中,其中最著名的即《德意志文集》。正是这个讲稿以及其他一些文章构成了施特劳斯这篇短文所援用的素材。

  拉伽德的学术声望主要建立在他对《希伯来圣经》的历史研究之上。然而,他对习传宗教的批判姿态使他和所有主流的神学潮流——从新教正统派到利敕尔的自由派(the liberal school of Ritschl)——意见不合。对他著述的不佳评论使他难以得到各大学的职位,直至1869年,在普鲁士国王威廉四世(Frederick Wilhelm IV)的支持下,他获得了哥廷根大学的教席,该教席此前为艾瓦尔德(Heinrich Ewald [中译按]艾瓦尔德为19世纪著名《希伯来圣经》学者兼圣经历史学家)所拥有,他因政治原因被迫退休。拉伽德继续保持孤立,而他的极端政治观点、他对其时代的新教文化的尖刻的公开谩骂,都几乎无法改进他在同僚中的名声。在临近生命终点时,拉伽德获得了额外的狼藉声名——他将自己依然颇有分量的学术声望用于马堡教师兼反犹主义政客芬奈尔(Ferdinand Fenner)的诉讼辩护,此人在1888年因对《塔木德》伦理进行诽谤而受到指控。原告方的专业证人是柯亨(Hermann Cohen)。参 Ulrich Sieg,"学术与生活并非一回事：敬畏真理：马堡反犹诉讼中柯亨的专家意见"(Der Wissenschaft und dem Leben tut dasselbe not: Ehrfurcht vor der Wahrheit': Hermann Gohens Gutachten im Marburger Antisemitismusprozeβ 1888)。① 值得一提的是《犹太人》(Der Jude)的编辑方针在意识形态上的宽广度，在同期杂志上，既有弗里切(Robert Arnold Fritzsche)论柯亨的文章，也有施特劳斯论拉伽德的文章。见《犹太人》卷七，第7/8期(1923年7-8月)。

施特劳斯将政治舞台最高标准的诚实和严肃(honesty and seriousness)归于这位19世纪著名的反犹主义者，该标准是他要求犹太复国主义者效仿的。施特劳斯曾在"评犹太复国主义和反犹主义讨论"(A Note on the Discussion on 'Zionism and Antisemitism)中指出，"要说一个诸如拉伽德(Paul de Lagarde)这样的人反犹论证的水平……在犹太复国主义[阵营]中还无人能及，这并不算是夸张"，这个刺耳的声明后来进一步在"评拉伽德"中得到发展。

在施特劳斯和拉伽德之间、在"源自费希特的德意志人(German hailing from Fichte)，以及……受到完全不同影响的犹太复国主义作家们和政治家们"之间，到底哪儿存在着相似性呢？根据施特劳斯的说法，[他们之间的]相似性存在于两者共同持有的"彻底的道德主义"(radical moralism)，这是一种超逾了自由派论述或宗教论述的惯例的态度，也是一种植根于道德信念，或更确切地说，植根于政治信念的态度。在某种其他东西的反射点之上，施特劳斯的心灵"几乎触及"拉伽德的心灵。后者不是一个种族主义分子(racialist)，而是一个宗教思想家和思考宗教的人。对拉伽德而言，宗教是在各民族之间建立其相互差异的决定性因素。这一观念显然对施

---

① 刊《哲学思考与政治使命：柯亨研讨会文集，马堡1992》(Philosophisches Denken-Politisches Wirken: Hermann-Cohen-Kolloquium Marburg 1992), Reinhardt Brandt 及 Franz Orlik 编, Hildesheim, Zürich, New York: Olms, 1993, 页222-249；并参拉伽德，《德意志文集》(Deutsche Schriften), 页246-249。

特劳斯有吸引力,拉伽德和施特劳斯都将自身的关注称为"神学－政治的"(theological-political)关注,这绝不是偶然的。①

当然,"犹太复国主义作家和政治家"施特劳斯同样清楚在他自己彻底的道德主义和"源自费希特的德国人"之间的根本差异:"两者一旦近乎彼此触及,便立刻分开。"不然,难道犹太人能发现比写作如此文字——"跟旋毛虫和细菌无法打交道,而且旋毛虫和细菌没法教,要尽可能迅速、彻底地消灭它们"(拉伽德,《文集》[*Ausgewählte Schriften*],页239)——的人更彻底的敌人?

最重要的是,为了理解施特劳斯在这篇短文中的任务,必须牢牢记住他从属于的[犹太复国主义]蓝白联盟(Blau-Weiss[中译按]该组织1907年始建于拥有最多犹太人口的德国城市Breslau,1912年成立的柏林支部组成Jüdischer Wanderbund Blau-Weiss,施特劳斯加入的即是该支部,参Michael Zank,"导言",载《施特劳斯早期文稿》,前揭,页3-5,37)在许多方面都和德意志候鸟(German Wandervogel)②一模一样(参施特劳斯"答法兰克福小组的'原则之言'"的正文和注释③),那一组织将拉伽德的《德意志文集》视为其灵感的来源之一。在本文中得到表达的政治学说对施特劳斯而言本质上不是反犹主义的,而仅仅是附带着如此,这种政治学说建立于自身一贯的政治立场上,而这一立场跟蓝白联盟所称许的立场具有相似性。施特劳斯希望将犹太复国主义斗争的合法性建立在诸价值竞争(competition between values)的基础之上,而非各种自由派价值

---

① 参拉伽德,《德意志文集》"导言",页3,以及施特劳斯,"《斯宾诺莎的宗教批判》序言"(1965),重刊于《犹太哲学与现代性危机》(*Jewish Philosophy and the Crisis of Modernity:Essays and Lectures in Modern Jewish Thought*,Kenneth Hart Green 编,Albany:SUNY Press,1997),页137。

② [中译按]19世纪末兴起的德国青年运动组织,"蔑视现代性、城市文明、成人社会的物质主义"。参Michael Zank,《施特劳斯早期文稿》"导言",前揭,页4。

③ [中译按]此文中译收录于本卷。

的基础之上,在青年施特劳斯看来,那是政治生存的法则,而犹太复国主义的价值就是要回归犹太人(to return the Jews)。

犹太人现在需要一种非同寻常的反思(Reflektiertheit)尺度;既然从一开始,犹太人就跟世上各族①拉开了距离,那么他首先必须通过巨大的努力来获得这样一种反思尺度。这一反思尤其是犹太复国主义的特征。② 我们的"文艺复兴"不是各种天真力量(naïve Kräfte)的兴旺,而是犹太精神(Jüdischen Geist)在诠解自身尚待解决的问题时的努力和成就。我们的"文艺复兴"的起源在意志中,它是一个道德上受制约的现象。倘若正义是能看见自身的能力,倘若需要通过他者的眼光看自身,那么,犹太复国主义对方式和手段的关注——通过这些方式和手段,犹太的本质(das Jüdische Wesen)映照在其他民族的精神中——就是一种民族正义之举,此举很可能大于它自身的酬劳。我们正是要从这样一个角度来观看拉伽德在犹太民族的切身事务上的立场。

拉伽德自觉地投身其中的智识背景[一方面]是反对普鲁士、

---

① Völker der Welt[世上各族]以及其简写形式 d(ie) Völker[各族],是拉比希伯来语(rabbinic Hebrew)*umot ha'olam*[世上各族]的德文表达。施特劳斯用这个表达来作为选民概念(the notion of chosen people)的相关词,在他脑海中,甚至犹太复国主义也未必否认——或者至少必须面对——犹太人从传统宗教角度进行的自我理解的那一方面([中译按]指将犹太人视为上帝的选民这样一种自我理解),这种自我理解对"自我批判的犹太复国主义者"(self-critical Zionist)提出了挑战。参本书"武装的教会"(Ecclesia Militans)一文,及各处的相似表达。我([中译按]英译者)尽可能一贯地将 Volk 译成 people,将 Völker 译作 peoples,将 Nation/en 译作 nation/s。[中译按]在此,people 和 nation 两词均带有"民族"之义,而事实上,这两个词都还有其他涵义。中译将尽可能在相关处给出原文,以便读者辨识。

② 参"武装的教会"(1925年):"'一个像所有其他民族(people)一样的民族'并非自我批判的犹太复国主义的议程,但成为选民并不必然意味着:成为一个商人和律师的民族。"

争取"大德意志"(Großdeutschen)的斗争,①[另一方面]是历史学派反对黑格尔主义者的斗争。② 但拉伽德远不是一个浪漫主义者。

为了避免诸如"浪漫主义"或"机械主义"这样陈腐的、如今不再传达任何可理解涵义的表述,我们将从坦诚—阴郁(redlich – düster)③这一19世纪的决定性特征起步。这一特点在反对所谓"摹仿主义"(Epigonentum)的斗争中开始变得明显,摹仿主义在整个19世纪中期占据主导地位。这一斗争使两个怀有巨大心理距离的阵营在竞争中集合在一起。一个阵营的成员自然而然地因其阴郁和坦诚而来,[他们的阴郁和坦诚]出于一种强有力的传统,另一集团的成员渴望"伟大的生命"(Großes Leben),他们也因阴郁和坦诚而来,但他们的阴郁和坦诚则出于听天由命——在面对布尔乔亚—无产阶级—哥萨克化的欧洲的未来(bourgeois-proletarisch-kosakischen Zukunft Europas)时听之任之。前者本质上是一群"启蒙者",处于去浪漫化的高级阶段,仅因他们的事业保留了一份浪漫派

---

① "大德意志"(Greater Germany, Großdeutschen)意指德国问题中"小德意志方案"(minor German solution, kleindeutsche Lösung)的对立方案,后者自1866年起由普鲁士倡议并于俾斯麦(Bismarck)任首相时实现,当时德国统一于信仰基督新教的霍亨佐伦(Hohenzollern)王朝,排除了信大公教的哈布斯堡家族(house of Hapsburg)统治的奥匈帝国(the Austro-Hungarian Empire)诸邦。

② 历史学派(the historical school)包括伯克(Burke)对革命的理性主义的批判、萨维尼(Savigny)有关法律的历史学说,以及兰克(Ranke)对一般政治理论的批判。通常认为历史学派与浪漫主义有牵连,它反对黑格尔在建构历史时所用的先验论(apriorism),强调有必要将非理性事物、特殊事物、道德自由以及各种势力和命运的荟萃(the constellations of forces and fate)加以通盘考虑。资料来源:*RGG*(*Religion in Geschichte und Gegenwart*, Kurt Galling 编,3 版,Tübingen:C. B. Mohr[Paul Siebeck],1986)。

③ 有关 redlich(坦诚的)以及 Redlichkeit(probity,坦诚/正直),参施特劳斯,《哲学与律法》(*Philosophie und Gesetz*, Berlin:Schocken,1935)"导言",页 26以下;并参本书([中译按]指英文版《施特劳斯早期文稿》,前揭)导言。

的遗产而显现为"浪漫主义者"。拉伽德属于后一群体。

在拉伽德那里,"生命""发展""个体""塑造"(Gestaltung),以及"民族身份"(Volkheit)等理念都带着道德色彩出现。生命具有起源,其重心落在生命的使命(Lebens*aufgabe*)中。这一生命、这一个体生命力的展开,是一种责任——不是针对"伟大生命"意义上的责任,而是通过"艰苦工作"、通过谦卑以及献身于学者生涯、官员生涯、农夫生涯等目标来辨识的意义上的责任。这是一种霍亨佐伦(Hohenzollern)的生命概念,而非美第奇—波旁—哈布斯堡(Medici-Bourbon-Hapsburg)的生命概念。"我们([英译按]德意志人)不为英雄崇拜而装备"。尽管拉伽德偏爱德意志—基督教的中世纪,他仍是一个现代人。拉伽德将大公教的僧侣制度(Möncherei des Katholizismus)跟作为福音派姿态的工作(*Arbeit als die evangelische Haltung*)相对照:这远比所有对禁欲生活和弥撒(Zölibat und Messe)以及所有对圣母玛利亚崇拜和圣人崇拜的浪漫化同情重要。现代科学摧毁了中世纪世界的根基,属于其中的有托勒密的[天体]系统,这样做是对的,因为这些根基经不起科学的检验。要求放弃正统教义关于圣经书卷得以产生的方式的恰是信实(Wahrhaftigkeit)。简言之,坦诚(Redlichkeit)、[求]工作的意志以及节俭都是拉伽德最高度和最经常称颂的美德。

这种生命理想的背景是一种禁欲的、灵性的宗教(spirituelle Religion[中译按]spiritual 一词有时根据上下文译成"精神的")。"宗教从不与自然相关;它在人类共同体之中兴起并发展"。自然宗教是将自然融入人类语境的一种次要的整合,具有宗教相关性的惟一语境是:若不借着我,没有人能到父那里去。① 一方面是这种禁欲主义,另一方面是对人之一切方面(alles Menschlichen)的灵 - 肉(Geist - leiblich)特征的最强烈强调和肯定,此两者的根深蒂固的结合显然在先于文化新教(Kulturprotestantismus)的新教纪元具有

---

① [中译按]此句引自《约翰福音》14 章 6 节,中译据新标点和合本。

典型性。①

对拉伽德而言,宗教是对变得更美好(besser zu werden)的信仰,这趋向为人类生活所固有,它与令自身更为美好的谦卑而严肃的努力如影随形。这一趋向并不恰好与"道德"同一:它是内心最深处的生命力求主宰的意志(Herrschaftswille),是个体的意义中心力求主宰的意志,亦是"灵性"胜过"肉体"的事实而力求主宰的意志。

这一教义的连贯版本首次出现在福音书中。耶稣布道的内容是"灵性生命的各种律法的展示"。它所包含的内容无一不是也能按照归纳法从生活中加以搜集。教义学的任务是系统地展现由基督教作者"借助宗教天赋"建立的各种律法。

与耶稣的教导相比,教会是某种本质上新的东西,在某种本质上更多(wesentlich mehr)。耶稣本人(die Person Jesu)是他所教导的各种要求的最完美的实现。耶稣的生与死以及使徒、殉道者、圣人们的生平的历史印记都作为真实的因素进入教会。由此,历史就在教义旁边占有一席之地,而启示宗教也就在理性宗教旁边占有一席之地。在18世纪的语言中,启示真理并非理性真理(Vernunftwahrheiten)的添加物,相反,理性真理只有在实际的宗教里才能获致其完满的意义。理性真理需要一种补足物(Ergänzung)——不是经由另一种价值的其他真理,而是经由这些理性真理为之简缩和反思(Abbreviatur und Reflex)的语境。

以基督教生活为主体的历史必须是批判的历史。倘若基督教生活是耶稣的教导和生活的当下直接的连续体和展开,从而,倘若福音对教会的整个发展来说乃是其意义中心——就一切精神财富(可以说)将在对其接受之上直接获得福音的地位而言,那么,是否

---

① Kulturprotestantismus:此术语意指新教的帝国(Protestant empire)和新教的学院神学(Protestant academic theology)之间广泛的相互首肯的现象,该现象是19世纪晚期直至一战期间德国新教的特点。

这一灵性财富先前属于一个异质的语境、是否它将通过福音化而丧失其原初意义的问题就仍是无关紧要的。至多,这个问题将带有泥古的(antiquarisches)旨趣,但绝不会有宗教的旨趣。然而,即便转移和干扰的影响阻止基督教生活中福音真理的展开,为了认识福音的纯粹教导,仍有必要将这些影响跟原初的内容分离开来:批判的历史是需要的。神学作为一个历史学科开始成为宗教的迫切需求之物(Desiderat)。

该论点的新教特征是明白无误的,恰恰因为它首先就跟新教教义(Protestantismus)作对。什么是路德所曾做的?起初,他关心的仅仅是挽救某些大公教会的弊端——在该教会的范围内并出于服务教会的目的。① 起初纯粹是特殊的(ad hoc)程式很快就以最荒唐的方式遭到了一般化,当它开始与罗马[教会]决裂,它只是在几乎未受触及的大公教教义结构上临时性地拼缀以宗教改革的教义表述(Reformational loci)。② 由是观之,从一开始,新教教会就并非发育良好。新教德国的宗教生活并不归因于新教教会的存在,而是归因于对大公教会某些障碍的移除。至于(路德视为自己使命的)对福音的回归,则仍是一个折中方案,因为福音等同于《新约》。《新约》本身是教会的产物;因而,它本身部分地受限于初期教会理解福音的切实涵义时的所有缺陷和失误,这已然成为初期教会的特征。由此,《新约》也必须受到分析的批判。在这个过程中,人们偶然发现了理解[《新约》]时整个系列的这类根本失误。

首先,在福音的"诗篇"(Poesie)中有教义式的凝固(die dogmatische Verhärtung):将所有人的神属身份(Gotteskindschaft)凝固为

---

① 有关拉伽德对新教改革的观点,参"论德意志国家与神学、教会和宗教的关系"(Über das Verhältnis des deutschen Staates zu Theologie, Kirche, und Religion),刊《德意志文选》,页42及以下。

② loci:经院学术语,指信仰的教义式表述(dogmatic formulations of the faith)。

惟一受生之子的教义(Dogma vom eingeborenen Sohnen),然后是将精神对死亡的优势(übermacht des Geistes über den Tod)凝固为主的复活的教义。

最影响深远的结果来自保罗主义(Paulinismus):在保罗那里,犹太教——对犹太教而言,作为原则和宣告的福音是一种反题(因为犹太教本质上乃法利赛主义[Pharisaismus])——占了福音的上风。是犹太人"将一次性的事件而非时时更新的事件、将过去而非现在视为宗教感情的对象"。① 就犹太教而言,首要之事乃履行来自西奈的律法——律法不可变更且一次性给予所有时代,就保罗的基督教而言,首要之事乃信仰[耶稣]十字架受难的独一无二事件以及耶稣基督死而复活的独一无二事件。在此两者中,宗教都是对待某种完成了的、固定的并且客观的事件的态度,这种态度恰恰是福音派敬虔和德意志式内省(germanischer Innerlichkeit)的对立面。

这应当有助于澄清拉伽德的动机和视角,此动机和视角将他引向对犹太教的关注——即便在德国没有什么"犹太问题"。

《旧约》的核心不是一神教,而是"虔敬灵魂的了不起的获取,这在诸如神圣、正直、谦卑等词语中得到表达"。犹太教的价值并不存在于对"永恒的惟一者(Ewigen)——那作为房间装饰品的纸糊的(papiermaché)偶像"——的崇敬,②也不存在于各种人道原则的表面上的代表(die angebliche Vertretung),而是存在于"犹太人想要在所有环境下履行上帝的诫命,正是在那儿存在着他们的力量";[换言之,犹太教的价值]不在表面上忠诚的社会伦理中,而在"犹太教崇拜的诗艺"中(同上)。

先知们将上帝为他们设立的任务的标准运用于民族的生活。由此,他们就跟[关注]民族—解放的爱国者以及治国者们(nation-

---

① 拉伽德,《德意志文选》,页67。
② 拉伽德,"论德国政治的当前任务"(Über die gegenwärtigen Aufgaben),同上,页25。

alliberalen Patrioten und Staatsmännern)发生冲突,后者并不担忧对约瑟(Joseph)的危害,却受虚荣驱使而投身世界政治。以色列和犹大的民族自大(nationale Hochmut)引发了国家的损失:此民族(das Volk)曾拒斥自己的神却选择各种偶像。从现在开始,该民族从历史发展中被淘汰了。

[犹太]民族的生命意志在这个民族遭到政治上的摧毁后维系了它。从先前时代的异质的遗存物(den heterogenen Resten)中,以斯拉(Ezra)建造了后流亡时代犹太教的建筑([中译按]指耶路撒冷的第二圣殿)。他用以酝酿神权政治系统的乌合之众通过排外而获得了自身的外部形式,亦通过反对安提阿四世(Antiochus Epiphanes)的攻击的辩护而取得了内部团结。但[犹太]民族以各种伟大价值的重新统一为代价才购买到自身的继续存在。犹太民族不再能为自己做的事,它所深深蔑视的外邦人(Gentiles)必须为它去做:律法只是作为"总也现成的外邦人的补足物"的结果,才使生活得以可能。拉伽德的判断跟他的同时代人尼采、蒙森(Mommsen)、威尔豪森(Wellhausen)并无不同。① "耶路撒冷圣殿中的祭司们关注

---

① 尼采(Friedrich Nietzsche,1844—1900)、蒙森(Theodor Mommsen,1817—1903)及威尔豪森(Julius Wellhausen,1844—1918)均以反对反犹主义(to be anti-anti-Semitic)而为人所知,但他们各自对古代犹太教的史学编撰的看法却在很大程度上认同拉伽德。在其《罗马史》(Römische Geschichte,第2版,Berlin:Widmann,1856)卷3页550处,蒙森曾称犹太教为"世界主义的和民族分化的积极要素",在1880年激烈的反犹争论中,当蒙森签署了一份使自己疏远特赖契克(Heinrich v. Treitschke [中译按]1834—1896,德国史学家,曾发起反犹政治运动 Berliner Antisemitismusstreit)观点的声明之后,特赖契克曾将这句话掷还给蒙森。参 Walter Boehlich,《柏林人的反犹主义争论》(Der Berliner Antisemitismusstreit,Frankfurt:Insel,1965),页209及以下。相似地,威尔豪森曾将文士以斯拉(Ezra the scribe)在流亡巴比伦后([中译按]指犹太人结束巴比伦流亡回归耶路撒冷后)建立的犹太教神权政制当作一种退化现象,一种对古代以色列的肯定生命的宗教的倒退,一种大公教会原型(a proto-Catholic Church)。见其《以色列史绪言》(Prolegomena zur Geschichte Israels,第5版,Berlin:1899);

的是在地上实现耶和华的王国,他们丝毫不去承担一个自足群体的困难和严肃的责任"(蒙森)。自此以后,犹太教在本质上变得法利赛化,引起"一切跟它有接触者的嘲笑和轻视"。古代以色列从不曾遭受如此的憎恨。为什么不呢?因为它是质朴的(naïve)。对犹太教的"狂热厌憎"径直反对其不自然(Künstlikeit)、其侏儒般的生存。世上各族不得不将它感受为丑闻——尽管"这厚颜无耻的民族"被异族国家当作所有真实的任务来救济,"然而其举止却仿佛他们根本不需要外国的救济一般"(尼采)。

并参 Lothar Perlitt,《瓦特克与威尔豪森:以色列宗教和历史描述的历史哲学前提和历史编撰动机》(*Vatke und Wellhausen: Geschichtsphilosophische Voraussetzungen und historiographische Motive für die Darstellung der Religion und Geschichte Israels*, Berlin: Töpelmann, 1965);以及 Rolf Rendtorff, "从威尔豪森到冯·拉德的德国圣经学中后流亡时代的以色列形象"(The Image of Postexilic Israel in German Bible Scholarship from Wellhausen to von Rad),收录于《塔蒙之门:〈圣经〉、〈死海古卷〉及古代近东研究》(*Sha'arei Talmon: Studies in the Bible, Qumran, and the Ancient Near East*, M. Fishbane 及 Emanuel Tov 编, Winona Lake, Ind. : Eisenbrauns, 1992),页 165 – 173。关于尼采和犹太教,见 Yarmiyahu Yovel,《幽深之谜:黑格尔、尼采和犹太人》(*Dark Riddle: Hegel, Nietzsche, and the Jews*, University Park: Pennsylvania State University Press, 1998)。施特劳斯将拉伽德置于表面上合法的历史语境中,并不是要为他开脱,而是指出这样一个事实:反犹太教(anti-Judaism)是新教学术针对"晚期犹太教"(late-Judaism; *Spätjudentumsforschung*)的整个事业的专有特色(endemic)。不过,对照反犹主义的著名自由派对手,反犹主义者至少预备好为信仰而行动;也就是说,反犹主义者的观点是表里如一、诚实、有预见且彻底道德的,他并不为虚弱的人道主义律令(weak humanistic imperatives)的诉求而软化。虽然这可能会让我们不悦,施特劳斯却明察秋毫地由此证明,当德国自由派不久后遭受考验时,他们的解决方案一败涂地,而反犹主义者却依照彻底的政治信念行动。

犹太教的典型特征是它的不切实际(Entwirklichtheit)①以及它的"物质主义"(Materialismus)。拉伽德所理解的犹太式的"物质主义"是将律法置于灵性(Geist)之前、将已经做成的材料(fertige Stoffe)置于过程之前,以及将已经被教化(Gebildetheit)置于获得教化(Bildung)之前。在物质主义和缺乏现实感的群体中并作为其对立面(antithesis),出现了先知行列中的耶稣;他将以色列的选民身份与所有人的神子身份相对照,将犹太(会堂)式国家(Synagogenstaat)与上帝的国相对照,将亚伯拉罕的世系与灵性中的再生相对照。在犹太教和基督教之间没有和解;犹太教纯粹而且简直就是反基督教的原则(the anti-Christian principle)。

在德国犹太人怎么可能得到解放?犹太人要将他们获得承认的环境归功于犹太灵性(jüdischer Geist)取得对德国的主宰;因为自由主义不过就是世俗化的犹太教。自由主义的典型特征也是对固定、客观、惟一、孤立的事实的迷信。惟有如此,犹太人才能无需德意志精神的再生即取得对德国人的影响。建立在犹太宗教基础上

---

① 施特劳斯在两篇早期作品中——即"答法兰克福小组的'原则之言'"和"诺焘的犹太复国主义"——以几种变形使用 Entwirklichtheit 这个词。尽管该词未出现在字典中,其涵义却很清楚,然而,在英语里很难构造一个准确的对应词(de-realizedhood, de-realitization,等等)。在本文中,施特劳斯在出现该词时为"一个几乎不可能的词形"表示歉意,而在"诺焘的犹太复国主义"中,他却理所当然地引入该词。事实上,德文 entwirklicht(脱离现实的)的意思是很清楚的,它就是 verwirklicht(现实的)的反义词。多少显得像是个新词的 Entwirklichtheit 显然指一个人失去现实的(one has lost one's reality)过程的结果,或者像如今人们所说的,脱离现实(disembodiment)的过程的结果。施特劳斯使用该词是为了给流亡状态(the status of galut)提供一种生动的表述,在他看来流亡状态是由古代以色列国家的沦亡而引发的[犹太人的]生存境域,或更一般地说,流亡状态是丧失真正的政治存在的外部标志的情形(参,更普遍的表述 Luftmenschen、Luftvolk、Volksgespenst,等等)。施特劳斯的措辞具有一个争议点(polemic edge),它构成了马丁·布伯(Martin Buber)的口头禅 Verwirklichung(实现)的对立用词。

的德意志品质(Deutschtum):这是一个术语上的自相矛盾。

确实如此！由此(且仅仅由此)才能提出如下问题:所谓同化①如何能罔顾德意志精神与犹太教的内在殊异而发生？对这个问题的回答只能采取拉伽德所赋予的一般形式:只有通过一种德意志精神的"犹太化",这种同化才是可能的。我们认为没必要特别说明,当拉伽德满足于指出已经被教化的精神(den Geist der Gebildetheit)时,他在何种程度上忽略了核心要素。但确定无疑的是,这一精神是19世纪德国犹太教的一个重要环节:贡佩利诺(Gumpelino)！②

同化对德意志的本质(deutsches Wesen)发出了威胁,因为尽管有某种程度的减缓,但犹太教对外部世界的传统的排外性仍占主流。只要犹太人执着于宗教律法,他们就不能成为德国人。因为这律法的意义就是防止犹太人和非犹太人亲密接触。律法使犹太人疏远"完满的生命"——例如,通过禁止阉割动物使农作和畜牧不可能。此外,倘若宗教律法允许非犹太人采取那些对犹太人加以禁止的至关重要的措施,那就确定无疑地显示了律法的命令并非——如同其辩护者所言——出于"人性的缘故",因为"让外邦人做那些自己认为是受禁止的、而自己既不能又不想将就的事是不道德的"。③

---

① "同化":参"欧洲学术综析"(On the Argument with European Science),[中译按]此文中译见施特劳斯《门德尔松书目提要》。

② "贡佩利诺"(Gumpelino):海涅(Heinrich Heine)小说《卢卡的浴室》(Bäder von Lucca)中的一个角色,作者以最辛辣的讽刺笔触将此人刻画为一个犹太暴发户和巴结权贵者的原型。Christian Gumpel 徒劳地试图将自己的身份转变为意大利贵族 Christoforo di Gumpelino 侯爵,他代表了一种造作且鄙俗的"有教养"(artificial and soulless "culturedness")的形象,此人甚至采用虔诚的大公教习惯,但却没有——用施特劳斯文章中的措辞来说——既没有体验到真正的灵性再生,甚且也不懂宗教的形式与真正的宗教实质之间的区别。感谢 Ken Green 指出这一文献来源。

③ 拉伽德,"论[德国政治的]当前任务",页37。

排外性是律法的意义；相应地，只要律法有效，与东道主民族（Wirtsvolke）的融合就是不可能的。那若是东道主民族不能容忍一个异己的民族（fremdes Volk）在自己中间怎么办？

犹太人是异己的：可以从他们的会堂明白这一点，也可以从他们看待最高级的德意志传统（即，中世纪）和他们看待最深沉的德国人的情感（即，对等级的欣赏，犹太人将之斥为"鄙俗的奴性"）时的不理解和憎恨中明白这一点！（拉伽德在此想到的是盖格尔[Geiger]和格拉茨[Graetz]。）随后就有这些民族对他们自己历史的态度：他们不喜欢的，他们就拒绝。"现代犹太教总是口是心非"。他们只有一个倾向，那就是政治—护教的倾向。自由派犹太教所赞颂的犹太教德性：1. 一神教——但那跟德国居民的数量一样不关宗教的事，就像不关爱国主义的事一样。这一点不独犹太教如此；2. 缺乏教义——但这跟没有一致的上帝观和神性事物无关；这是一种十足的道德缺陷；3. 宽容——但那是缺乏严肃性的标记；每种宗教都是排外的。

紧随其对犹太教的如此评价，很容易猜想拉伽德所倡导的犹太政策。为了完整地理解它，我们还需要看看他对政治事务的一般态度。

生命仅仅在个体中才真实，其价值只能通过在个体中的力量和施加于个体的力量加以衡量。对拉伽德而言，个体是由上帝直接创造的特殊灵魂。可以肯定的是，灵魂们（die Seelen）并不单独存在，而是处于一种民族归属中（nationalem Zusammenhang）。民族是灵魂们的一种特性，而非灵魂们的一个理想（Ideal der Seele），也就是说，民族是一种宛如为灵魂们的理想赋予色彩的特性——也即，上帝。国家处于一个远为浅显的层面。一个特殊民族的单子整体（Allheit der Monaden①）无法单独完成的事，它就交给国家。然而，

---

① Allheit（全部）：参柯亨（Hermann Cohen），《纯粹认识的逻辑》（*Logik der reinen Erkenntnis*，第 4 版，Hildesheim，New York：Olms，1977），索引，页 683。

既然一切事关最内在生命的事物必须通过单子本身来获取,那就是说国家只能承担技术的职能。

倘若民族的最内在价值是独立于国家,那么从相反的角度,国家就必然是民族性的。国家只是民族生存的手段,但它是一个具有民族特性的必要手段。[国家的]外衣必须适应民族这个身体。进而,倘若国家在形式上拥有主权,它必须为了能够效力[于民族]而进行统治。在国家权威下对民族的更深层的各种关注只能涉及它们的技术方面,"事关它们的外在表现"。然而,在国家的合法领域,国家在自身之外并不容许任何权力。个人并没有任何"权利"(right)能证明背叛属于国家职能领域且不利于个人的各种措施是正当的。①

除了满足民族需要的有用性以外,国家没有任何其他价值标准。首要的民族必然性就是面对其他民族的民族安全。倘若需要的话,国家通过战争来提供这样的安全。作为国家的最高的现实形式,战争并非服务于理念:战争并不需要披上圣战(Missionskriege)的外衣。

在此可以看到犹太人解放的一切意识形态先决条件的缺席。既然国家是民族的一项功能,在其中,民族在某种限度内将各种针对个人的强制(Gewalt)转让给国家,那么根本就谈不上个人权利意义上的人权(den Menschenrechten)。那所有民族的平等呢?拉伽

---

① "没有任何权利",等等:参《犹太人》(*Der Jude*)卷8,第1期(1924年1月),页14:"Es gibt kein 'Recht', mit dem der Einzelne gegen eine Auflehnung die in den Aufgabenbereich des Staates fallen und dem Einzelnen widrig sind, Maβnahmen rechtfertigen Könnte."此句中,gegen 和 Maβnahmen 两词位置失序。迈尔(Heinrich Meier[中译按]德文版《施特劳斯文集》主编])在《施特劳斯文集》(*GS*,卷2,页330)中对此勘正为:"Es gibt kein 'Recht', mit dem der Einzelne eine Auflehnung gegen Maβnahmen, die in den Aufgabenbereich des Staates fallen und dem Einzelnen widrig sind, rechtfertigen Könnte."参《施特劳斯文集》(*GS*),卷2(增订二版),页636及以下。

德毅然地否认这一点。与拉伽德毅然地排斥南斯拉夫人或马扎尔人（Yugoslawen oder Magyaren）与德国人之间的平等相比，一个犹太沙文主义者同样能毅然地排斥南斯拉夫人或马扎尔人与犹太人之间的平等。

国家是一个民族的国家意味着：1. 在其疆域内，国家民族（Staatsvolk）的需求对其他所有民族而言具有优先性；若是必要，国家有权力和责任要求侨居者（die Fremden）在彻底同化和移居别国之间作出选择；2. 若是必要，国家必须为民族利益而扩大其疆域，并要求被征服地人民在同化和受逐之间作出选择。拉伽德说，"这种政策多少有点亚述式（assyrisch），但除此以外，别无选择"。

以上所述解释了拉伽德所坚持的德意志帝国的犹太政策概念。由于它是贫乏地从民族角度加以强化的政策，德意志民族就不能容忍一个异己的民族在自己中间，而最不能容忍的莫过于有民族凝聚力和灵性危险性的犹太民族。因而，国家必须要么同化犹太人（或更确切地说，为同化预备好基础，而这本身其实已超出了国家的可能性），要么逐走他们："但为了上帝的缘故，让他们要么都在要么都走吧。"① 若以德国人为本国民族的中部欧洲（Mitteleuropa）的建立一旦实现，比如，针对法兰西和俄罗斯两条战线的战争一旦爆发，那么第二种可能性（[中译按]指将犹太人全部赶走）是惟一可行的，尤其就东部犹太人而言。万一发生这样的可能性，拉伽德没有明言，究竟要把犹太人驱逐到巴勒斯坦还是马达加斯加。

但可以说，这只是拉伽德的理想。他所讨论的具体问题如下：

  1. 通过法律手段限制犹太人对德国人的影响：（a）对股票交易的垄断控制；（b）将牟取暴利或买卖不合格品者驱逐出境；（c）[制订]规范出版的法律。拉伽德发现，这一类的立法将会挽救犹太人自己。

---

① 拉伽德，"论[德国政治的]当前任务"，前揭，页37。

    2. 喝止犹太国际主义(jüdischen Internatioanlismus):"在国外接受教育的宗教官员将不得在德国受雇。"

回顾这些要求的好处是能够清楚地了解到这样一个事实:这些要求受到一位彻底的道德主义者的支持——同样的道德主义也曾敦促拉伽德反对保罗主义。源自费希特的德意志人的彻底的道德主义,以及受到完全不同影响的犹太复国主义作家们和政治家们的彻底的道德主义——两者一旦近乎彼此触及,便立刻分开。

犹太复国主义与正统

(1924)

卢白羽 译

[中译编者按]这篇短文原题 Zionismus und Orthodoxie，原刊 *Jüdische Rundschau*(Berlin,1924,50 号)；施特劳斯在文中不仅确定了自己的政治犹太复国主义立场，而且第一次公开表达了对神圣律法的批判。

施特劳斯的老同学克莱因(Jakob Klein)一直保存着这篇文章当年刊于 *Jüdische Rundschau* 的原件，得知这一情况时，Heinrich Meier 编的施特劳斯早期文稿(《施特劳斯文集》卷二)已经出版多年，借《施特劳斯文集》卷一刊行第三版(2008)的机会，Meier 将这篇短文作为附录刊出(页 451–458)，中译据此文本迻译。

政治犹太复国主义是民族同化的产物，这一点在今天已无需再加证明。政治犹太复国主义的动机是争取民族尊严，它的意图是，独立采取预防措施，为民族生存创造条件，以此重建民族尊严。所以，政治犹太复国主义认为，政治就是冷静权衡人类与自然力量，从根本上撇开"上帝的佑助"——这一切都完全超出流亡的可能性。对流亡而言，先知对"保持静默和心怀信赖"的要求主导着一切。然而，一个政治犹太复国主义者却并不认为，迫害是惩罚或诱惑，而是把它理解为由纯粹人类内部的种种关系而生发出来的特定事实。对于迫害，人们的应对并不是祷告和忏悔，而是抵抗和预防。不管怎样，而今已经不再是"流亡"时代，而是积极的"民族同化"时代。

因为,追求民族尊严也同样是民族同化的根本动机:整场解放运动便是证据。民族同化的不彻底性体现在,它相信可以绕过民族尊严而企及个人尊严。追求个人尊严与任何一种神经质的英雄崇拜——或者套用赫尔希(R. S. Hirsch)及其追随者们的说法——追求个人尊严与任何一种"希腊式感官迷醉"没有丝毫瓜葛。政治犹太复国主义也诞生于对个人尊严的追求。政治犹太复国主义者反对那种肤浅的理论,即认为"迫害"败坏了犹太民族的品性。他们认为,所谓"堕落"的最根本原因,乃是对迫害不加抵抗便投降,也不愿意抵抗(这一论证几乎可以逐字逐句在赫尔茨与赫尔希男爵的对话里找到。这场谈话乃政治犹太复国主义的纲领文件,在赫尔茨日记中有未删节版)。对此,政治犹太复国主义要求以犹太民族的政治化为手段。政治犹太复国主义诞生于具体的困境之中,而不是诞生于文采飞扬的"悲剧"。因此,它要利用环境提供给它的具体可能性来消除困境。

只有肤浅的研究才会将政治犹太复国主义视为与民族同化的决裂。因为,虽然政治犹太复国主义明确表示弃绝民族同化中任何会产生同化作用的意愿,却通过深化民族同化的本来意愿而坚持了这一意愿。也就是说:政治犹太复国主义并不质疑与传统的决裂,而是吸纳这一决裂,并在此基础上有所建树。

人们不可能停留在形式的政治民族主义上。它的呼求虽然正派,却不见成效。人们也许会不可救药地陷入犹太复国主义这个工艺美术品中而无法自拔。到那时,犹太复国主义会变成一个犹太式的利比里亚。阿哈德·哈阿姆(Achad Ha'am)曾这样警告过我们。人们必须在传统上下功夫。当然,前提是,这不会弄得政治犹太复国主义反而无家可归。

犹太复国主义自身便要求在传统上下功夫。但是,它绝不要求接受(Rezeption)传统。今天有人攻击政治犹太复国主义,说它建立在与传统决裂的基础之上,这无疑是民族同化的表现,因此,政治犹太复国主义根本没有犹太性。这种攻击简直粗鄙不堪。然而,传统不会直截了当地产生凝聚力。有许多传统更加敬重决裂而非持存。在定夺正当性问题的时候,必须深入研究各传统的特点以及被迫反对某一传统的动机。在传统这一法庭面前申明自己的正当性,并不是惟一、甚至也不是起决定作用的角度。谴责政治犹太复国主义,说它与传统抵牾,也只有在对传统的上述承认这一前提下,才可以完成这个责难。正是这种承认需要提出来加以讨论。也即:政治犹太复国主义既不可能全盘抛弃、也不可能全盘接受传统,首先只能在传统上下功夫,对传统进行研究。因此,在这里应该尝试,通过考察德国主张分离的正统派(Trennungs-Orthodoxie)①所代表的观点,找到通向研究传统的途径。

主张分离的正统派并非古老传统的直线延续,而是构建在民族同化开创的处境之上。主张分离的正统派使用这些取自欧洲背景的精神手段,并按照民族同化的意愿剪裁它们。不仅如此,正统派原本彻底承认要积极抵抗前一个时代的传统。这里有必要提起赫尔希的重要论述(见氏著:《书信十九封》[Neuzehn Briefen],Welt-Verlag 编,页 103 及以下):自迈蒙尼德(Mose ben Maimon)时代起,在犹太教里,思辨与宗教践行就分道扬镳了,这一分割造成了十分严重的弊端。此外,由于"《塔木德》几乎对实践生活无法再产生任何效果,一心想要独立的精神便必定会走上歧路,整日以钻牛角尖为业"——由于在德国,外部压力尤为强大,这一发展趋势便导致了更为严重的后果。

布鲁艾尔(Isaac Breuer)在其著作《路标》(Wegzeichen,Frankfurt 1923)中,限制了早期正统的意识形态的有效性。他强调说明,这一有效性首先要受到教育意图的引导。然而,由于布鲁艾尔也想要给那些已经疏远犹太教的犹太人指明一条从外围通往中心的道路,所以他自己也陷入从"教育学"角度出发采取行动的危险之中。人们

---

① [中译校按]Trennungs-Orthodoxie 指通过诉诸律法而主张与非犹太民族相分离的那种犹太教正统派。

也很容易从相反的角度猜测：布鲁艾尔最后可能比赫尔希那样的人的"教育性"还重，也就是更脱离事实。就算当今犹太人的处境能带来最清醒的意识，而这种意识更能避免现在像赫尔希的时代那样，幼稚地使用一些欧洲范畴，可另一方面十分肯定的是，赫尔希更加直接地看清了古老的传统，而不是像今天透过小册子的美化眼镜来看待古老的传统——所以，赫尔希凭着对处境的直接认识（民族同化反对这一处境），承认民族同化有相对的权利，并界定了他自己的任务。《书信十九封》可以证明这一点。也许斗转星移，传统已经有所改变，以至于民族同化的论证在今日已经失去效力——可是这一改变也仍然是在民族同化的论证基础之上完成的。而且，也不再有什么完整无缺的"传统"摆在我们面前了。所以，本文提到的赫尔希的观点大有价值。——

一

有趣的是，布鲁艾尔的起点是社会学角度的性格分析：他将犹太传统的"类型化"（Typismus）与近几个世纪以来的个人主义和德国犹太人特殊的民族同化相对立。这当然还没有涉及犹太传统的特殊之处，因为"类型化"随处可见。可由于将犹太传统的精神界定为现代个人主义的对立面，就明显可以看到，这一界定很有可能从根本上就不合适。因为必须弄清楚，个人主义是否就是传统自身和原初要反对的东西（切不可小觑对这一问题的回答，不能轻易将反对所有抵抗和不服从的斗争视为反对"个人主义"的斗争），是否有了这一对立，传统的原初方向感就有所改变了。就算假定"类型化"是个合适的名称，那也是反对民族同化的一方将这个范畴提升成为主要特征。比如，在大公教反对者面前，这个名称就没什么意义。当然也要考虑到这种可能性：在当今犹太人的生存归属中，"类型化"这名称是传统趋势的正当转移。可是，由于这名称来自社会学范畴,就让我们心生疑窦。因为这很容易滑入各种现代派这个最糟糕的危险里面去。不过,让我们暂且把它搁置一边。不管怎样,布鲁艾尔借用社会学范畴来界定传统,他的出发点是,个体意志和整体意志的关系在传统与民族同化里的差异。

二

由于使用法学范畴,普遍的社会学性格分析进一步具体化了。在犹太教里,整体意志具有"律法"(Gesetz)的结构,也就是说,是直截了当地下命令执行整体意志,而个人执行整体意志的动机何在,或者究竟有没有动机,却无关紧要。

这里出现了一个难题。我们承认,从合法性角度看,个人的动机可以忽略——然而律法事实上的效力,以及它对人们行为的影响,却要依赖于推动个人执行律法的动机的存在及动机的强弱。这样的动机有:害怕受惩罚、渴求安全与秩序、民族情感等等。民族生存主要是在法庭之外延续。从实践方面看,亦即从民族生存方面看,律法纯粹法权(Recht)上的有效性并不重要,而推动遵行律法的动机才具有真正的效力,因而对民族生存至关重要。这一点从今日德国政治现实之中可以看得一清二楚。法官不会过问行为动机。可是,人们服从法官的判决,不过只是倾听法官的判决,人们没有"干掉"法官,也只是因为法官不让人做自己想做的事——这些状况都是立足于动机。从法学上看,动机也许无关紧要,然而对法权的具体意义而言,动机却至关重要。法权形式上的独立性和绝对性,绝不能掩盖它受制于"超法权的"(metarechtlich)原初的人性的动机这一现实。法权事实上的有效性依赖于事实。在这些事实面前,国家强制权力相对更弱,至少退居次要。而国家强制权力的存在与强弱,反倒要依赖于这些原初动机。

律法只有在法学考察的角度才具有"绝对"(schlechthin)有效

性。而律法的实现却完全仰仗动机带来的力量,这力量的来源却又超出了律法的范围。同理,犹太律法事实上以及民族方面的意义,也完全取决于,是否有一个推动律法得以遵行的有效动因。与此同时,至今还没有任何机构能够废除传自西奈山的律法,这一律法仍然有效——这一形式方面的考虑不会与前面的观点相抵牾。法权允许或是不允许,并不是裁定民族事务的最终视角。可是,称宪法与契约是"破烂纸屑",却不仅仅是玩世不恭。民族生存之必需迫使我们在情况发生变化的时候,也要相应地改变律法,不管是通过合法还是革命的方式。革命危及法制生活的连续性,永远对民族有害。可是,有时合法的状态反而比革命更加有害。就算每场革命都是非法的,难道国家机构就可以审判民族生存之必需了吗?所以,在如今的情况下,我们无需破坏非法的民族同化,把它当作与传统的非法断裂。民族同化虽然非法,然而却在最深刻的意义上合法。尽管从合乎法律(Legalität)的角度出发作出判决仅仅与行为有关,而与动机无关——可是从正当性(Legitimität)和民族之必需的角度出发作出判决,却首先要审视动机,也就是说,仅仅只考虑民族之必需。律法不关心我们的动机,并不能推出,我们也无需关心自己的动机。在我们眼里,对动机漠不关心的态度——不管这动机涉及整个民族还是只涉及个人——无论如何都站不住脚,是不负责任的态度。律法不关心我们的动机,并不能成为我们臣服于律法的动机。如果在某种意义上要奉"对动机漠不关心"为圭臬,那么也应该有一个采取这种漠不关心态度的动机。

那么,律法对于民族的意义取决于,是否有一个有效的动机让我们臣服于律法。律法对我们的动机漠不关心,并不能成为我们臣服于律法的类似动机。

三

　　自然，布鲁艾尔不得不指出接受律法的具体超法权动因。并且，他的出发点与政治犹太复国主义有共通之处。应该划定出这场讨论的范围，并且在讨论中要实事求是。布鲁艾尔的最终出发点是"犹太民族的整体意志"。这一民族意志在西奈山脚下顺服上帝，并将他视为自己惟一独有的立法者。由此，犹太个体作为犹太民族的分子，就绝对凝聚在一起了。个体这样臣服在律法之下并不是无理由的，而是以民族整体的决断为动机。

　　在此还有几点需要提出。就算站在民族角度上看，民族决断也不是绝对维系着个体的方方面面。不过，完全有可能存在拒绝服从民族意志的明确决断的动机。这些动机虽然可能完全正当，甚至在民族层面也是正当的，但却会危及合法性。可是，就算我们选定犹太民族的整体意志作为最高、甚至是惟一的准则，我们也没有必要因此认为，我们民族几千年前的决断在今天还仍然具有约束力。就算那时的决断声称有权在本民族今后的世世代代中生效，也没有用。民族之必需与所有自然或人事一样，都具有流变性。鉴于这点，如果不辅之以外在于自然或人事层面的前提，那么说某一决断要在世世代代生效，不仅不可理喻，说到底，也没有任何意义。

　　外在于人事的前提，是上帝的存在，以及西奈山上通过这个上帝而完成"赐予托拉"这一事件——众所周知，这些前提可以受到质疑。然而，是否有必要遵守那一在特定时间颁发的不可更改的律法，却与这一前提密切相关。由于民族之必需依赖上述前提，因此，虽然犹太律法在次要的纯形式方面与现代诸法权有所类似，却含有完全不同的意义，而且[两者间]差异如此之大，以至于对于任何民族与个人的最终决断而言，这些法学方面的类似根本不能说明任何问题。

布鲁艾尔的一句话暴露了自己：

一个人可以不承认普鲁士国王，但却还是要遵守这位国王依照宪法参与制定的律法。而谁要是因为从未见过普鲁士国王，就死抱根本不存在普鲁士国王这样的怪念头，而如果这个人又干了违抗普鲁士国王那合乎宪法的意志的事，这个人就会立即以非常不愉快的方式获得有关国王存在的足够确证——虽不能从理论上证明国王的存在，却能证明他事实上威力巨大的权力表述（Machtäuβerung）。

——对此我们可以回应说，在触犯上帝戒律时获得的、因上帝的权力表述而生效的"足够确证"，绝不像违犯普鲁士国王规章而产生的法权后果那么简单。触犯上帝戒律会让人名声扫地，这不是违反人造律法带来的那种明确的、物质性的法权后果。然而如果惩罚方面出现问题——则人们不再认真看待行为是否合法，甚至人类至关重要的动机（也即良心）被释放，还认为它应该退居二位，这还有什么稀奇的！

如果权力表述在实践上没有成效，原因很简单：因为立法机构——同时又是监督执法的机构——并不存在。如此，则谈何经由相关机构的权力表述而生效的律法现实之确证？如此，则当所有法权形式方面的绳索都断开之后，还有何可能在对动机漠不关心的情况下，让违法者明白臣服律法的必要性？反之，如果上帝存在，进而犹太律法的神圣性也确立下来，那么，这一认识就会发挥遵守最细枝末节的法令的动机这个作用，与此同时，人们也无需知道履行每一法令的动机到底是什么。而今，犹太民族的整体意志不再像从前那样直截了当地与律法结合。与律法结合的是对上帝存在的信仰以及对律法的神圣来源的信仰。正如怀疑论者会说的那样，上帝的存在和律法的来源，在很大程度上讲都是假设。

四

　　质疑律法之为法的绝对且无条件的约束力,关于这点的论述,姑且告一段落。要接受律法,并且是正统要求的那种意义上的接受,其前提绝对是最低限度地接受前述关于上帝与启示的"学说"。现在可以说,首先没有信仰而接受律法,创造了接受彼一学说所需的精神气质;还可以说,所谓无动机地履行律法会导向有动机地履行律法。如今这条道路十分普及——这其中危险重重:因为这条路也许就意味着,由于习惯的力量逐渐增强,会使得理智的良知逐渐陷入昏睡。一个首先是陌生而强硬的要求逐渐获得信赖与信任——这条路若是旨在培养某种道德气质,则可以得到批准和允许。出于法权形式的斟酌也好,促人虔诚的考虑也罢,都不应该夺去最终的宗教决断所蕴含的分量,也不应该折断它的锋芒。

犹太复国主义之源

(1924)

卢白羽 译

[德文版编者按]这篇短文原题 Quellen des Zionismus,原刊 *Jüdische Rundschau*(Berlin,1924,77/78 号和 79 号;即周报的 9 月 26 日和 10 月 3 日号);施特劳斯挪用了前一年(1923)发表在《犹太人月刊》(*Der Jude: Eine Monatsschrift*,Berlin)上的"诺焘的犹太复国主义"一文中的大量段落,因此,两文有不少段落相同。如果细看此文重复"诺焘的犹太复国主义"一文的部分和删除的部分以及补充的地方,读者当可看到施特劳斯对这一问题的看法重点何在,以及一年后对自己的看法所做的补充。

[中译编者按]施特劳斯的老同学克莱因(Jakob Klein)一直保存着这篇文章当年刊于 *Jüdische Rundschau* 的原件,得知这一情况时,Heinrich Meier 编的施特劳斯早期文稿(《施特劳斯文集》卷二)已经出版多年,借《施特劳斯文集》卷一刊行第三版(2008)的机会,Meier 将这篇短文作为附录刊出(页 459-465),中译据此文本迻译。

1. 诺焘的《犹太复国主义文集》

犹太复国主义的源头本来也是政治犹太复国主义的源头,然而,由于犹太复国主义的文化批判,它已经离这个源头越来越远。如果仔细审视一下这一文化批判,就会发现,它与政治犹太复国运动的真正动机相去甚远。对这一弊端,政治犹太复国主义本身要负很大一部分责任。如果它宣称自己是"在回归犹太国之前,向犹太教回归",那么任何在这回归之路上的逗留,犹太复国主义似乎都会冠之以"态度不坚定"的罪名——而"回归"被视为 T'schuwah([中译按]希伯来文"悔改、回归"),便是最见效的装扮。这种坚定性使得拥戴政治犹太复国主义的人们十分警惕。不过,他们根本不愿意审视自身意识形态的真实性(Echtheit),倒是找准了攻讦文化犹太复国主义的惟一战斗武器——对"精神"进行嘲弄和讽刺。如果说这一情况最近有所改观,有所好转,那么其原因便是赫尔茨(Theodor Herzl)的日记带来的直接反响。赫尔茨的犹太复国主义十分严谨,但不拘泥于字面,也不死守教条,并且还注意密切联系犹太人的具体处境,那么蒙在他的犹太复国主义之上的这层阴霾,其源头究竟在哪里?这个问题的答案无疑首先要到政治犹太复国主义最重要的源头那里去找,这就是诺桑的《犹太复国主义文集》——1923年由犹太出版社出版了第二个增订版。

政治犹太复国主义的观点是,要废除犹太人承受的困境,只有建立一个犹太国,将犹太个体的力量巩固为一个民族政权才能办到。为了达成这一目标,赫尔茨动用的手段是:用本身不属于犹太势力的有产犹太人(Geldjude)来制衡政治势力,另一方面又通过政治方面惟一起决定性作用的大国来为他的计划谋求政治正当化,以此来制衡犹太人。赫尔茨其实并没有真正支配这两个因素,然而由于他让这两者相互制衡,实际上却将单个犹太人的散乱政治力量集结成政治意愿(politischer Wille),集结成犹太民族的政治重要性。

诺桑完全赞成赫尔茨的目标,却否弃他使用的手段,认为这是"偷偷摸摸"。诺桑想要权力,但他反对以阴谋为手段来获取权力;他想要权力,却要作出妥协,呼吁我们眼下手里不要支配权力。这样,他就将政治的犹太复国主义过渡到精神的犹太复国主义。精神犹太复国主义将犹太民族无权、厌恶权力的特点提升成为它的基本原则。

促使诺焘遗弃赫尔茨的动机就已经具有"精神"性质。这便是：做事要光明磊落。我们知道,赫尔茨的犹太复国主义本身其实是受正派、忠贞等品性的推动和决定。然而赫尔茨也十分明白,在政治里谈论真理和非真理,根本就没有一个直截了当的意义。政治必须要制造许许多多的现实。今天是非真理的东西,可能正因为人们今天将它冒充成真理,说不定明天它就成了真理。乐观犹太复国主义者眼中的万里无云,在赫尔茨眼里,其实很大一部分受到煽动性利益的制约。赫尔茨狂热地信赖他的民族,诺焘把这位狂热分子的无稽之谈传之四海,自己却不相信。他想通过这种方式强有力地讲明犹太民族对他们领袖的背叛,也即,诺焘这样做是出于政治考虑。赫尔茨在日记里零星记叙了一些诺焘对他的论断。这些论断还没有被煽动目的扭曲。

> 诺焘认为,我在与王公贵族和犹太人民打交道的时候不坦诚,使欺诈手腕。我相信,他今后一定会在公众面前再次申明他对我的这些谴责,让他自己、我以及我们所有人都颜面扫地。(《日记》,卷 III,页 63)

通过日记我们可以明白,"偷偷摸摸"构成了赫尔茨政治的本质。诺焘清楚这一点,对此口诛笔伐,并呼吁一种本于信赖的政治。比如说,用领袖靠民主得来的权威和控制权,取代独裁者赫尔茨的交易姿态(《日记》,卷 II,页 251 及下页)。诺焘不仅呼吁这些政纲,他还践行这些政纲,给犹太复国主义带来危害,同时也惹得赫尔茨大为光火。在谈及诺焘的某次演讲时,赫尔茨评论说:[①]

[①] 对赫尔茨判断的正确性的佐证,主要可以参阅诺焘在第八届大会上的发言(《犹太复国主义文集》,页 174 – 187) 以及他在阿姆斯特丹的演讲(同上,页 288 – 311)。

他毫无道理地对社会主义大献殷勤,暴露我们所有的弱点,向他们倾诉我们的无助,等等。(《日记》,卷 II,页 258)

对社会主义的同情和对秘密外交的反感具有相同的根源,共同指向瓦解赫尔茨基本政治路线的方向。赫尔茨的政治路线完全是"维持政治秩序"的倾向。

在诺焘的《犹太复国主义论著》里有一段谈到赫尔茨。口头上肯定不止一次说出的责难,在这里却找不到蛛丝马迹。恰恰相反!

当我回顾他长达九年的受难路,看着他受伤的双手在现实的荆棘和荨麻中摸索,眼看他因为对犹太人的美好信任而受困于迷雾中时,不禁心如刀绞。(《犹太复国主义文集》,页 160)

或许诺焘写下这样的句子(顺便说一下,这句话是极为典型的诺焘式花团锦簇的风格,或更确切地说,芜杂风格)是出于文学上的原因,这些原因也可以解释诺焘的表达为何这般乏味——他这样写也可能是出于煽动的理由,是一种打动犹太人心肠的方式。犹太人的心总是对无辜受苦以及受挫的理想主义十分敏感。否则,这句话就十分令人费解,无论在何种情况下,它都显得荒唐透顶。很多事例可以同样证实上述说法。比如诺焘曾宣称,赫尔茨被"有一千二百万贵胄为他撑腰"的想法迷了心窍。再比如,当诺焘论及他对赫尔茨离世的当即印象时称,赫尔茨"精心挑选来的这一善感特质使他成为犹太复国主义的发起者和领袖"。倘若赫尔茨在当今许多人眼里是个隐忍受苦的以色列狂热分子,很大程度上是诺焘的责任。他摆出仰慕者的姿态,其实却在贬低赫尔茨。诺焘用感伤的措辞向他本人和犹太民族说明赫尔茨的伟大,这样其实大大挫败了赫尔茨种种原初的推动力。由于在意识形态方面,并且还不仅仅在这方面,犹太复国主义从一开始就达不到赫尔茨意图达到的水平,因此,诺焘的做法就更加糟糕。

那么,这些斗争、这些对赫尔茨的意愿带有倾向性的改写,究竟植根于何种归属之中呢?

诺热用两种不同的方式为犹太复国主义确立依据。一方面他与赫尔茨一样,都是从具体处境,主要是西方犹太人的处境出发;另一方面,他还从民族主义的普遍理论出发。

首先,犹太复国主义缘于对犹太人困境的反应。这一困境逼出了犹太政治,即犹太人究竟是抑或不是一个"民族"。犹太人是一个"受排斥的少数群体"。而铲除被排斥状态的可怕处境的种种理由,却已经随着被抛弃的传统立场一同灰飞烟灭了。大家一定要谨慎对待消除被排斥状态的这一做法。对每个犹太人个体来说,要继续留在犹太归属里,除了意识到自己的出身就源于这个归属以外,别无其他理由,也别无更深刻的理由。可是,只有当这种归属保留"受排斥"的特征,并从此成为"自尊"的戒律——即不要逃避。只有这样,彼一意识才有可能获得带有责任意味的道德意义。在追求尊严的这个过程中,才确立起这样的意志,即引领犹太归属走出受排斥状态的意志、建立犹太国的意志。这样的犹太国首先将犹太人构建成一个"民族",也即构建成对外政策的要素。

从一开始,诺热的这一思路就与第二个思路,即教条式民族主义的思路,相辅相成。犹太人形成一个民族。这个民族作为"民族",有维护它自身存在和独特性的本能要求。维持自身存在,是一个正常民族存在所必须的那些普遍条件的前提。必须先关注这些条件,而后才去关注犹太政治,才是犹太国。——不消说,这 逐渐变得教条化的理由缺乏任何逻辑严密性。我们拿什么来保证说,不是"犹太民族的特性"使得对"正常"的要求蒙受了羞耻?

民族这个抽象概念产生了另一个同样抽象的概念:犹太民族的发展。犹太史各阶段间的区别仅在于民族生存意志的强弱以及对要求"正常生存"的不同理解。

"与所有历史运动一样,犹太复国主义也来自一种强烈感受到并清楚认识到的需要——在自然条件下正常生存的需要"(《犹太复国主义论著》,页178)。对诺苶而言,犹太复国主义是新获得的现实感的产物。先前的流亡时代和同化时代缺乏这种现实感。

在流亡时代中,犹太民族像"空中民族"那样生活——无论在字面上还是在比喻意义上,犹太民族都缺乏脚下的土地,他们依靠的是其他民族全属偶然性的对待。这种状态下的生活由一种强烈的生存意志所维系。犹太教的所有观念和形式都下意识地致力于保存民族存在并高扬生存意志。选民观和弥赛亚观维系着对抵抗的可能性和必要性的信仰,维系着在一切情况下对民族未来的信仰。另一方面,通过诉诸奇迹般的事物、诉诸人的努力无法获致的东西,选民观和弥赛亚观也阻止将信仰转化成行动。所有的犹太习俗和方式都服务于与其他民族隔离的目的,也就是服务于维系民族的生存;另一方面,由于远离一个民族正常生活的条件,这些习俗和生活方式又妨碍了这种正常生活。政治中心的缺乏,也具有同样的效果:犹太民族不能在任一点上被消灭——然而,另一方面,正因为这个原因,所有大规模的政治行动都不可能实现。这就是流亡的本质:它通过最小的正常性为犹太民族提供了最大的生存可能性。最终,自然生存条件的缺乏必定毁了我们的民族。一个民族只有在缺乏自然生存条件,因而也欠缺真正复兴和真正振兴的可能性时,迫害对它才可能具有如此可怕的后果。在流亡中,犹太复国主义和弥赛亚主义相伴相生。由重返巴勒斯坦这点上可以看出来:重返巴勒斯坦被期待为弥赛亚施行的那奇妙、值得赞颂并且理性无法预备的事工。犹太复国主义与弥赛亚主义的叠合根本不合现实,只有通过同化才能卸去这种叠合。诺苶对"同化"并不感恩戴德:同化将选民观和弥赛亚观分隔开,以便通过放弃犹太复国主义和将弥赛亚主义稀释成使命论(Missionismus),促进欧洲犹太民族的安乐死。同化的基本动机不外是西方犹太个体的自我中心主义。流亡幻觉论(Illusionismus der Galuth)表现为相信弥赛亚的"神秘"救赎。而流亡观虽然带有种种神秘主义,却具有一种极清醒的生命机能。然而同化却将流亡观世俗化,以此恶化了流亡幻觉论。同化带走了犹太人在隔离式生活中的自我确认感,而给予他们的虚幻替代品,则是对文明带来的人性的信赖。同化的政治与流亡的政治并无不同,都是局限于眼下的需求。但同化的政治比流亡的政治更加无用,因为它在对待东道民族的态度问题上彻底自欺欺人。同化不外是"牺牲忠诚、尊严、历史意识"。

这是西方犹太教为实现自身的解放而奉上的牺牲。解放的必要条件是法国大革命的教条主义,它将解放犹太人的必要性演绎为三段论。然而,恰恰由于法国大革命以及由此生发出的对文明趋势的强化,民族对立才显得更为尖锐——这与犹太教自由派的善良希望恰恰相反。

解放诞生于非犹太世界里兴起的变化。这一变化沿着绝对理念的方向运动(人性、无宗派的宗教性)。这些理念能够为所有人类成员所理解,也能为犹太人所理解。对诺轰而言,将这种基督教理念世俗化是自明的,从理性上看亦是必然的——就如将使命论中各种犹太教观念世俗化是"愚蠢且专断的"。显然,与基督教启蒙运动意义上的普遍主义观相比,选民观即便在被阉割的状态下,它蕴含的理性也要少得多。

同化完成了对犹太复国主义和弥赛亚主义的分离,对民族的尘世目的和精神手段的分离。犹太复国主义坚守这些分离。只是它放弃了弥赛亚主义。与同化的灭亡意志截然相反,犹太复国主义返回到流亡的生命意志中。诺轰指责在同化过程中放弃了犹太复国主义[①]的做法,但他并不承认,上面提及的这些分离,恰恰在更深的层次上为犹太复国主义铺平了道路。事实上,正如诺轰认为同化—解放的发展过程仅仅由非犹太世界决定,他也不得不将犹太复国主义视为民族主义和反犹主义这些非犹太现象的产物。犹太人的发展受到欧洲民族主义和反犹主义的影响,并从中有所学习。这一发

---

① 诺轰在两层不同意义上使用"犹太复国主义"这个词,这两层意思绝对不能混淆。

展具有的内在权利、犹太人必须经历这样发展的必要性,诺焘都无法理解。而民族主义,即认为民族"特殊性"便是民族"价值"这一观点,在诺焘眼里是自明的真理,正如1789年的博爱理想在他眼里也是自明真理一般。

  一个这样建立起来的犹太复国主义,无法理解赫尔茨政治的方式方法,也就不足为奇了。赫尔茨政治的方法只能从具体处境出发才能验明自身的正确性。然而,我们也断不能忽视诺焘参与其中的一个精神的普遍进程:这就是欧洲思想的自然化。这一进程也是诺焘的犹太复国主义理论的根基。在这个意义上,此一进程也对犹太复国主义具有积极意义,因为它撼动了犹太教自由派的使命论观点的前提,并迫使犹太人使用诸如"为生存而斗争"之类范畴的词汇来理解自己的处境,而不再使用源自宗教或感伤的道德世界的那些范畴。

评温伯格的批评

(1925)

张缨 译

[题解]本文原题 Bemerkung zu der Weinbergschen Kritik,发表于《犹太学生报》(*Der jüdische Student*)卷 22,1925 年,页 15 – 18。在文章标题中,施特劳斯把自己当作萨若尼亚的法兰克福支部(the Frankfurt chapter of Saronia)的成员,该组织在 20 世纪 20 年代早期还包括作为 *Alter Herr h. c.* 会员的著名的法兰克福拉比诺贝尔(Nehemia Nobel)。洛文塔尔(Leo Löwenthal)和弗洛姆(Erich Fromm)——法兰克福小组成员有关"教育问题的原则之言"(prinzipielle Wort zur Erziehungsfrage)是施特劳斯在"答法兰克福小组的'原则之言'"一文中所反对的——也是这个小组的成员。参索勒姆(Gershom Scholem)在《从柏林到耶路撒冷》(*Von Berlin nach Jerusalem*, Frankfurt: Suhrkamp, 1977,页 193 – 198)中的轶闻记载。

在本文中,施特劳斯回应了温伯格(Hans Weinberg)的"犹太复国主义和宗教"(Zionismus und Religion)一文,该文发表于同期杂志(*Der jüdische Student*,卷 22,1925)的第 8 – 15 页。温伯格是柏林犹太学生领袖协会(Ruder Verein jüdischer Studenten in Berlin)的成员,温伯格在该文中批评施特劳斯于 1924 年 K. J. V. ([中译按]犹太协会联盟 = Kartell Jüdischer Verbindungen)静修期间的演讲。施特劳斯的演讲是应 K. J. V. 理事会的恳请而作,《犹太学生报》即由该理事会编辑,正是这同一个理事会引入温伯格对施特劳斯的回应,作为犹太复国主义和宗教之间关系的争议性("stark subjektiv gefärbt")主张,他们将该主张称为"犹太复国主义的最热门问题之一",并邀请其他人投稿参与争论。

K. J. V. 的静修(retreat)1924 年 7 月 29 日至 8 月 1 日在弗赫腾堡(Forchtenberg,位于 Württemberg – Hohenlohe 的 Heilbronn 附近)的村庄进行。施特劳斯在演讲中的主要观点简要地概述于"弗赫腾堡营地"(Das Camp von Forchtenberg),发表于《犹太学生报》(Der jüdische Student,卷 21,第 8–9 期,1924 年 10–11 月),页 197 及以下。

[中译按]本文译自《施特劳斯早期文稿》(Leo Strauss: The Early Writings,1921—1932,Michael Zank 编译,New York: State University of New York,2002,页 118–124)。若无特别说明,文中注释均出自《施特劳斯早期文稿》英译者。译文方括号中的文字为中译者为顺通文意而酌加。

我在[弗赫腾堡静修]营地(Kamp)①作的演讲,是我长期致力于犹太复国主义问题的一个极为初步的成果。既然我从不曾有机会——无论是在联盟(Kartell)②内还是联盟外——与犹太复国主义者进行一场真正的辩论,那就没有理由预期我会直接跟汇集在弗赫腾堡(Forchtenberg)③的我的"同盟兄弟们"(Bundesbrüder)④发生接

---

① 施特劳斯在这儿及后文中使用的是 Kamp,当时在德国盛行对英文惯用词使用德语化拼写。

② K. J. V. 乃 Kartell Jüdischer Verbindungen(犹太协会联盟)的缩写,这是两大犹太复国主义学生联谊协会的联盟。

③ 参"弗赫腾堡营地"(Das Kamp von Forchtenberg,页 196–200)中有关 1924 年 7 月 29 日至 8 月 1 日在弗赫腾堡的静修的详细报道,施特劳斯受到 K. J. V. 理事会的邀请作了一场名为"我们的教育规划中的犹太文化问题"(Das jüdische Kulturproblem in unserem Erziehungsprogramm)的演讲。

④ Bundesbrüder 一词若按字面译作 confederates(同伙、同谋),会离原文不褒不贬的德文措辞意思很远;若是将之译成 comrades(同志们)同样会带出某种并非作者本意的内涵。由于该词属于学生兄弟会(student fraternities)间的行话,在施特劳斯的其他作品中均未曾出现,故保留原文未作翻译。[中译按]该词在英译文中未作翻译,中译勉强译成"同盟兄弟们"。

触。我想要强调的是,这并非归结于我的理念表面上的"哲学式"特征,而只应归于如下事实:我努力如其所是地看待事物,不受流俗的犹太复国主义者的"意识形态"偏见所扰,这类"意识形态"的特点是轻率地将欧洲范畴运用于犹太——即,非欧洲的——事务(与之相随,它也带着喋喋不休的夸张言辞)。看似"抽象的"厘析实际上是我们的真正情势的严谨陈述。

为了使我的意图尽可能明确,我将从犹太复国主义的实践-政治的效果入手。我相信,德意志犹太人集结为党派已不再符合我们这一代的精神状况。犹太复国主义和[犹太教]正统派(Orthodoxy)的联盟将必定为犹太复国主义—自由主义(Zionismus-Liberalismus)的联盟所取代。如今,敌人在右翼!① 我们从事具体的"文化"事业("Kultur"-Arbeit)越多,就会越清楚地看到,我乐于界定为首先是政治的犹太复国主义的那种犹太复国主义属于自由派,也就是说,它拒绝对律法的绝对顺服,代之以让个人按照自身的考量对[律法的]传统内容加以个别接受。然而,这与当下的形势很有关系。不能说我将一个仅仅是相对的"文化"观点绝对化了:为了让哪怕最无知的人搞清楚金融政治的实际事务如何显著地直接倚赖这种"文化的"决定,只要提及"东方人"(Misrachi)的名字就足够了。②

---

① 参"武装的教会"(Ecclesia militans,1925)。

② Mizrahi([中译按]施特劳斯原文中为 Misrachi)字面意思为"东方人",这是宗教犹太复国主义运动的名称,是 MerkaZ RuHanI(精神中心)这个词组的缩写。该组织于 1902 年创立,其标语是"凭以色列律法、为以色列民族、[争]以色列土地"(The Land of Israel for the People of Israel according to the Torah of Israel)。Mizrahi 致力于将政治犹太复国主义限于获取国家地位的政治目标,反对文化事业(Kulturarbeit)——也即,文化犹太复国主义议程——的逐渐流行。第一次世界大战之后,该组织的中心先是位于美茵的法兰克福。正是在"法兰克福时期",Mizrahi 开始发展其教育网络。随后,它在巴勒斯坦和国外建立起大量培训教师的学校、机构,还有一所大学(位于 Ramat Gan 的 Bar Ilan)。在以色列国建立之后,Mizrahi 跟 Ha-Po'el ha-Mizrahi 合并,并建立民族宗教党(National Religious Party[*Mafdal*])。

我很高兴能够指出,这个概念决不单是我的私下的"疯狂"(meshugas;craziness)。我知道,它也为诸如布鲁门菲尔德(Blumenfeld)①和兰茨伯格(Landsberg)②那样的政治领袖所怀有。然而,更重要的是,我最近在科隆(Cologne)进行招募(Keilerfahrung)③

---

① 布鲁门菲尔德(Kurt Blumenfeld,1884—1963),1924 年至 1933 年间任德意志犹太复国主义者联盟(German Zionist Federation)主席,后为巴勒斯坦 Keren Hayesod 理事会成员。布鲁门菲尔德出身于东普鲁士一个同化的犹太家庭,在柏林大学、弗莱堡大学、柯尼斯堡大学攻读法律期间加入犹太复国主义运动,并成为德意志犹太复国主义者联盟(Zionistische Vereinigung für Deutschland,简称 ZVfD)成员,该组织的中心在 1905 年至 1920 年间位于柏林。莱茵哈茨(Jehuda Reinharz)将布鲁门菲尔德标举为德意志犹太复国主义的"彻底化"(radicalization)的决定性人物:"在历史变迁能归功于个人的程度上,可以说布鲁门菲尔德改变了 1910 年至 1924 年间德意志犹太复国主义组织的意识形态进程。"(《父辈之地抑或应许之地:德意志犹太人的两难,1893—1914》[*Fatherland or Promised Land:The Dilemma of the German Jew*,1893—1914, Ann Arbor:University of Michigan Press,1975],页 152。)由布鲁门菲尔德实现的意识形态取向的转变指犹太复国主义从"政治上的博爱"(political-philanthropic)取向到"实践"取向的变化,涉及定居、直接行动(immediate action),以及其他反映犹太复国主义青年运动的关注的理想值。参《父辈之地抑或应许之地》,页 154 - 158;另参 Avraham Barkai,"犹太教团体组织"(Die Organisation der jüdischen Gemeinschaft),刊《现代德国—犹太编年史》(*Deutsch-jüdische Geschichte in der Neuzeit*),卷 4:《复兴与毁灭:1918—1945》(*Aufbruch und Zerstörung*,1918-1945,München:Beck,1997),页 91-95,"犹太复国主义者"(Die Zionisten);英译本参 William Templer 译,*Renewal and Destruction*,1918-1945,A. Barkai 及 Paul Mendes-Flohr 编,页 90 - 95;该书为《现代德意志犹太人史》(*German Jewish History in Modern Times*,Michael Meyer 及 Michael Brenner 编,New York:Columbia University Press,1996),卷 4。

② 如同布鲁门菲尔德,兰茨伯格是年轻一代的德意志犹太复国主义运动领袖,他出生于一个类似的同化家庭。兰茨伯格在布鲁门菲尔德之前于 1923 年至 1924 年间担任德意志犹太复国主义者联盟(ZVfD)的主席。参莱茵哈茨,《父辈之地抑或应许之地》,前揭,页 103。

③ Keilerfahrung 是一个在学生伙伴间通用的措辞,意为"招募"(recruitment)。

时的经验向我显示,只要坦诚地从德意志犹太人的真实处境出发而非从其他某些"抽象的"虚假民族主义出发,即便是跟极端自由派的犹太人建立接触都并非难事。①

在营地,我开始着手陈述由新正统派(Neo-Orthodoxy)西蒙(Ernst Simon)②所勾勒的问题。在我们的语境中,我们并不关心某人是否是这种新正统立场特别严肃的个别代表。我完全理解我们的大多数同盟兄弟们的怀疑主义,我如今也倾向于分享这种怀疑主义。与此相关的问题是接受传统的要求,为众所周知的"回归"意识形态所证明为有理由的一种要求。用于这一语境的一种表述是"犹太教的正当性"(jüdische Legitimität)。我提出这个表述是因为它迫使人们严肃看待与传统的争论,因为它使人们不可能继续舒适地闲庭信步(jog trot)。

如今,所有犹太协会联盟(allen LIVern)的成员对于反对这种要求都怀着某种"我没主意"(Ich weiβ nicht was)。而这种"我没主意"根据每个个体的存在和本质而不同。从联盟的立场,它是一种"私人事务"!我试图确定,这种活在我们所有人中的公认的跟传统保持距离,是否在联盟里并不拥有某种客观性。为此我问自己,我们每个同盟兄弟所预设的实际上的最低要求是什么?我说——这一点不会有争议——(这个最低要求存在于)政治犹太复国主

---

① 施特劳斯提及他在科隆的招募(Keilerfahrung)显示出,他积极地参与到犹太复国主义学生组织招募新成员(keilfüxe 或是 Keilfüchse)的持续努力中。招募的结果定期发表于《犹太学生报》(Der jüdische Student)。

② 在早期作品中,施特劳斯反复援引西蒙或西蒙所属的法兰克福派的表述作为其立场的出发点。当有人倡导一种"首先是政治的"犹太复国主义时,施特劳斯显示了他对文化犹太复国主义者观点的极度关注。他对宗教那种占支配地位的兴趣某种程度上可以说跟一种"首先是政治的"犹太复国主义语境不相一致。西蒙同样出现在"答法兰克福小组的'原则之言'"(Response to Frankfurt's "Word of Principle", 1923)和"圣经史与学术"(Biblical History and Science, 1925)中。

义。由此我提出的问题是：这种"必不可少的"最低要求是不是并没有证明跟传统保持距离的正当性。这个问题必须以肯定的方式得到回答，因为（根据政治一词的涵义），传统将政治排除在外，也就是说，如此理解的"政治"乃是一种由——替一个民族的生存和尊严承担责任的——责任意识所维系的意志，借此，这种生存被视为倚赖纯粹的"自然"条件——无论是人为条件还是人力之外的（extra-human）条件。为简明起见，我不再讨论我所援引的传统著作和当代正统派文献中的论据。

由是，政治与传统相对立。固然，这会引出如此的对立是否不容许从内部加以克服的问题。从这一视角，我加以考察的仅仅是沿着这一方向的两种尝试，即：其一，借助圣经世界中的"政治"要素对政治与宗教加以综合的尝试（威尔豪森概念中的《士师记》和《列王纪》）；①其二，通过把宗教降格为利他主义式伦理（阿哈德·哈阿姆［Ahad Ha'am］）②或"共同体"式的社会主义（早期布伯）——简言之，降格为

---

① 威尔豪森（Julius Wellhausen, 1844—1918）乃新教旧约学者，在其《以色列史绪论》（*Prolegomena zur Geschichte Israels*，第 5 版，Berlin：1899）中提出《六经》典源的文献假说（the documentary hypothesis of the sources of the Hexateuch）的决定性表述。参"拉伽德评传"（Paul de Lagarde, 1924）一文中有关威尔豪森的注释。斯宾诺莎在《神学—政治论》中将对圣经典源（biblical sources）的政治性批判作为一个问题提出，施特劳斯最初在"柯亨对斯宾诺莎圣经学的分析"（Cohen's Analysis of Spinoza's Bible Science, 1924）一文中涉及这个问题。在施特劳斯有关 Simon Dubnow 的文章"圣经史与学术"（Biblical History and Science, 1925）中，他对《士师记》和《列王纪》的政治性解释进行了细致的对勘。［中译按］Hexateuch（《六经》）为《旧约圣经》前六卷书的合称。威尔豪森及部分旧约学者认为，《旧约》第六卷《约书亚记》和前五卷（通常称为《五经》［the Pentateuch］，此即犹太传统中的"摩西五经"或"律法书"［the Torah］）密切相关，因此与《五经》共同构成一个有机整体。

② Ahad Ha'am 是金斯伯格（Asher Hirsch Ginsberg, 1856—1927）的笔名，此人乃"文化犹太复国主义"的主要喉舌。参"评'犹太复国主义和反犹主义'讨论"（A Note on the Discussion on "Zionism and Anti-Semitism", 1923）中的注释。

单纯的人际现象,通过把赫尔茨①谋划的现实政治曲解为"精神性"的政治②——来沟通对立双方的文化犹太复国主义的尝试。我相信,我已经清楚地阐明,这些尝试并没有实现我们所需要的[目标]。我说我并不知道任何脱离这一危机的道路,以此结束了我的演讲;与此同时,我根据原则拒斥任何用廉价的简化或更廉价的希望对这一危机的严重性加以轻描淡写的尝试(使用如下句式:"在巴勒斯坦这种综合必定会有组织地发生")。

我的批评者声称我说过:"(民族主义与宗教的)的二元论在于:民族主义是政治的,而宗教是非政治的。"③我加以对照的不是民族主义与宗教,而是宗教与政治的犹太复国主义。很清楚这是一种实实在在的敌对(einen realen Antagonismus),而不是"逻辑上的敌对",更不是——除非我们是少不更事的少女(Backfische)——"情感上的"敌对。用温伯格的话说,我必须让某些哲学家来决定这一现实如何与逻辑或情感发生关系。

我不会否认"手工业、油画和养蜂都是非政治的",从而都不跟政治对立,正如我也不会否认有黑色的驼背达克斯猎犬(Dackel),④就因为"驼背的"(Krumm[中译按]原义为"弯曲的")不是一种颜色,

---

① 施特劳斯在此涉及的是他在 1923 年的文章"诺叁的犹太复国主义"(The Zionism of Nordau)中指出的对赫尔茨的政治犹太复国主义的一种 Depravation(误用)。

② 作为一个社会学术语,Gemeinschaft(共同体)是腾尼斯(Ferdinand Tönnies)提出作为 Gesellschaft(社会)的对立概念的杜撰新词。布伯因受到社会学家西美尔(Georg Simmel)的影响,在早期著作中采纳了这一区分。参 Paul Mendes-Flohr,《从神秘主义到对话:布伯(思想)在德国社会思想中的转变》(*From Mysticism to Dialogue:Martin Buber's Transformation of German Social Thought*, Detroit:Wayne State University Press,1989)。施特劳斯在此对布伯的批判与他在 1923 年的文章"答法兰克福小组的'原则之言'"中对他的批判完全一致。

③ 这句话中的引号在原文中缺失。

④ [中译按]英译为 black, crooked dogs;*Krummer Hund*(驼背的狗,crooked dog)这个词同样也意指"脏狗"。

尤其不是黑色。请允许我同样运用"逻辑":从这一学科可以学到,否定能有几种形式。"非政治的"(Unpolitisch)可以指在与政治不同的层面上,而它同样可以指排除政治。当然,当我说到犹太传统的非政治特性时,我脑子里想的只是它的第二种涵义。

我不知道温伯格如何将支持正统派的决定强加于我,甚且——极其粗暴无礼地——把它作为一个"出于坦诚的狂热"①的决定强加于我。我相信,听过我的弗赫腾堡演讲的同盟兄弟会同意,我的演讲中找不到任何"狂热"的痕迹。至于说到我的"支持正统派的决定",②这一反批评将不会留下任何其他疑问,从而可以充当一个(表明我的真正立场的)③例子。然而,倘若对我的指责是指我对犹太教的这样一种理解,即:犹太教中有些要求对我们来说是实质性的且是义不容辞的(Wesentliches und Verpflichtendes),那我就是因为自己并非一匹完美的骏马而受到指责。

我现在转向温伯格的正面立场。若是我接受他的结论——或不如说,若是我承认该结论也属于我(当然,带着必要的保留)——即:对我们而言接受律法是不可能的,那么他将不会感到惊讶。然而,我不能把他[对自己立场]的辩护当作我自己的。温伯格有受其支配的一种世界观(Weltanschauung),这就是迄此为止的惟一理由。这种世界观是在欧洲的胡同里拣来的,或者至多,是在其宣传册子里拣来的,而我不能理解,如何能证明这种世界观对犹太复国主义者是义不容辞的。当我们犹太复国主义者以无可争辩的口吻(ex cathedra)说话,也就是说,作为犹太复国主义者,我们只可以凭靠根据犹太人的处境——在我们的情况下,根据德意志犹太人的处

---

① 参温伯格,"犹太复国主义和宗教",前揭,页9。
② 在青年运动的行话中,decision(决定,决心)是一个外来词,当它独立使用时,指将决定作为目的本身的决定式行动。这种态度被称为"决定主义"(decisionism)。
③ [中译按]括号中的文字为英译者所加。

境——证明为有理由的事物。为这一处境证明为正当的是［要求］犹太国家的意志（Wille zum Judenstaat），是［要求］犹太对外政治（jüdischen Außenpolitik）的意志。正确地理解——也就是说，在犹太复国主义的意义上理解——"自由"和"个人主义"是"私人事务"。然而，具有客观性而并非私人性的犹太复国主义特征的事实是，犹太传统在 19 世纪受到所谓同化的破坏，而按照其正当的涵义，同化不过就是对传统的批判。因而，在这个意义上，我们是"同化了的"、"自由派"，或无论谁喜欢的其他称谓。若是在这里有某种类似"个人主义"的东西，那么，看在上帝份上，我们甚而就是"个人主义者"。但不是因为个人主义和自由是如此美妙，哦如此美妙。

毫无疑问，我们都认可温伯格对"东方人"的批判。不过，我所看到的最大的危险是其"有机的"（organisch）对正统的解释。这一新正统是对传统语境的软化，而传统的伟大在于其"硬度"。

最后，我没有说"民族主义"没能力成全（ausfüllen）一个人，①而是说，政治意志没能力这样做。我相信，某种程度上这一点更加清楚。

---

① 参温伯格，"犹太复国主义和宗教"，页 14："民族的理念自身并不足以作为个人的意识形态基础，它反而需要某种'背景'的增扩（to be augmented）。这类观点在当前的犹太复国主义中颇为典型。有很多犹太复国主义者相信，犹太复国主义既不是，也不能——按其本性——成为头等大事（become essential），在这一点上，他们错不到哪里去。"（重点为英译者所加）另参"弗赫腾堡营地"（Das Camp von Forchtenberg），页 198 及以下：

> 施特劳斯提出了一个问题：是否——以及在何种程度上——无需对传统的回归而挪用传统犹太教的价值是可能的。因为属灵的民族（spiritual people）无法对仅仅立足于民族荣誉的犹太复国主义感到满意——若是谁的更深层的活动范围依然彻底与此脱节。施特劳斯没能推进最终的阐述，他更多地在负面意义上回答该问题。

武装的教会

（1925）

张缨 译

[题解]本文原题 Ecclesia militans，刊于《犹太教评论》(*Jüdische Rundschau*)卷30，第36期(1925年5月8日)，页334，后收入 Heinnch Meier 所编《施特劳斯文集》卷二(第二版，页351－356)。[中译按]译自《施特劳斯早期文稿》，Michael Zank 编译(页124－130)。若无特别说明，文中注释均出自《施特劳斯早期文稿》英译者。译文方括号中的文字为中译者为顺通文意而酌加。

犹太教会(die jüdische Kirche)——我们在此以及本文其他地方指的是法兰克福的主张[与非犹太民族相]分离的正统派(Frankfurter Trennungs-Orthodoxie)——正在进攻。这一事实与我们休戚相关，但并未吓倒我们。我们非常清楚地知道，进攻并非都能成功。或许正统派的攻击面对我们的立场将在铁丝网上东奔西突，以致我们甚至可以不必守护前线，更不用说招呼撤退了。只要我们保持冷静的头脑和坚定的决心，邪恶的宿敌①就奈何不了我们。敌人的凶狠装备不过是(sein[e] grausame Rüstung ist)其雄辩家们兴高采烈

---

① Der alt böse Feind[邪恶的宿敌]：施特劳斯在此以及下文(sein grausame Rüstung ist, Wehr und Waffen)所用措辞和意象来自马丁·路德的赞美诗《我们的上帝是坚固的堡垒》(*Ein feste Burg ist unser Gott*)。因而，"犹太教会"就相当于16世纪新教改革者眼中的中世纪大公教会。

的含糊其辞(das fröhliche Ungefähr),这些雄辩家们用狂热来攻克逻辑的障碍。正因为犹太式心肠(jüdischen Herzens),才有人无法坚定地抵抗这类厚颜无耻。

让我们从另一角度瞥一眼我们的敌人——我们最凶猛、最邪恶的敌人——的军备和武装(Wehr und Waffen)。首先,是敌人的战争目标——请原谅我渲染武力的意象,但局势把这些意象强加于我们;此外,这些意象给敌人的作战行动带来这些行动远远配不上的愉悦感——那就是:让犹太民族向《托拉》(Thorah)屈膝。一旦上帝的存在和《托拉》的神圣起源获得承认,这个目标可以无需斗争而实现。如今,正统派的武器——或者说圈套——就是试图迫使人们接受这一要求却无需取得对其教义前提的承认。由于当代犹太人中的大部分不可能承认这些教义,于是有人就迫不得已要诉诸这圈套。这样的人因而要设法应付彻头彻尾不坦诚的学说(der durch und durch unredlichen Lehre):犹太教没有教义,这是个看似仅仅为了从根本上摧毁任何宗教决定的严肃性而发明的说法。仿佛重要的事情是:在我们中间,赐福的先决条件并不由对这类那类主张的明确肯定而构成;仿佛重要的事情反而不是与我们祈祷所向的上帝的存在和行动相关的自明的简单事实(这是不能为任何数量的狂热所抹去的事实),而只有那些在祈祷所勾勒的意义上相信上帝的存在和行动的犹太人才能说是正派体面的! 进而,当有人从《托拉》的律法特征演绎出应许诫命的必然性时,他并不当这是一种掠夺(erachtet es nicht als Raub),①借此"律法"就成了一种不可能(canis a non canendo)。② 甚且,有人援用下列不啻为无耻的推论:对民族的肯定意味着对民族文化的肯定——然而,在我们的情形中,民族文化是《托拉》——因而,这就意味着对《托拉》的肯定。好像宗教

---

① erachtet es nicht als Raub:参路德《腓立比书》2 章 6 节译文。

② Canis a non canendo:拉丁谚语,直译为"出身于不吠之物的狗",意为不可能。

的根本问题可以用民族法令来决定！最后,有人揭示出,不忍受《托拉》法则的那些民族的政策——"巴别塔"①——导致了世界大战,通过这样的方式,此人并不羞于以"更深刻的"方式为《托拉》的正当性辩护。这种正当性辩护同样会导致以[相当于]虔诚欺骗的方式来遵守诫命,因为这是为了其令人愉快的结果而遵守诫命。但这样做难道证明了任何事？难道这样做会导向真理？可以证明的是,真理不会因其结果的愉快性而得到证明。

就如我说过的,正统派惯常以上述这样或那样的方式进行论证。对启示的确证(Verifikation der Offenbarung)曾经在传统神学中习以为常,经过欧洲的[宗教]批判如此确证不再可能,自此以后,对神学问题的公开讨论已经成为一个疾风暴雨般的问题。——此乃插入语:研究当今思想的史学家可能感兴趣的是,某些特别敏锐的聪明头脑后来一直在讲述启蒙的浅薄。他们得到现代性的令人惊异的精致感(Fingerspitzengefühl für Modernität)的馈赠,对 19 世纪的丧失灵魂(Seelenlosigkeit)以及诸如此类滔滔不绝。仿佛合理的内核恰好被隐匿在如此的激烈言论(tirades)中,或者这些激烈言论本身能一劳永逸地抹去现代的宗教批判。——只有当所有心理学和社会学的遁辞及圈套的徒劳在每个事例中都得到说明,正统派才会同意以核心教义的直率陈述为开端。

倘若我们没有在某些迹象上犯错,那么已经可以回忆起,必须相当一根筋地且郑重地(ganz dumm und ehrlich)提出上帝及其启示的问题,无需涉及任何实际的不利因素。最终,这是宗教本身最高的利益所在。宗教并不与为自己民族或所有民族的缘故而履行律法的那些人有利益关系,而且也不——或者说并不首先——与为上帝的缘故而履行律法的那些人有利益关系。只有再次以如此的方式来提出问题,只有当犹太教内部党派的形成按照对这个问题的不同回答来塑造时,才真正有可能产生正统派与非正统派的一场论

---

① 参《创世记》11 章。

辩——实际上[真正有可能产生]的往来(Miteinander)。

无论如何,当布鲁艾尔(Isaac Breuer)①在其近著(《犹太民族之家》[Das jüdische Nationalheim, Frankfurt, 1925])中看到决定性的问题就在"上帝和《托拉》究竟是否应比犹太民族优先,还是说历史的关联将会相反",这是一个令人鼓舞的前进。这不再是个人主义对类型主义(Typismus)、②权力对精神、高度背叛律法对忠诚律法的事情,这也不再是人际间的利害关系。

布鲁艾尔的著作之所以令人鼓舞不仅是因为这个理由,还因为它坦率地指出了事关教义的终极先决条件。就表述而言,它同样远为有力地不同于作者的先前著述,而且确实也不同于大多数犹太政治文献。此书是真正的政治作品,实事求是(sachlich)③且条理清晰;布鲁艾尔先前作品中那种暧昧不定的诗意爆发(dubious poetic eruptions)曾使阅读成为折磨,如今它们跻身角落,成为烤干犹太心灵的政治沙漠中的一片绿洲。可以确定的是,即便到了现在,如果他不唤起那满脸皱纹的巍巍老母[的形象],他就对付不下去。与

---

① 索勒姆的"神秘主义的政治:布鲁艾尔的《新库萨里》"(The Politics of Mysticism:Isaac Bruer's New Kuzari,收入《犹太教的弥赛亚观念以及论犹太灵性的其他篇章》[The Messianic Idea in Judaism and Other Essays on Jewish Spirituality, New York:Schocken,1971],页 325 – 334)一文,可作为施特劳斯"武装的教会"的姊妹篇参阅。[中译按]布鲁艾尔(Isaac Breuer,1883—1946)出生于匈牙利,大部分时间生活在法兰克福,其外祖父赫尔希(Samson Raphael Hirsch, 1808—1888)是德国犹太新正统运动的精神领袖。布鲁艾尔将政治犹太复国主义和宗教犹太复国主义皆视为正统派的真正敌人,尽管他所领导的正统派联盟组织(Agudah organization)的目标和犹太复国主义一样,都是在巴勒斯坦建立以色列国家,但他强烈反对犹太复国主义者采取世俗方式取得以色列"土地与国家的重新结合"。

② 在这儿,"类型主义"指两种相互排斥的潮流或观点中的一种,两者在历史和社会学思想中都是完全内在的。

③ sachlich:该词含有"回到事情本身"(return to the things[zu den Sachen])或"回到本质"(to "essentials")的意思。

此同时,作者对政治了然于胸给人的印象——顺便说,是对颇富进攻性的政治——表明他的诗歌仅仅是服务于政治的武器(若是技术上可能的话,[这武器]会是一种蜃景般的毒气[ein Fata-Morgana-Gas])。由此,该书不能凭其差强人意的诗歌品质来判断,而是要凭更值得宽谅的煽惑人心的品质来判断。这一次,作者省却了这些流行的数字,就[正统和非正统的]法理的差异(juristische Distinktionen)激烈论辩,切中了街头风琴的感伤主义(das Schmalz der Drehorgel),以此增添辛辣,从而没使此书变得"更加漂亮"。他达到了严肃性。

碰巧,这种严肃性也是我们的严肃性;或者至少,这种严肃性对我们来说可谓严肃的。即便正统派政治最短视的观察者也会注意到的是,始终在激发这种政治的人在此从实践上声称:犹太复国主义有一个犹太敌人,那个敌人就是[犹太]正统派。对正统派而言,我们非正统派是叛徒和不忠者(Verräter und Treulose)。这听起来振奋人心,甚至挺有胆量,因此,我认为它颇为有板有眼(in der Ordung)。布鲁艾尔挑明了这些论题,然而他无需用更含混的方式表达自己就超越了这些论题。① 他用很多篇幅来处理某些争吵,这些争吵近来在巴勒斯坦饱受关注,看上去这些争吵极大地激怒了布鲁艾尔。由于我们没有去过巴勒斯坦,缺乏这方面的专业知识,因此必须把这些争吵的实质性解决留给犹太复国主义的领导层。在这件事上,布鲁艾尔采取了一个犹太民族代表——这是《巴尔福宣言》(Balfour-Deklaration)宣告的诸多权利的承担者——的特殊立场:抗议外来权威的行政措施,也就是说,犹太复国主义者的民族政府荒唐地成了犹太民族权利的托管人了;一个棘手的处境。用直言

---

① 此句在初版时为:"Er überblickt jedoch diese Thesen, er geht über sie hinaus, ohne weiter eindeutig zu werden",我认为其中 jedoch(然而)一词位置有误,改为:"Er überblickt diese Thesen, er geht jedoch über sie hinaus, ohne weiter eindeutig zu werden"。

不讳的方式说(将巴别塔的调子转为按门铃的调子①):要害就是归罪于英国政府眼中的犹太复国主义组织。这个目标与另一个目标关系密切:为在犹太复国主义组织中工作的正统派惹麻烦。从布鲁艾尔的观点看,这些正统派很可能被视为信仰犹太教的犹太复国主义公民。这在本质上是一个正统派内部的论辩,或者说,好像是一个国际性的正统派论辩。我们对此不加任何干涉。

难道我们应该说,来自犹太人民的这种解职(Hinauswurf)对我们无关紧要?如同以往一样,今天我们仍关心与正统派的论辩,因为我们仍然持有连接犹太人的历史的统一这样的概念。然而,这包含着我们已经说过的困难。布鲁艾尔搬走了这些困难中最大的困难:压制争论的实际要害。但有些困难依然存在。

若是有人要指责正统派主观上不诚实,那对他们是不公平的。这个指控将不仅是不公正的,而且也是专断、可笑、无意义的,并且——这将会坐实无关紧要[的说法]。这样说不是为了开脱自己,也不是出于虚情假意。恰恰相反!——正统派的诡计之所以可能仅仅是因为正统派没有努力(也从未曾努力)去理解政治犹太复国主义的意志。贴上背教者(Apikorsut[apostasy])的标签,这并不是严肃论证的主题。倘若有人知道,真正切实地知道,他是对的而其他人错了,那究竟为什么要去论证?人们总是根据原则而具有好良心(Guten Gewissen)⋯⋯但难道不是对好良心的坚定不移的拥有意味着——良心的彻头彻尾的丧失?

阅读赫尔茨(Herzl)时人们会难以相信自己的眼睛:他"胆敢在大国势力(Größmächte)之间进行不计后果的跳跃"——因与世界大战"奇迹般同时存在"而跃入民族之家的一次跳跃。这样公平么?除非我们得到的消息不确切,赫尔茨其实知道,倘若其他民族的人将之诠解为政治作用(politische Leistung),那么作为报答,犹太人也

---

① 这里的意思是,将一种奇异的语言转译为平常的、自我本位的民族(ordinary, self-interested people)的日常政治语言。

不得不向他们提供一种政治的反作用。因而，我们正在处理的不是一次"跳跃"，而是一种"施行以力量对力量"（das Ausspielen Mcht gegen Macht），如同所有政治事例一样。由此，政治犹太复国主义的真正基础和世界大战的真正基础之间的关联就不是一种奇迹般的关联，而是一种自然的关联。我们提请注意的事实是，土耳其的衰亡以及为弱势群体而进行的斗争是协约国（Entente）的战争目标，而协约国——首先是英国——跟善意处置犹太民众有利益关系。赫尔茨的天才既不在一次"跳跃"，也不在一声"呼喊"，而在于将犹太民族政治化。

拒绝我们的对手的事实性主张对他们并不公平。必须进一步追问：布鲁艾尔的主张的意图是什么？从中可以获得什么？首先，作为世界大战结果的政治犹太复国主义的实现——对于在黑—红—金公民（Schwarz-rot-gold）①眼中污蔑犹太复国主义不是件坏事。其次，《巴尔福宣言》并非犹太复国主义的成就——而是时机、历史、神意的礼物。因而，正统派同样可以毫无顾忌地利用这个成就。

用类似的逻辑可以推出，犹太复国主义想要使犹太民族像所有其他民族的人一样。年前有人确实在这个意义上说过"实现"（Verwirklichung）。② 然而，赫尔茨的原初意志如今越是活跃，我们就越清楚地感受到动机不明的趋向常态的意愿（die Unmotiviertheit des Normalitätswollens）。③ "一个像所有民族一样的民族"不可能是自

---

① Schwarz-rot-gold：德意志民国（the German republic）国旗的颜色。

② 该词由布伯（Martin Buber）生造。在早期文稿中，施特劳斯经常带争辩性地以他自己关于"现实"（Wirklichkeit）主题的变形词，诸如 Einwirklichung 和 Entwirklichtheit，反其道而用之。

③ 原文：die Unmotiviertheit des Normalitätswollens。施特劳斯想要说的是，将一种趋向常态的意志的概念（the notion of a will to normalcy）作为犹太复国主义的政治斗争的动机是不够的。以施特劳斯的理解，这种意志概念实际上并非源自犹太复国主义。在这个地方，可以瞥见作者掩盖在客观语言的薄薄面纱下的自我理解。

我批判的犹太复国主义的议程。相反,其议程是作为选民的人不会想要的:成为一个商人与律师的民族。这不是一场"反对上帝统治的战斗,也不是一场反对上帝律法的统治的战斗"。我们根本没在谈论一场"战斗",至多是在谈论距离。这个距离并不植根于趋向常态的意愿——犹太复国主义并非[意志]消沉现象(Depressions-Erscheinung)。我们抗议任何如此的归咎,当发生这种归咎时,我们就不能再把它看作好信仰中的瑕疵了。相反,这个距离植根于如此的事实中:作为欧洲[宗教]批判的结果,正统派教义的先决条件已经开始成问题了。倘若正统派下决心以这个理由开战,那么犹太复国主义不会拒绝战斗,即便它无法诉诸这个传统而只能诉诸理性。

评柯亨的《犹太教文集》

(1925)

张缨 译

[中译编者按]本文译自《解释学刊》(*Interpretation: A Journal of Political Philosophy*)卷39,第2期(2012年春),原题 More Early Writings by Leo Strauss from the *Jüdische Wochenzeitung für Cassel, Hessen und Waldeck*(1925—1928)(施特劳斯早期文稿续补:1925年至1928年间刊于《卡塞尔、黑森和沃德克地区犹太周报》),由 Thomas Meyer 和 Michael Zank 编订并作引言,德英文对照(Michael Zank 英译)。"题解"依据"英译者引言"编译。文中注释若无特别说明均出自英译者。英译者为解释或补足文意而增加的字词用圆括号表示,中译者为此增加的字词用方括号表示。德文原文亦收入 Heinrich Meier 所编《施特劳斯文集》(*Leo Strauss: Gesammelte Schriften*)卷二增订版(Metgler, 2013),页621-626。

[题解]此篇书评使我们得以深入理解施特劳斯早年对柯亨(Hermann Cohen)的哲学思想以及柯亨作为德国犹太教代表的持续关注。对施特劳斯而言,柯亨的犹太教著作不太可能是一个新发现。马堡的菲利普文科中学(Gymnasium Philippinum)教师亚伯拉罕·施特劳斯(Abraham Strauss)是柯亨的朋友,1912—1917年间于菲利普文科中学读高中期间,年轻的施特劳斯与这位老师同住,正是他最初吸引施特劳斯留意到哲人柯亨及其与犹太教的复杂关系。从这位高中老师那里传出一些有关柯亨的轶闻,这些轶闻后来出现

在罗森茨威格［为柯亨的《犹太教文集》所写］的"导言"中。这位高中教师的儿子布鲁诺（Bruno Strauss, 1889—1969）也与年轻的施特劳斯关系密切，布鲁诺后来成为日耳曼语学者（Germanist）和哲学史家，并编辑了柯亨的《犹太教文集》。日后，施特劳斯曾与他合作，为犹太学术研究院主编门德尔松（Moses Mendelssohn）著作的［二百］周年纪念版（Jubiläumsausgabe）。施特劳斯很敬重自己的这位高中老师，称这位"老师"教会了他如何写作德语文章。赞克（Michael Zank）进一步推测，施特劳斯决定在卡西尔（Ernst Cassirer）——当时他在很多人心目中是柯亨真正的思想传人——指导下撰写博士论文，同样应归于他对柯亨的持久兴趣。二十世纪二十年代早期，施特劳斯的文章不断提及柯亨，1923年他为奥托（Rudolf Otto）的《神圣者》（The Holy）所写的书评亦不例外。施特劳斯写于1924年的文章"柯亨对斯宾诺莎圣经学的分析"，明确参考了布鲁诺编的柯亨《犹太教文集》，当时这部文集刚刚面世。施特劳斯很可能像熟悉这部文集中的文章一样，熟悉柯亨的哲学著作。施特劳斯对肯克尔（Walter Kinkel）为柯亨所做的幼稚辩护的批评，足以见出他对柯亨哲学体系的熟悉。施特劳斯后来曾说，他晚年有关宗教哲学的著作与柯亨的体系性著作有一种连带关系，这也足以见出他很早就熟悉柯亨的哲学体系。施特劳斯并不认同罗森茨威格的如下观点（该观点如今已鲜有拥趸）：柯亨的《源于犹太教的理性宗教》（Religion of Reason out of the Sources of Judaism）一书（出版于1919年柯亨去世后）表明，这位哲人背离了自己的哲学体系。在卡塞尔教书期间，施特劳斯即阐述了这一立场。本文不仅证实施特劳斯熟稔这场辩论中有争议的种种问题，也证实了他的判断的独立性。本文刊于《卡塞尔、黑森和沃德克地区犹太周报》（Jüdische Wochenzeitung für Cassel, Hessen und Waldeck）卷2，第18期（1925年5月8日）：1-3（专页）。

去认识柯亨的《犹太教文集》并非受好奇心驱使。这些文章几乎称不上"现代",在长达半个世纪的进程里,它们由同代人中最伟大的德国犹太人在德国犹太教内部以对德国犹太教的兴趣写成。这些文章的色调是刚刚过去的时代那毫无诗意、不动感情的苍白。人们不由会说:充溢柯亨一生的过程——即由此生所充溢(den dieses Leben ausfüllt)的过程——仿佛是由此生的作品得以完成的。但[这么说]只是在仿佛和整体的意义上[才成立]。尽管这一过程不是为当今世代的特定犹太人而完成,却是为作为历史整体的德国犹太教而完成。每一位个别的德国犹太人都必定经历这样的过程,柯亨是并且仍然是这种过程的范例。这意味着,占有(die Aneignung)柯亨《犹太教文集》对我们作为犹太人的最个人化的生活具有最大的紧迫性。

自门德尔松以来,德国犹太教的发展以这样一种方式展开:持续至大约 1880 年的一个瓦解的过程(Auflösungsprozeß)[随后]被一个巩固的过程(Konsolidierungsprozeß)所取代。在这一发展的第一阶段,传统的犹太关联(der traditionelle jüdische Zusammenhang)在欧洲[宗教]批判的影响下瓦解了自身。新的犹太关联的巩固并非来自对这种批判的一种拒斥,一种怯懦的逃离:从一个冰冷、严酷、没有幻象、危险而开放的欧洲怯懦地逃向犹太隔离区(das Ghetto)的安逸狭窄空间。只要这种巩固不只是多愁善感,它就不是出自这样的动力。严格来说,这不是一种断裂,而是一个从前一阶段到后一阶段的正当过程。

当柯亨离开布雷斯劳犹太神学院(Breslauer Seminar)以便让自己以赫尔巴特(Herbart)①学派的心理学为手段获得一种犹太神学没能力给他的确定性时,他就从犹太关联(jüdische Zusammenhang)转移到欧洲了。一条明确的道路——那条想要并被迫确定其科学的根基的科学人的道路——将他从这种心理学引向康德体系。

---

① [中译按]指 Johann Friedrich Herbart(1776—1841),德国哲学家、教育学家和心理学家。

在康德体系——以一种特殊的方式因 70 年代和 80 年代的各种问题(即自然科学和社会政治问题)变得活跃并由此遭到改变的那种康德体系——的基础上,柯亨得出了上帝观念的必然性。要是有人考虑到,按柯亨的说法,哲学体系将圆满成就"文化"(亦即欧洲文化)的奠基(Begründung),并且柯亨伦理学中的上帝观念明确与犹太教的上帝观念相联——只要有可能在晚近几个世纪的批判的基础上谈论这一点,那么,柯亨的这条道路就已经构成了从欧洲到犹太教的一种"回归"。

当柯亨问道,哲学体系的哪种必然性导向了上帝观念,他暗中所问的是:哪种欧洲的必然性要求犹太教的保存和发展?

这一点出自前面的观点,即没有对柯亨[哲学]体系的认识,就无法理解柯亨的宗教学说、犹太教学说和上帝学说。然而,这种观点代表了巨大的困难。大家知道,差不多百分之九十的德国哲学教授从不曾研究过柯亨的《纯粹认知的逻辑学》(*Logik der reinen Erkenntnis*),倘若他们研究过此书,他们会公开承认自己不理解它。然而,这并非是说,犹太读者也没有理解这部著作。但人们应当这样考虑,理解这本书的先决条件是熟悉三个世纪以来的数学的自然科学(mathematische Naturwissenschaften)的种种概念。因此,我们试着将就来看一下柯亨的一个学生所提供的对柯亨体系的通俗阐述。

肯克尔(Walter Kinkel)的著作《柯亨著作导论》(*Hermann Cohen: Einführung in sein Werk*)(斯图加特,1924)的确承担了将柯亨的哲学著作展现给未受哲学教育的公众的任务。为了尝试哪怕使用强力来捕获普通大众(实际上做不到),作者认为,将柯亨思想的精确性和连贯性拆解为某种彻底平淡和温吞吞的东西很有用。鉴于此书的目的,人们原本能免除对各种特定范畴的演绎的一种阐述,若代之以对柯亨的"创造"(Erzeugung)概念的一个扼要简单的解释,此书原本可以很受欢迎。它甚至没必要阐述每个句子以便让任何读者一眼就理解它。举几个有关上述此书风格的例子,或许能对该书的文字水平提供一个生动的印象。在留意一本有关柯亨的著作的风格时,我们不会被审美家般的夸夸其谈牵着鼻子走;相反,我们知道我们自己与柯亨本人是一致的,柯亨在许多地方都表达过,[作品的]风格与思考和写作的那个人如何息息相关。文字上的不负责任最终是更一般的缺陷的特殊症候。

带有"没有/不"(ohne)的句子是肯克尔此书的典型风格。试举几例:"柯亨彻底研究了赫尔巴特学派,却并没有成为一个正统的赫尔巴特派。"(页18)何以要明确提及"没有"?若是在青年时代柯亨曾经花几年时间从赫尔巴特的立场来考察哲学问题,这难道对他来说有什么可丢脸的?坦白说,这并不比一个哲学教授花一生的时间回味他作为一个学生学到的"他老师的话"(verba magistri)更糟糕。但这里的问题是[作者力图]维护柯亨的原创性。这为另一个带"没有/不"的句子提供了机会。"我们不希望对黑格尔及其重要性作出判断,只希望对这一点作出评议,即这是柯亨的(Cohenschen!)思想迫不得已反叛黑格尔的原创性和新鲜性所在。"(页38)这个带有"没有/不"的句子揭示了这种风格设计的恰当本质。这种句子使得不受约束就作出判断得以可能。因此,在第2页,肯克尔教授"不希望作出最终或绝对的判断"就对浪漫主义加以批判。

注意,肯克尔教授并不想要(will)作出判断。固然,如果他愿意的话[,他能这么做]……[让我们]用一个典范事例来结束:"柯亨对哥特风格(Gotik)的立场绝非(keineswegs)一种十足的(unbedingt)崇拜,实际上反带有一种微弱暗藏(einem leisen Unterton)的反对。"(页36)

柯亨的思想体系中肯克尔不喜欢的仅有一点,那就是将宗教哲学放在伦理学之后(neben)这种构造,尽管这种构造并非独立,但仍很特殊(eigenartig)。一旦人们注意到作者在涉及犹太教事物时的严重一窍不通,就不会对此感到惊奇,那些犹太教事物肯定是作为带着过往世纪风格的犹太式奇观(jüdische Merkwürdigketen)出现在他面前的。我允许自己引述下面这段话:

> 特别有天赋的个人成就了《陈设桌》(Schulchan Orach)。① 启示的历史和摩西[五经]的第二本书(das zweite Buch Mosis[中译按]指《出埃及记》)亦得到研究。(页28)

顺便提一下,所有民族中的老舒特(alten Schudt)②都不会写出这样的句子。如果对柯亨所出自和他"回归"的背景没有更多特别的感知,那就不可能把他的体系理解为犹太神学的一个高峰。

如果我们现在提到罗森茨威格为柯亨的《犹太教文集》所写的导言,我们首先必须说 l'hawdil[要作出区分],而非只是按一般原则泛泛而谈。且[让我们]试着这么说,在这50页中,罗森茨威格将犹太教学问(die Wissenschaft von Judentum)作为一种达到了此前从未获得过的具有精细水准的历史学科来引介,其中的问题恰恰是,犹太教学问是否能够达到这样的水准。不消说,罗森茨威格避免了肯克尔的错误,即他没有诉诸对理解一种独特的思想体系毫无必要的错综细节,从而使未受哲学教育的人感到困惑。同样不消说的是,罗森茨威格没有愚蠢地"强调"柯亨的原创性,而是简洁地阐明了在已知和已获得承认的程度上19世纪哲学对柯亨而言的重要性。然而,最关键的是,罗森茨威格在下述意义上认真对待柯亨生命的结局亦即他的"回归":他借助柯亨的"回归"来理解他的思想的整个发展,并且以一种新鲜的眼光来理解那种发展。柯亨从未写过他的(哲学)心理学(seine Psychologie),③在其体系中,这部早就

---

① [中译按]由16世纪拉比约瑟夫·卡罗(Yosef Karo)所撰的犹太律法法典,被后世犹太教徒尤其是西葡系(Sephardic)犹太人奉为最有权威的犹太法典。

② 这里指的是 J. J. Schudt 的《犹太教奇观》(Jüdische Merkwürdigkeiten)(法兰克福,1714—1718),舒特是个信仰基督教的希伯来语学者,他对犹太教礼仪实践做过详细研究。

③ [中译按]括号中的"哲学的"(philosophical)为英译者所加,这里的"心理学"并非学科意义上的心理学,而应从柯亨本人的思想发展的"心理"这个角度来理解。

得到预期的著作的位置由《源于犹太教的理性宗教》(*Die Religion der Vernunft aus den Quellen des Judentums*)所占据——这样的观察多么自明同时又多么令人称奇呵;与此相应,[柯亨]体系的目标不再是文化意识的统一,而是人类在上帝面前的生活(das Vor-Gott-Leben des Menschen),犹太人在上帝面前的生活! 柯亨哲学体系的种种观念由此获得了新的生命力和新的意义,且柯亨那令人称奇的广泛的投身于犹太民族的实践活动在其核心处实在让人称赏。

  罗森茨威格从柯亨思想发展的终结处来理解这种发展。然而,罗森茨威格本人的立足点并非柯亨思想的这个终点。因此,对罗森茨威格而言,保留在(柯亨思想的)最后阶段的先前各阶段的要素不再有任何决定意义,这些要素没有当下的生命力(Lebendigkeit)。罗森茨威格认为已然"过去了的"(vergangen)所有要素都在其阐述中不复存在。但正是这一点必须在每一种情形中遭到质疑,亦即这些要素是否已然消亡。也许现在是时候重拾19世纪的各种深刻且本真的动机了,在对所有世纪中最受诟病的这个世纪的种种倒错(Verkehrtheiten)的一种危险反动中,这些动机早已遭人抛弃。让我们扔掉修辞性的"也许"! 这一点是确定的:倘若这种精神的大部分仍然鲜活——当柯亨说"我们有一种抑制不住的对某种真理的怀疑,这种真理的正当性绝非出自对理性的认识",他对这种精神给出了独特的表述——有关我们时代的智性诚实和各种世界观的竞技场之类事物将大为不同;这并不是说,而且柯亨的意思也并非是,哲学必须再次让最严肃最深刻的人类关怀屈从于化学家们和药剂师们。就对上个世纪的各种动机的弃绝而言,其他方面各种事务的状态也是如此,或者说也是类似。

  我们对罗森茨威格的柯亨解释持保留态度,理由在于他忽略了数学的自然科学(mathematische Naturwissenschaft)这个事实。在《纯粹认知的逻辑学》中,数学的自然科学的基础始终是柯亨体系的根基。柯亨体系向犹太教扩展具有内在的(innerlich)正当性,尽管这种扩展在[柯亨体系]这幢建筑的各部分比例方面引发了逻辑学[份额]的减退,从而与其初衷有所不同,但它并没有减掉其(逻辑学的)构成性意义。仅仅下面这个事实就清楚表明了这一点:在《逻辑学》中,首先展现自身而非偶然如此的原初判断(das Urteil des Ursprungs),对[柯亨的]神学来说依然是一个构成性要素。这里只消提及一个暗示就足够了:引入上帝观念的必然性是从纯粹思维与纯粹意志在类别上的差异而推出的,更准确地说,它是从自然与作为道德实在(Wirklichkeit)的人类实在之间在类别上的差异而推出的。面对人类由外在于人类的事物(das Außer-Menschliche)所决定这个事实,面对这种依存—关系(Abhängigkeits-Verhältmisses),产生了作为根基(Grundlegung)的"上帝"的必然性。这意味着,为了理解在《纯粹意志的伦理学》(Ethik des reinen Willens)中所引出的"上帝"的意义——在柯亨此后的著作直至其遗著里,"上帝"的意义始终具有决定性——人们必须预设对这一依存[关系]的洞见,预设有关永恒死亡的视野。如果在数学的自然科学中得以阐明并由《逻辑学》加以确保的精确的"自然"概念遭到放弃或忽略,就会毁掉柯亨神学的上述进路。这种自然概念决定了那种独特的"操心"(Besorgnis[care])的成与毁,这操心是对上帝的信仰的载体(Vehikel),这操心亦只在面对这种自然而非面对推衍自生命、意义和目的的种种概念的让人舒适和熟悉的自然时,才属必然。这是在柯亨思想的语境中获得的自然科学的含义:成为外在于人类的事物的人类代理者(Sachwalterin)。即便有人将柯亨对这里的后继问题的解决方案作为一种稀释加以拒绝,这种统驭了《逻辑学》的整幢大厦(尽管在《伦理学》中这一点仅在"上帝的观念"那章得到承认)的自然科学的含义,仍然极为重要且不曾动摇。(未完待续)①

---

① 原文结束于一个带括号的"未完待续",但施特劳斯从未撰写或发表此篇评论的结论。

犹太学术研究院卡塞尔课程大纲

（1925—1928）

张缨 译

1925 年春季课程大纲

[中译编者按]本文译自《解释学刊》(*Interpretation: A Journal of Political Philosophy*)卷39，第 2 期(2012 春)，页109 – 137，原题 More Early Writings by Leo Strauss from the *Jüdische Wochenzeitung für Cassel, Hessen und Waldeck*(1925—1928)[施特劳斯早期文稿续补：1925 年至 1928 年间刊于《卡塞尔、黑森和沃德克地区犹太周报》]，由 Thomas Meyer 和 Michael Zank 编订并作引言，德英文对照(Michael Zank 英译)。"英译者引言"中部分内容作为"题解"附在各篇文稿之前，其余部分作为"附录"，部分小标题为中译编者所拟。文中注释若无特别说明均出自英译者。英译者为解释或补足文意而增加的字词用圆括号表示，中译者为此增加的字词用方括号表示。

[题解]迄今为止，施特劳斯曾教过希伯来语(更准确地说，圣经希伯来语[biblical Hebrew])这一点一直不为人知。这里呈现的文本证实，从很早开始，圣经①对施特劳斯就具有重要意义。正如

---

① [译按]这里所说的《圣经》指由希伯来语所著的犹太教圣经，亦称《希伯来圣经》，其内容与基督教(新教)圣经的《旧约》相同，但犹太教圣经各书卷的编排次序与基督教《旧约》不同。后面施特劳斯文稿及"英译者引言"中提及的《圣经》均指犹太教圣经。

他在论及学校同事萨尔茨伯格(Georg Salzberger)的文章里所指出的,他教授希伯来语的努力并没取得圆满成功。① 这极有可能要归于这样的事实,即施特劳斯选择的教学方法是当时大多数宗教学校普遍施行的方法,那就是通过阅读圣经文本来教希伯来语。较之现代方法,这种学习进程不再吸引很多犹太学生。施特劳斯[让学生]阅读《士师记》、《列王纪》和《阿摩司书》相关章节的选择,也不是出于纯粹教学法的考量。正如他的其他早期作品和演讲所证实,施特劳斯选的圣经章节与他理解的政治犹太复国主义议程相吻合。本文原刊《卡塞尔、黑森和沃德克地区犹太周报》卷2,第8期(1925年2月19日):1(专页)。

犹太学术研究院任命本人在卡塞尔举办涉及犹太研究的一系列主题的课程,这些课程自2月中旬开始。有关这些课程的课表已刊登在(本报)前一期。为了启动这些课程,看来最好由我本人在此简要地解释一下课程安排:

1. **希伯来语入门**(Hebräisch für Anfänger)

时间:周三7:00－8:00。

[参与此课的]惟一必备条件:熟悉希伯来语字母。

课程目标:(1)了解基本的圣经[希伯来语]语法。

(2)士师时代与列王时代历史导论。选读内容包括《士师记》13－21章(参孙;米迦雕铸神像;基比亚[地方发生的利未人]的妾[的故事])以及《列王纪》中后所罗门王朝的历史。

2. **进阶希伯来语**(Hebräisch für Fortgeschrittene)

时间:周六6:00－7:00。

[参与此课的]必备条件:具备希伯来语基础语法,能使用[希伯来语]词典。

课程目标:圣经预言导论。选读内容:《阿摩司书》。

---

① [译按]参后文"拉比萨尔茨伯格博士讨论会后记"。

3. "门德尔松以来的德意志犹太教"研讨班

时间:周三晚 8:30。

"研讨班"(Arbeitsgemeinschaft)指的是,(课程)3 对作业及参与合作的要求高于(课程)1 和 2。至少,部分参与者需要承诺做课堂报告。课程主题将作为一个历史问题(problemgeschichtlich)来处理。[讨论哪些]特定论题将在第一堂课决定,有时也可能通过协商来决定。我们可能考虑的讨论专题包括:

"从 19 世纪德意志犹太教(Deutsches Judentum)的视角看犹太教与希腊精神(Griechentum)的关系"(文献:海涅[Heinrich Heine],赫尔希[S. R. Hirsch],赫斯[Moses Heß],柯亨[Hermann Cohen]);

"德意志犹太教中的斯宾诺莎形象"(文献:门德尔松[Moses Mendelssohn],海涅,赫斯,格拉茨[〈Heinrich〉Graetz],柯亨);

"犹太教与德意志国家";

"启示与科学"。

本课程将以一次有关"德意志—犹太关联的诸动机"(Motive des deutsch-jüdischen Zusammenhanges)的演讲作为引言(2 月 25 日下午 8:30)。

所有课程将在约定时间准时开始。地点另行通知。

1925 年秋季课程大纲

[中译编者按]这个"课程大纲"原刊《卡塞尔、黑森和沃德克地区犹太周报》卷 2,第 34 期(1925 年 8 月 28 日):7(专页)。附录的卡茨文原刊《卡塞尔、黑森和沃德克地区犹太周报》卷 4,第 12 期(1927 年 3 月 25 日):6-7(专页)。

今年春天 2 月 15 日至 5 月 15 日期间的课程将于 9 月 1 日重新

开始。共有 2 门课程,每门课每次 2 小时。

1. 希伯来语

继续并完成基础语法。[本课程]主题将是不规则动词。如果有需要,也可能为初学者增加另一门[初级]课程(必备条件:熟悉[希伯来文]字母表)。

选读文本:圣经中的神迹故事。

2. 以"宗教与宗教批判"为论题的研讨班

本课程是春季研讨班的延续,在春季研讨班,我们试图理解从德意志—犹太关联的瓦解到其重新巩固的路径——我们通过柯亨[思想]的发展来阐明这一路径。本课程将从历史和实质角度着重理解这一瓦解之前的过程,也就是说,理解传统的犹太关联经由欧洲批判的力量而产生的爆发。我们将以斯宾诺莎的《神学—政治论》(不能读拉丁原文的读者最好使用格布哈特[Carl Gebhardt]的德译本,"哲学图书馆"系列,Meiner 出版社,莱比锡)作为我们的指南。

目前,西奈会所(Sinai-Loge)(阿卡奇路[Akazienweg])的房间可供我们使用。我们将在该会所第一次见面时确定这些课程的[上课]时间,第一次见面的时间是 9 月 2 日(周三)晚上 8:30。讨论之前将有一个关于犹太教学术的任务和方法的演讲,该演讲是这些课程的一个引言。

附录

斯宾诺莎对律法的批判

卡茨(Artur Katz)

[题解]卡茨的这篇文章对当时的犹太公众如何感受施特劳斯的活动给出一种印象,同时也提供了对施特劳斯采纳的立场的一种典型反应。卡茨在马堡拥有一家知名书店,施特劳斯在犹太协会联盟(K.J.V.)的各种活动使他俩彼此熟悉,实际上,卡茨本人也是《卡塞尔、黑森和沃德克地区犹太周报》的编辑。

施特劳斯博士在犹太学术研究院赞助下目前正在卡塞尔举办一系列讲座,斯宾诺莎对律法的批判是该讲座的引言式演讲的主题,该演讲主要关注的是迈蒙尼德。演讲者对比了迈蒙尼德与斯宾诺莎的哲学推理,同时表明了他们不同的思想方式(Denkungsweise)如何不可避免地使得这两位哲人得出对立的结论,迈蒙尼德及其世界观与犹太教信仰学说相一致,斯宾诺莎则尤因其所声明的对律法的立场不能被认为是一个犹太人;毕竟,斯宾诺莎的一元学说与圣经观点截然对立。

然而可存疑的是演讲者的如下观点,即迈蒙尼德对律法的解释也在根本上使律法遭到批判。迈蒙尼德事实上从未让人有任何怀疑,他给予律法的种种理由只代表一种不完全的、片段式的尝试(Versuch),这些理由绝未触及律法的有约束力的权威。

演讲者针对的是近来的种种智识运动(诸如社会主义)将哲人斯宾诺莎声称为自己人的尝试,他解释了在何种程度上这种声称可以通过斯宾诺莎的世界观得到辩护。有些人相信,可以从斯宾诺莎的犹太出身、从其环境的敌对,甚或从一种所谓的"犹太式"否定精神出发来解释斯宾诺莎,演讲者认为这些观点既不科学又很造作(gekünstelt)。

尽管这些讲座(每周一举办)带有严谨的学术性,它们还是既极为清晰又明白晓畅,因此我们只有大力推荐。

1927 年冬季课程大纲

[中译编者按]此文刊《卡塞尔、黑森和沃德克地区犹太周报》卷 4,第 43 期(1927 年 11 月 11 日):7(专页)。

论题:"信仰与知识"的问题及其历史。该论题将在相继的一系列课程中得到处理。

我们计划首先设立一个研讨班,引介并澄清一些基本概念。为了达到这个目的,我们将一起研读并讨论希腊哲人们著作中的核心篇章,因此也可以将本研讨班的目的称为一般意义上的哲学导论。

希腊语和各哲学学派的语言方面的知识并非参与本课程的必备条件。本研讨班将于 11 月 17 日晚 8:30 以一次引言式讲座准时开始。地点:罗森路(Rosenstrasse)22 号,犹太协会阅览室。

拉比萨尔茨伯格博士讨论会后记
1928 年

[题解]此篇文稿原刊《卡塞尔、黑森和沃德克地区犹太周报》卷 5,第 3 期(1928 年 1 月):5 – 6(专页),是施特劳斯对学校同事萨尔茨伯格 1928 年在卡塞尔所作的一次演讲的批评报告,此文触及的远不止有关犹太教教育的正确方法的内部分歧。在此文第一部分,施特劳斯用他对那次演讲的分析,简要概括了自己的斯宾诺莎著作中的一个核心议题,即自由派犹太教(liberal Judaism)既不能简练地为自己的立场辩护,也不能指明自己对正统的批判的确切基础。对青年施特劳斯而言,现代宗教批判,尤其是对神迹的批判,立足于尘世基础。

下面的评论针对拉比萨尔茨伯格博士(Salzberger)上周日在自由联盟(Liberale Vereinigung)所作的演讲。

拉比萨尔茨伯格博士演讲的论题是"我们自由派犹太人如何有成效地塑造我们的神圣崇拜仪式?"这个演讲事实上必然导致对犹太教自由主义(der jüdischen Liberalismus)作为整体的正当辩护以及批评。从本质上说,为那种辩护提供基础的同一些原则亦可用于批评中。

诚然,这并不是说,演讲者在批评[犹太教]自由主义时尝试运用曾经为自由主义提供基础的同一些原则。恰恰相反!在每一个要点上，［对犹太教自由主义的］批评都有赖于对这些原则毫不含糊的否定，而辩护则有赖于对这些原则毫不含糊的肯定。批评使辩护显得荒唐。每一个人都认识到以前用来批评传统崇拜仪式的被视为"简洁""美"以及"一般可通达"的这些原则的荒唐性——［这里说的］每一个人，是指那种凭借传统原则却没有诉诸拒斥传统的千年传统并由此使那种荒唐性增长的人，或者说，指那种甚至不加批判地接受拒斥传统的传统的人。作为自由主义结果留下的是某种秩序（Ordnung），或更确切地说，是崇拜仪式的整齐划一（Ordentlichkeit），诸如女孩们的成人仪式等等。但为了这种结果而破坏传统的美丽世界是否真的值得？显然不值。但自由主义远不止仪式上的革新；自由主义事实上的原则是理性和良知的自由。

即便从现在开始，律法像过去一样，作为最高且独一的尺度再度决定犹太人的生活（尤其是犹太人的崇拜仪式），个人的理性和良知仍是自由的。但律法的履行、"形式"的维系，难道不是预设了对某些根本确信的首肯，难道不是预设了所有人对这些确信的一致同意——无论人们现在是否愿意称（nennen）它们为教条（Dogmen）？即便有人大度地对哪些确信维系着犹太关联的问题不予回答，存在着必须加以如此这般清楚阐明的这些确信，这一点没有须臾的疑问。那么，在当前的自由主义运动中，这些确信的状态如何？

过去三个世纪的批判使许多事物变得有问题。但［有问题的］仅仅是非实质性的事物。这恰恰是每一事物有赖其答案的那个问题。例如，如果当今的自由主义仅仅通过设想神迹批判具有它并没有的一种含义来成功地克服对神迹的批判——那种正确地理解自身的正统并未被对神迹的批评所触及——那么，这不过是表明，它实际上没有能力克服这种批判，这种批判针对并击中的不是边缘而是中心。只要核心问题不明了，与当今的自由主义运动进行有成效的争论就依然不可能，而核心问题总是神学问题。

人们不该抱怨演讲者没有提及这些问题——他的论题要有限得多；人们也不应假设他没有认识到这些问题的紧迫性。在随后的讨论中，这些问题也并没有被提出来。讨论与[演讲]事件的目的相符，仅限于实践问题，尽管讨论也集中在最紧迫的实践问题亦即宗教教育的问题上。正如眼下的事情所要求的，绝大部分发言者是作为教师而活动的人。如果有人希望以公开的方式处理涉及公众的问题，那么只有当专家们公开发言并将他们正反两方面的论据交付公众来评判，才能避免外行做法。

人们不能要求专家们只在他们自己的圈子里解决这些问题；至少，只要人们仍然认可民主制(sich noch zur Demokratie bekennt)，就不能提出这样的要求。无论如何，宗教教育的问题是犹太公众的最高兴趣所在。就此而言，在一个人能够辨识他是否在学校里学到了能持存的任何东西的意义上，每个人有都能力凭借自己来做出判断（在他终究有能力进行判断的程度上）。现在，没人不曾注意到，迄今为止广为采用的方法一般来说已然失败。这种方法是在犹太人集体"学习"的时代开始出现的。已然变化的处境要求一种不同的方法；它提供了现在可能的惟一方法。

过去得以预想的东西如今不再被期待；相反，如今得以预想的是过去不会被期待的东西。如今，研习宗教的人中有很大一部分学习一种或多种外语，外语习得的训练必定而且能够为宗教教导所用。如果让每一个中等程度的学生认识到这一点，即经过9年的学校教育，他有能力应付即便是困难的拉丁语文本，或者说，经过6年的学校教育，他有能力应付中等难度的希腊语文本，那么，必定也可能让每一个中等程度的宗教学生认识到，他在毕业考试时，有能力应付相应水准的希伯来语文本。每个人都承认，平均而言，这个目标并没有在自由派犹太教的圈子里达到。有人辩解说，这是父母[对此]的不关心所致。这当然是个真实的理由，但这是关键理由吗？毕竟，如今有可能无需或不顾父母的同意就赢得青年人的支持。

当然，并非每个人而只有具备必需的个人资格的人，才能使这样的事发生。或许我特别有资格来讲述这个论题。三年前，我曾尝试在这里亦即在卡塞尔，激发自由派[犹太]青年系统地掌握《圣经》([中译按]指《希伯来圣经》亦即犹太教圣经)的语言；这种尝试当然失败了。自去年开始,教师巴赫尔先生(Herr Lehrer Bacher)正在做同样的尝试;这次的尝试当然成功了。如果在除此之外同等的条件下,乙因素(Faktor B)引发了与甲因素(Faktor A)完全不同的结果,那么使结果不同的理由必须从乙因素的本质中去寻找。这意味着,巴赫尔先生显然拥有特殊的天赋,这种天赋使得其拥有者能吸引青年人,吸引他们来上他的语言课并自愿参与其中。按照精确的科学研究的每一项规则,在这里亦即在卡塞尔进行的这个实验中,父母的因素是一个常量(ein Konstanter Faktor),在上周日开启的关于有成效的宗教教育的前提条件的讨论中,父母的行为由此成为一个可以而且必须被忽略的变量(eine Größe[a variable])。①

附录

施特劳斯的犹太教课程
迈耶尔,赞克

施特劳斯的这些文稿是迈耶尔(Thomas Meyer)发现的,由赞克(Michael Zank)译成英文。②这些作品面世于 1925 年至 1928 年,最初发表在服务于卡塞尔城以及黑森和沃德克地区的一份地区性犹太周报(《卡塞尔、黑森和沃德克地区犹太周报》[*Jüdische Wochenzeitung für Cassel, Hessen und Waldeck*])。1929 年,这份周报刊登了施特

---

① 字面上,这个句子结束于一个不合语法的陈述,从其上下文看,逻辑也不顺([原文]eine Größe, die nicht vernachlässigen darf und muß[一个不可以而且必须不被忽略的量])。然而,作者的意思是清楚的,[英]译文给出了这层意思。

[中译按]英译者对原文的改动有两处,一是将原文中的否定改为肯定,二是对原文中 eine Größe[一个量/尺度]作了特殊化处理,译为 a variable[一个变量]。这里中译从英译。

② 作者感谢波士顿大学博士候选人 Theresa Cooney 女士在编辑过程中的协助。

劳斯为哲学家罗森茨威格(Franz Rosenzweig,1886—1929)撰写的讣告。①

施特劳斯写作这些短文与他受雇成为犹太学术研究院(成立于1919年,旨在推动犹太教研究的一个机构)的一名研究人员有关,这份工作将施特劳斯送往卡塞尔,他自1925年2月25日起在那儿待了七个月。据学术研究院1925年的学术公报所言,施特劳斯此行的目的是"提供一些犹太研究方面的讲座和研讨会"。

[这项任务的]区域选择绝非偶然。[对学术研究院]原初的赠予要求有一位研究员在黑森城担任授课者。将施特劳斯派往卡塞尔使犹太学术研究院履行了罗森茨威格参事夫人基金会(the Frau Kommerzienrat Rosenzweig Stiftung)建立时该院所接受的义务,该基金会在1919年12月31日预算报告中提到这笔5万马克②的捐赠。捐赠者是生长于卡塞尔的罗森茨威格的母亲阿黛勒·罗森茨威格(Adele Rosenzweig),正是在她的提议下基金会才得以建立。③

施特劳斯是学术研究院仅有的兑现了在卡塞尔教书的任命的

---

① 施特劳斯,"罗森茨威格与犹太学术研究院"(Franz Rosenzweig und die Akademie für die Wissenschaft des Judentums),刊《卡塞尔、黑森和沃德克地区犹太周报》卷6,49期(1929年12月13日);重刊于Heinrich Meier编《施特劳斯文集》(Leo Strauss: Gesammelte Schriften, Stuttgart: J. B. Metzler, 1997),卷2,页363 - 364;此文英译刊于Michael Zank编译,《施特劳斯早期文稿(1921—1932)》(Leo Strauss, The Early Writings [1921—1932], Albany: SUNY Press, 2002)(以下简称EW),页212 - 213。[中译按]中译文见本书。

② 按 http://www.history.ucsb.edu/faculty/marcuse/projects/currency.htm 的兑换表计算,在1919年,50000马克可兑换1500美元,但用 http://www.measuringworth.com 的换算表计算,1919年的1500美元在2000年的相对价值,其跨度区间将在11800美元至191000美元之间。换言之,很难仅仅基于这类换算来说这项捐赠有多重要。1919年正是德国货币通货膨胀的开始。

③ 罗森茨威格,"是时候了:关于犹太教研究"(It is Time: Concerning the Study of Judaism),刊Nahum N. Glatzer编,《论犹太学问》(On Jewish Learning, Madison: University of Wisconsin Press, 2002),页27 - 54。

研究员。有几个理由能说明何以他会遵守这样一个其他人可能觉得繁重的条约。[首先,]他的家乡基希海因(Kirchhain)就在附近,他妹妹贝蒂娜(Bettina)当时学习所在的马堡(Marburg)也不远。[其次,]施特劳斯有位叔伯辈朋友住在马堡,他读高中时就借住在此人家中。最后,布尔特曼(Rudolf Bultmann)与海德格尔出现在马堡大学也吸引着施特劳斯,更不消说还有[马堡]大学图书馆可供他使用。然而,以上这些理由都无法解释何以他没有直接搬到马堡,而是接受了卡塞尔的教学义务。

尽管相关文献少得可怜,但我们还是可以确定当时为什么不是研究院的任何其他人而是施特劳斯去了卡塞尔。最重要的理由是施特劳斯先前与哲学家罗森茨威格的关系。罗森茨威格可能是第一个看出施特劳斯作为教师的天赋并向他提供首个教学机会的人。施特劳斯坦率的自我评价(这里收入的"讨论会后记[Postscript to the Discussion]")以及十年后当施特劳斯在英国和美国寻找教职机会时的推荐信,都证明了这样的事实,即尽管施特劳斯是个有天赋的研究者和才华横溢的智识人,可作为教师他谈不上有什么魅力。

1924年,施特劳斯曾在罗森茨威格的犹太教免费讲习班(Freies jüdisches Lehrhaus)——一个独立的犹太教成人教育中心——授课,他在那儿指导过一个有关柯亨(Hermann Cohen)的《源于犹太教的理性宗教》的研讨班(5月—7月),还教授了一门有关斯宾诺莎的《神学—政治论》(Theological – Political Treatise)的课程(10月—12月)。1925年1月,施特劳斯开了一门新课——"犹太复国主义理论",同时指导一个《神学—政治论》的研讨班,可研究院[前往卡塞尔]的任命一经下达,施特劳斯就中止了他在法兰克福的课程。同一时间在两个地方教书太过辛苦,尤其是,施特劳斯此时正将绝大部分精力投入他对研究院承担的主要职责,即研究斯宾诺莎及其先驱者的圣经学。按他本人后来在书信中所言,施特劳斯1925年开始着手斯宾诺莎一书([中译按]即《斯宾诺莎的宗教批判》),尽管应研究院主任古特曼(Julius Guttmann)的要求修改初稿拖延了一年,书稿还是于 1928 年完成了。施特劳斯日后有个著名的谐谑说法:这本出版于 1930 年的书是在审查制度下写作的。通过在卡塞尔教书,施特劳斯最终履行了他对罗森茨威格的一项个人义务,人们可能还记得,罗森茨威格当时患了肌萎缩性侧索硬化症(ALS)(亦称葛雷克氏症[Lou Gehrig's disease])。

由于大多数 1920 年代早期的施特劳斯往来书信都已佚失,因此很难确定施特劳斯如何认识罗森茨威格。很可能是西蒙(Ernst Simon,1899—1988)牵的线。施特劳斯 1919 年 12 月在法兰克福的"犹太协会联盟"(Kartell Jüdischer Verbindungen,简称 K. J. V.)的大会上初次遇见西蒙,那次大会有 1400 多名成员参加。施特劳斯自 1917 年夏起成为联盟的成员。在大会期间,施特劳斯住在法兰克福,作为演讲者和报告者参与大会的西蒙则住在海德堡。尽管两人背景不同,性情和世界观各异,施特劳斯和西蒙还是发展出一段维系几十年的亲密友谊。

连接西蒙与罗森茨威格的人是布伯(Martin Buber, 1878—1965),他当时住在黑彭海姆(Heppenheim)(位于法兰克福至海德堡的铁道的中间)。布伯在法兰克福教书,并与罗森茨威格合作翻译《希伯来圣经》。①作为布伯主持的《犹太人》(Der Jude)月刊的一位编辑,西蒙能够将像施特劳斯这样年轻的作者介绍给罗森茨威格,作为其免费犹太教讲习班的教员。我们从书信中得知,西蒙与布伯和罗森茨威格的关系从未完全摆脱张力。但西蒙间或也能施加相当的影响。例如在 1923 年,古特曼(1880—1950)给当时年仅 24 岁的西蒙写信,询问他能否想象让罗森茨威格来担任研究院计划编辑的柯亨犹太教文集的导言作者,他还建议,若是可能,他想让

---

① 有关布伯的法兰克福岁月,见赞克(Michael Zank),"布伯:从其笔下各城市得到的一个可视形象"(Martin Buber: A Visualization in the Cities of his Work),收入赞克编,《观看布伯的新视域》(New Perspectives on Martin Buber,Tübingen:Mohr Siebeck,2006),页 20 - 23。

罗森茨威格知道研究院有兴趣发表他的作品。这篇导言原本派给柯亨的学生、新康德主义哲学家兼自由派拉比凯勒曼（Benzion Kellermann, 1869—1923），但他突然去世了。尽管罗森茨威格对研究院仍持保留态度（他感到研究院大大偏离了他起初的愿景），①他还是承担了这项写作任务。

在施特劳斯为讲习班工作这件事上，西蒙的影响还由这个事实得到证明：施特劳斯采纳的主题正是如今回到海德堡的西蒙此前教过的。西蒙对这两个主题——犹太复国主义理论和 19 世纪犹太教的发展——有特别的兴趣；他起初计划在昂肯（Hermann Oncken, 1869—1945）②指导下写一篇关于后面这个主题的博士论文。施特劳斯显然分享了西蒙在这些问题上的兴趣。

当时在各种报纸和关涉犹太协会联盟的小册子上引起最激烈争论的问题是，要不要通过传播犹太教知识来教育犹太民众，尤其是年轻一代。各种有附属关系的［犹太］协会尽管在大多数其他目标和实现这些目标的方法上歧异丛生，在［教育犹太民众］这个方向上却可以达成一致。犹太教教育的革新和活跃也推动了罗森茨威格有关高等犹太学术研究的构想及成立讲习班的举措。施特劳斯去卡塞尔的任务追随的就是这个轨迹，这一点从他在那儿实施的课程计划可明显看出。

作为布伯主编的《犹太人》以及德国犹太复国主义主流杂志《犹太评论》（*Jüdische Rundschau*）的热心读者，罗森茨威格肯定熟

---

① 见"教育和无止境"（Bildung und kein Ende），Michael Zank 英译文见"罗森茨威格，1920 年代及文本推理的（电邮）时刻"（Franz Rosenzweig, the 1920s, and the 〈email〉 moment of textual reasoning），收入 Peter Ochs 和 Nancy Levene 编，《文本推理：现代性之后的犹太哲学和文本研究》（*Textual Reasoning: Jewish Philosophy and Text Study after Modernity*, London: SCM Press, 2002），页 229-250。

② ［中译按］Hermann Oncken，纳粹崛起前著名德国史学家，尤擅 19 世纪史和政治思想史。西蒙曾在他指导下于 1923 年获得博士学位。

悉施特劳斯的文章及观点。施特劳斯在罗森茨威格的讲习班授课期间,发表了"柯亨对斯宾诺莎圣经学的分析"(Cohen's Analysis of Spinoza's Bible Science)一文,此文刊于布伯主编的 1924 年 5-6 月卷《犹太人》。①我们相信,西蒙既帮施特劳斯获得了讲习班教职,也促成了此文的发表。虽然古特曼发现了施特劳斯并招募他去研究院,但施特劳斯还是留在罗森茨威格的轨道上,接受了去卡塞尔的任命。施特劳斯在法兰克福从事的工作与他在卡塞尔的教学之间有一种论题上的关联。这里呈现的文稿让我们得以深入了解施特劳斯作为一名教师和思想家在酝酿其第一部著作——《斯宾诺莎的宗教批判》——期间的[思想]发展轨迹。

最后需要指出,仅在罗森茨威格于 1929 年 12 月 10 日最终离世后几天内,施特劳斯即在发表了这里翻译的文稿的同一地方——《卡塞尔、黑森和沃德克地区犹太周报》——发表了他[为罗森茨威格所写]的悼文。他的悼文特别突出了罗森茨威格作为犹太学术研究院奠基人的角色,指出了罗森茨威格创建这一研究院的政治性质,并将他与柯亨一起称为"德国犹太人的伟大导师"。②

我们无意对这里包含的简短文稿(其中的某些文稿只是课程通告)提供一种解释。施特劳斯档案里没有发现关于这些文稿的进一步信息,因此没必要把它们放进更宽泛的语境中加以解释。我们决定收入一篇卡茨(Artur Katz)所写的文章以代替[我们的解释]。

这里提供的证据,即施特劳斯于 1924 年至 1925 年及 1927 年至 1928 年间曾在卡塞尔和法兰克福逗留过几个月,为进一步的推测预留了空间。在这段时间之后,施特劳斯作为洛克菲勒基金(the

---

① 见施特劳斯,《早期文稿》(*EW*),赞克编译,页 140-161。[中译按]中译见施特劳斯,《斯宾诺莎的宗教批判》,李永晶译,北京:华夏出版社,2012,页 394-438。

② 见施特劳斯,《早期文稿》,页 212-213。[中译按]中译见本书。

Rockefeller Foundation)赞助的研究员先是前往巴黎(1932 年 10 月),随后赴英格兰(1934—1938)。经由这期间他的往来通信——这些书信如今可在迈尔(Heinrich Meier)所编的 3 卷本《施特劳斯文集》(*Gesammelte Schriften*)里方便地查阅——可以判断,施特劳斯与克吕格(Gerhard Krüge)和洛维特(Karl Löwith)保持了一种紧密的思想交往。可是,由于迈尔提供的通信仅仅始于 1928 年 9 月(克吕格)甚或更晚(洛维特,1932 年 11 月),这些通信中的那种亲密的哲学交流日后要得以进行,施特劳斯必定早就遇到克吕格和洛维特了。我们猜测,他在卡塞尔和马堡工作期间即与这两位相熟,在那里,他们形成了亨里希(Dieter Henrich)所描述的以新教神学家布尔特曼(Rudolf Bultmann)为核心的一组马堡星群(a marburger Konstellation)。① 由于前文指出的理由,施特劳斯在卡塞尔教书期间经常访问附近的马堡。从施特劳斯档案里保留的源于马堡大学图书馆的无数出自这段时间的借书条中,我们得知这一点。就我们现有的文献材料而言,完全无法确定施特劳斯是否听说过海德格尔 1925 年 4 月 16 日至 21 日在卡塞尔举办的有关狄尔泰(Wilhelm Dilthey)的讲座。

在这里发表的文稿中,我们解决了原文中的缩写且未加注明地纠正了某些错误。在其他方面,这里出现的原文未经修正。这些发表的文稿没有留下任何手稿。我们只能假定,在二战后盛行于马堡的混乱中,那些手稿与施特劳斯的部分藏书一起丢失了。

---

① 见 Matthias Bormuth 和 Ulrich von Bülow 编,《传统与危机之间的马堡诠释学》(*Marburger Hermeneutik zwischen Tradition und Krise*),哥廷根:Wallstein 出版社,2008。

评弗洛伊德《一个幻觉的未来》

(1928)

王今一 译 李致远 校

[题解]①20世纪20年代晚期和30年代早期,施特劳斯有了某种转变。从30年代中期的书信和出版物(尤其《哲学与律法》,1935)中可以清晰见到,施特劳斯重新思考过自己的立场。不过,在这期间发表的少量论著里,施特劳斯只是暗示了某些他在当时的学术报告中更清晰地表达出来的关注,这些学术报告的听众既有犹太教学术研究机构(Lehranstalt für die Wissenschaft des Judentums)的博学者,也有复国主义青年——施特劳斯也不时向他们做学术报告。但1928年发表在《犹太学生报》(Der jüdische Student)上的"评弗洛伊德《一个幻觉的未来》",却显著例外,这篇公开发表的短文将施特劳斯当时的关注表达得很清楚。

《犹太学生报》是犹太学生组织"犹太协会联盟"(Kartell jüdischer Verbindungen,简称 K. J. V.)的出版物,广为流传。这篇文章表达的论证是政治犹太复国主义的彻底无神论构想,对施特劳斯的大多数读者而言,无论从原则上还是从实用考量方面看,这样一种立场都难以接受。在1920年代后半期,德意志犹太复国主义已经舍弃了[犹太]青年运动的理论取向和散居取向,兴趣转向"以巴

---

① [中译编者按]题解编译自 Michael Zank 所编的《施特劳斯早期文稿》,正文方括号中内容及本文注释亦然,特别说明者除外。

勒斯坦为中心"(Palestinocentric)。①[犹太复国主义]左翼"青年工人"(Hapoel Hatzair)和宗教复国主义组织"东方人"(Mizrahi)享有共同的实用目标,而且都支持在巴勒斯坦建立犹太殖民地,因此,双方都小心翼翼,避免引发意识形态冲突。施特劳斯的论证打破了这种心照不宣的一致。施特劳斯的这篇文章引致激烈的负面回应,终结了他作为政治犹太复国主义理论家的生涯。施特劳斯对犹太复国主义的态度已经发生改变,不再有[犹太]青年运动的彻底坦诚。当然,犹太复国主义者对施特劳斯并未立即采取全然抵制的措施。在随后的几年中,犹太复国主义青年小组依然为施特劳斯未发表的某些思考(rumination)提供发表场地,这些思考包括"当代的宗教状况"(religious situation of the present)及类似主题,不过,施特劳斯在表达这些思考时越来越不直接,越来越充满佯谬和双关(ironic and double-edged),而且笔法越来越自觉。重新阅读莱辛,使施特劳斯开始留意所有神学—政治写作的显白特征(the exoteric character of all theological-political writings),并开始用在自己的写作实践中。施特劳斯曾将犹太复国主义当做犹太人问题的最终解决方案,因为复国主义解除了犹太人的隔离状况(the ghetto),这本是他惟一真正感兴趣的犹太人问题,这篇书评多少带点谐谑(playful),但读者很快可以看到,施特劳斯其实认真而公开地承认,自己已经从犹太复国主义中觉醒(disenchantment)过来。施特劳斯已然从投入政治运动的实践中抽身出来,转而从哲学上考察前现代的政治哲学及其对现代人的意涵([中译编者按]张缨 译)。

本文原刊《犹太学生报》卷25,第4期(1928),页16-22。今收入Heinrich Meier编的《施特劳斯文集》卷一(页431-439)和Michael Zank编译的《施特劳斯早期文稿》,页202-211。在"评温伯

---

① 见Hagit Lavsky,《大灾之前:德意志犹太复国主义的独特路径》(Before Catastrophe: The Distinctive Path of German Zionism, Detroit: Wayne State University Press; Jerusalem: The Magnes Press and Leo Baeck Institute, 1996)。

格的批评"中,施特劳斯被辨识为犹太学生社团"萨若尼亚(Saronia)"的成员。尽管本文同样提及萨若尼亚,但施特劳斯现在是位"老先生(Alter Herr)",这里给出的他的住处已在汉堡的阿尔图纳(Altona-Hamburg)。1928年10月份的《犹太学生报》(卷25,第6/7期,页8-13)刊登了批评施特劳斯的文章"犹太复国主义的无神论意识形态"(Zur atheistischen Ideologie des Zionismus),文章作者约瑟夫(Max Joseph)随后在12月份的《犹太学生报》(卷25,第8期,页6-17)上发表了他自己对弗洛伊德的看法:"宗教果真是幻觉吗?"(Ist die Religion wirklich eine Illusion?)

下述评论是一个号召,它打算在某一方向上推进犹太复国主义者的意识形态,在这一方向上,犹太复国主义者的意识形态还不曾得到普遍的展开。这些评论追踪的是弗洛伊德一年前发表的《一个幻觉的未来》。① 这样做既不是要冒用一位欧洲知名人士的权威(在这一领域中不存在权威),也不是因为只有借助弗洛伊德,人们才能认识到我这些评论的意涵。这样做仅仅是因为弗氏的表述方式清晰而简洁(这种清晰和简洁在德国已不多见),有助于防止人们在根本问题之外绕圈圈。当然,对那些习惯于不同表述方

---

① 弗洛伊德,《一个幻觉的未来》(*Die Zukunft einer Illusion*, Leipzig, Wien, and Zürich: Internationaler Psychoanalytischer Verlag, 1927),后收入《弗洛伊德全集》,卷11:1923—1928年的著作(*Gesammelte Schriften*, vol. 11: *Schriften aus den Jahren 1923 bis 1928: Vermischte Schriften*, Leipzig, Wien, and Zürich: Internationaler Psychoanalytischer Verlag, 1928),页411-466。英文版见《弗洛伊德心理分析著作全集标准本》(*The Standard Edition of the Complete Psychological Works of Sigmund Freud*, James Strachey, Anna Freud 英译, London: Hogarth Press, 1961),卷21,页5-56。这篇论文是《文明及其不满》(*Civilization and Its Discontents*, 1930)的前奏。[中译校按]《一个幻觉的未来》中译文参见弗洛伊德,《论文明》,何桂全等译,北京:国际文化出版公司,2000,页1-57。文中所引弗氏语参考了徐洋的译文,略有改动。

式的读者来说,这种清晰和简洁也是一个巨大的危险:它们可能会欺骗那些读者,从而使其忽略弗氏阐释的实质内容,那些内容绝对也有问题。即便那些只熟悉德国大学中处理宗教问题的习惯方式的读者,也会轻易将我们提到的作品视为肤浅之作,不屑一顾。任何人只要满足于这类批评,就不可能理解是什么问题在导引着弗洛伊德。

政治犹太复国主义(Political Zionism)一再将自己刻画为意欲使犹太民族的生存正常化,使犹太民族正常化。然而,这种自我定义使它自己面临一个严重的误解,即正常化的意愿是政治犹太复国主义的首要词汇,对政治犹太复国主义的最有力批判正是基于这一误解。实际上,犹太复国主义者这种[使犹太民族]正常化的意愿的前提,即其拒斥流亡状态(galut, exile)的前提,是确信"宗教的力量已经崩溃"(克拉兹肯,《危机与抉择》[*Krisis und Entscheidung*],页57[中译按]原文如此,应为注释中《犹太教的危机与抉择》的简称)。① 因为许多犹太人个体曾坚定地实施与宗教的断然决裂,而且正是因为这一原因,这些个体有可能代表他们的民族提出犹太民族

---

① 克拉兹肯(Jacob Klatzkin, 1882—1948)曾受父亲伊利亚·克拉兹肯(Elijah Klatzkin)的训练学习拉比犹太教,后在马堡师从柯亨(Hermann Cohen)学习哲学(1912年在伯尔尼获博士学位)。克拉兹肯是一位支持犹太复国运动的出版家,他和高曼(Nahum Goldmann)一起创办了德文版《犹太教百科全书》(*Encyclopedia Judaica*),两人还尝试运作首部希伯来文版的犹太百科全书。他的哲学生机论(philosophic vitalism)使他疏远了柯亨(见克拉兹肯所著《柯亨》[*Hermann Cohen*,第二版,Berlin: Jüdischer Verlag, 1921]一书中的批评性鉴赏)。克拉兹肯也是一位著名的希伯来文随笔作家和翻译家。对他来说,犹太民族的未来依靠土地和语言而非精巧的智力或精神文化。施特劳斯援引的著作《犹太教的危机与抉择》(1921)是《现代犹太教问题》(*Probleme des modernen Judentums*, Berlin: Jüdischer Verlag, 1918)的第二版。

从此以后将如何生存的问题。①他们倒不是要把正常状态作为偶像顶礼膜拜,恰恰相反,他们看到不再有任何缺失正常状态(Nichtnormalität)的理由。而具有决定意义的是:在无神论时代,犹太民族不会再将其生存基于上帝,而是要将其生存惟独基于犹太民族自身,基于它的劳作、它的土地和它的国家。更何况当一个民族与传统决裂的时候,这个民族中的许多个体早在此之前就与传统决裂;更何况坦诚地认识到文明的狭隘和贫瘠,总好过无神论者只能以谎言为代价购得的文明的宽宏和丰富。②

因为从一开始就把犹太教理解为犹太民族精神的产物,文化犹太复国主义(Cultural Zionism)具有调和政治犹太复国主义与传统的那种不可靠的优点(the dubious merit)。一个流行的观念是:先知预告了最完美的道德,他们提出独特的要求(the demand);这种道德,这种不幸,正是犹太人之为犹太人的本质特性;在以色列的土地

---

① 某些个体为了他们的民族而提出"[我们的]民族此后将如何生活"(wie das Volk nunmehr leben soll)的问题,作为最为迫切和无可避免的问题,它为同一问题的一种更为一般的表述预示并预备了基础,这同一个问题就是我们在施特劳斯讲稿"当代的宗教状况"(1930)中发现的"我们要如何生活?"(pous bioteon)的问题。以一种一般的形式对这一问题加以重新表述,这标志着施特劳斯开始把他所理解的犹太复国主义的根本问题转化成一般意义上的哲学的根本问题。

② 在1920年代生机论的修辞中谈论文明的"狭隘"(Enge)与"贫瘠"(Kargheit),即便并非不同寻常,也是颇具反讽意味的。"狭隘"与"贫瘠"这些特点通常与犹太复国主义力图克服的犹太人的流亡中的隔离式生存(ghetto existence of galut)联系在一起。对无神论的涉及引出了下一段落。在早期著作中,施特劳斯与"无神论神学"(Atheistische Theologie,1914)一文的作者罗森茨维格(Rosenzweig)一样,经常批评布伯(Buber)的文化犹太复国主义,认为它是一种不诚实的(unredlich)无神论神学形式。对逻辑术语的运用是施特劳斯早期著作论证的典型特征,在其中,施特劳斯的兴趣是在非此即彼的世界观的基础上建立彻底对立的前提,这样做使得任何"调和"、"综合"或"消弭"这些对立前提的简单尝试都变得不可能。

(Erets Yisrael)上,当传统的"诸形式"消亡之后,没有什么东西可以阻止同一个精神为自己创造出新的"诸形式"。然而,先知们求助于上帝——上帝告诉先知们要对人们说什么,而不是求助于犹太民族的精神。当然,先知们言辞中引述的那些内容并非必须遵循。无神论者完全有权利甚至有义务把"上帝的话"解释为"那些聆听上帝者"(Gebild des Herzens der"Hörenden")的心灵创作,或者解释为犹太民族精神的产物。但是,无神论者要有自知之明,他对一些话语作了如此这般的解释,要知道,那些话语与他的这些解释并不是一回事。除非无神论者想浑水摸鱼,否则就必须认识到,他的解释否定了律法和先知的原初意义。他必须明确地、毫不含糊地做出这种否定。无神论者一旦认识到自己否定的是什么,亦即,无神论者一旦认识到自己否定的就是上帝,那么他就会彻底丧失对文化犹太复国主义所宣扬的文化的兴趣。然后,他会认识到,在上帝被否定之后,剩下的"先知伦理"是多么贫乏的一个抽象。①在信仰与不信仰之间,横亘着一条巨大的鸿沟,与此相比,激进的社会主义精神(一些人相信他们在《圣经》中发现了这一点)与激进的反社会主义

---

① 这样的段落很容易让人误以为作者认可正统的信仰。然而,施特劳斯并没有构建任何通往这种认可的道路。相反,在这儿还有其他地方,他所谈论的是文化犹太复国主义的站不住脚,或至少是其智识的贫乏(缺乏[scantiness])。施特劳斯把文化犹太复国主义看做是"无神论神学"的一种形式(一种站不住脚的、自相矛盾的立场)。由此,他获得了一个诚实的认识,即与传统的美丽世界的丰饶相比,现代无神论相对贫乏,但无论如何,对施特劳斯来说,传统的美丽世界似乎不可避免地被一种现代无神论摧毁了。在这种对文化犹太复国主义的批判中展示的英勇姿态——那种凝视着所爱者敞开的墓穴的姿态——具有一种存在主义者的味道(古特曼[Julis Guttmann]在为施特劳斯《哲学与律法》[*Philosophie und Gesetz*]所写的书评中也提到了这一点)。然而,重要的是,在哲学真理领域里不可调和的对立往往与政治领域里不可调和的对立密切相关。更准确地说,把表面上相当的、实际上可以相互结合的不同政治选择归溯于不可调和的不同哲学前提,这是为了向年轻一代的犹太复国主义者澄清,只有一种政治选择可取,且可以号称是绝对"诚实的"。

精神之间的差异甚微，两者只不过是不信仰的两种细微分歧之间的差异。在与非犹太环境及反犹主义环境发生的争论中，政治犹太复国主义一直激烈地抵制非决断（indecisiveness）精神，①尤其是"蓄意"的非决断（"deliberate"indecisiveness）精神，②后者自称"对生命虔诚"（Lebensfrömmigkeit），因此，政治犹太复国主义[也]必须明确而决然地放弃被文化犹太复国主义所骗取的头衔。

赫尔茨（Herzl）的犹太复国主义在其《新故土》（Altneuland）③一书中有最明确的表达，倘若他的犹太复国主义是不充分的，那么，文化犹太复国主义就有一个很容易辩护的立场。谁肯定犹太民族，谁就必然肯定犹太民族的精神，因而也必然肯定这种精神得以在其中显示自身的文化，这种说法有几分说服力。一些人从肯定民族文化进而肯定该民族的律法传统，在这些人当中，当然也有少数几个人并没有充分认识到这种律法号称是神法（divine law）。相信律法是神法的人会从他们的角度廓清道路。人们常说，犹太教号召的不是信仰而是行动，即律法的实现，这话我们已经听得太多了。然而，信

---

① 这个词字面意思是"双腿蹒跚/踌躇"（auf beiden Seiten hinken）。这个习语源自路德（Martin Luther）的《圣经》译本，出自《列王纪上》18 章 21 节中以利亚在迦密山上的讲话。路德翻译作"双腿蹒跚多久？"（Wie lange wollt ihr auf beiden Seiten hinken?），英文钦定本（the King James version）译作"在两种意见之间踌躇多久？"（How long halt yet between two opinions?）

② 这里是"双腿蹒跚/踌躇"意象的延伸，字面意思是"理解的"踌躇（"verstehendes"hinken），即一种理解或认识上的踌躇或摇摆不定。

③ 赫尔茨（Theodor Herzl，1860—1904）1902 年出版的犹太复国主义小说《新故土》（参见英文版 Old New Land，Paula Arnold 英译，Haifa：Haifa Publishing Co.，1960）描写巴勒斯坦新犹太社会的生活。小说强调了雄心勃勃的科技方案，展示了乌托邦式的宽容与和谐的社会景象，很像凡尔纳的科幻小说。但是，小说的题词"如果你想要，就没有什么实现不了的（Wenn Ihr wollt，so ist kein Märchen）"有力地强调了这种社会景象的可行性，以至于这句话成了整个犹太复国主义运动的格言。赫尔茨在描写犹太国家的景象时，完全没有关注犹太语言、文学或宗教，这使它成为文化犹太复国主义批评的靶子。

仰者正当地要求的事情，不信仰者根本不会去做。因为，信仰者所赞美的那种出自行动的聆听和皈依，①对不信仰者来说，只是一种朝向信仰的滑坡、一种意识的麻木、一种自我欺骗。没有人会为了他的民族(nation)而信仰上帝；没有人会出于民族的理由而贯彻律法。更糟糕的是，直至今天还有些笨伯固执于这一想法，因此也还得有人为批评这种不知所谓的理路而白费口舌。但是，一个人能自始至终坚持肯定民族文化吗？文化犹太复国主义引出了一个难题，这个难题是由于并且经由律法提出来的，然后，文化犹太复国主义又屈服于这一难题，不是屈从于坚定的信仰，就是屈从于坚定的不信仰。②

政治犹太复国主义希望以彻底的方式为自己找到一个根基，它必定基于不信仰。政治犹太复国主义与其激进的反对者之间的争论必定只能以信仰与不信仰之间的斗争形式展开。这种斗争古已有之，它是"整个世界历史和人类历史的永恒而惟一的主题"。③这

---

① 参见《出埃及记》24章7节，传统的犹太译法是："我们当做，我们当聆听。"

② 和前面援引的克拉兹肯一样，施特劳斯对文化犹太复国主义（尤其是阿哈德·哈阿姆[Ahad Ha'am]的文化犹太复国主义）所拥护的唯灵论(spiritualism)持批评态度。

③ 歌德在《西东合集》(*Noten und Abhandlungen zum besseren Verständnis des West-ästlichen Divan*)中说：

> 世界历史和人类历史的真正的、惟一的且最深刻的主题仍然是信仰与不信仰之间的冲突，所有其他主题都从属于这一主题。所有由信仰——无论以何种方式——主宰的时代对当时和后来的人们来说都是灿烂的、振奋的和富饶的。相反，所有由不信仰——无论以何种面目出现——取得可怜胜利的时代，即便它们可能炫耀一时，终究会在后代的视野中烟消云散，因为没有人乐意为贫瘠的学问而忙碌。

参见施特劳斯《迫害与写作艺术》(*Persecution and the Art of Writing*, The Free Press, 1952)，页107注35。

种斗争在文化哲学与体验哲学(*Kultur-und Erlebnisphilosophie*)①的时代曾经几乎消亡,但在前面提及的著作中,弗洛伊德重新拾起这一段公案。让我们来看看弗洛伊德的所想所获。

弗洛伊德所能取得的最大收获大概就是他对宗教观念的反驳。起初,这种反驳看起来是可信的,毕竟,根据《列王纪上》的记载,以利亚(Elijah)凭实验向人们证实了巴力(Baal)与耶和华相比是无力的。②

> 当圣鲍尼法斯(St. Bonifacius)砍断了撒克逊人敬拜的神树时,旁观者以为,由于犯下渎圣罪,某种可怕的事情将随之降临。但可怕的事情并没有发生,于是撒克逊人接受了洗礼。(页 65;中译本页 39)③

萧伯纳(George Bernard Shaw)偶然做了这样一个实验:他把一块手表放在面前的桌子上,然后说,如果上帝存在,如果上帝反对无神论,就请上帝在五分钟之内往我所在的屋里射进一道闪电,然而没有闪电。这个实验不是非常有说服力,毕竟,上帝仍然可能存在,而且他具有足够的幽默感,他让人们以自己的方式成就福乐(felici-

---

① "文化哲学"(Kulturphilosophie)可能指那些学院哲学。在年轻一代人的眼中,学院哲学与魏玛时代的(Wilhelmian)中产阶级文化密切相联(参看海德格尔于1929年在达沃斯[Davos]学生大会上对新康德主义的判定)。"体验哲学"(Erlebnisphilosophie)让人想起西美尔(Georg Simmel, 1858—1918)及其学生、著名犹太复国主义者布伯。参看 Paul Mendes-Flohr,《从神秘主义到对话:布伯依靠"我与你"的精神发展》(*Von der Mystik zum Dialog: Bubers geistige Entwicklung bis hin zu "Ich und Du"*, Königstein:1979)。

② 参见《列王纪上》18章。

③ [中译按]如无特别说明,引文均出自弗洛伊德所著《一个幻觉的未来》,括号中前者为施特劳斯所引弗氏1927年版页码,后者为中译本(前揭)页码,下同。

ty),并且,他不是从祭司和公共检察官的角度来设想人们的"亵渎言行"。如果上帝的想法不是人的想法,人的方式也不是上帝的方式,那么上帝的想法和方式就不能通过实验加以控制,进而,一切直接以科学手段证明上帝不存在的努力都有着根本的缺陷。

对这种不可能性的洞见是弗洛伊德批判的前提。"至于其中大多数(即,大多数宗教教义)观点的现实价值(Realitätswert),我们无法评判,正如它们不能被证明,它们也不能被驳倒"(页50;中译本页30)。科学知识的领域如此有限,以至于科学无法驳倒宗教。然而,这是否意味着科学不是也不能是宗教的裁判者?当然不是。对宗教的批判尽管不能动摇宗教的教义,却必定会动摇对这些教义的正当辩护(justification)。

宗教为自己的教义作正当辩护的可能性何在?直到几个世纪之前,所有的物理学家还一致认为,物理学能够并且[事实上]也已经证明了上帝的存在。然而,由于最近几个世纪的发展,这种上帝存在的证明,连同所有其他证明,已经失去了根基。上帝存在这一断言也许仍然不能驳倒;不过,至于说它的科学价值,它仅仅是众多假设中的一个,除此什么也不是。

为宗教教义作正当辩护的第二种可能性仰赖于《圣经》和传统的权威。即便这种可能性也已经成为不可能了。若论证说,一条教义之所以是真理是因为它在《圣经》中也能找到,或者它被保持于传统之中,这论证纯属无稽之谈。与此相关的经典例子是奇迹(miracles)。为什么从圣经的角度不能证实奇迹的存在,原因在于无法保证奇迹的记述者或知情者做过足够精确的观察和足够严密的分析。"我们或多或少地知道,宗教教义是在什么时代、由什么人创造的"(页52;中译本页31)。宗教观念产生于一个科学文化还很有限的时代(页41、53)。科学的头脑意识到的事实是,它的思想比前科学的人类思想更训练有素。

为宗教教义作正当辩护所余的最后一个可能性是信仰者当下的实际体验。这种为宗教教义作正当辩护的方式与当前的主导精神即实证(positiv)精神最为契合,因此,它也是惟一一种重要的且有必要讨论的辩护方式。①对宗教的实证辩护原则上排除一切外在辩护或中介辩护,无论它是通过物理学,还是通过《圣经》和传统,它只依赖于信仰者所看到和所体验到的东西。因此,不信仰者看起来别无选择,只能承认:我没有看到和体验到任何你(信仰者)所看到和体验到的东西,因此,我必须力图在我自己体验的基础上与你相处,你不能指望我信赖你声称看到和体验到的东西。

> 如果一个人已经从一种深深打动他的迷醉状态中获得了对宗教教义之真实性的坚不可摧的信念,那么这对其他人有什么意义呢?(页44;中译本页26)

不过是增加困难而已。不信仰者如果断言他没有看到或体验到信仰者所宣称看到和体验到的任何东西,这时,他难道不是在承认自己缺少一个器官、自己瞎了眼吗?这种指责却不能反过来针对信仰者:因为信仰者不仅看见了不信仰者看见的所有东西,而且看见的更多。人们往往以为,看得见的人比看不见的人正确,见得多的人比见得少的人正确,不是吗?不过,事实上还有一种关于巫婆、幽灵和魔鬼的体验,这又削弱了对[宗教]体验的倚重。当然,回想起伊凡·卡拉马佐夫(Ivan Karamazov)②关于魔鬼的体验,人们会说,与最值得赞叹的科学所能够告诉他的东西相比,伊凡的体验告诉他的东西要无比重要得多、无比深刻得多。对内在世界的这种评估是无可厚非的。但是,一旦考量真理,重要性和深刻度成了糟糕的标准。如果上帝不存在,最重要和最深刻的宗教主张也会失去力量。信仰

---

① 关于"实证精神",参看施特劳斯,《斯宾诺莎的宗教批判》(*Spinoza's Critique of Religion*, Elsa Sinclair 英译, New York: Schocken, 1965),页180。

② [中译按]此为俄国作家陀思妥耶夫斯基小说《卡拉马佐夫兄弟》中的主要角色之一。

者断言他们已经体验到了上帝的存在,他们已经遇到了上帝。而不信仰者不仅断言他们没有这种体验,甚且怀疑信仰者的体验。不信仰者怎么可能去证实他们本身没有体验过的事情？信仰者的体验反映在各种见证声明中。这些声明本身是可以确定的,不同的声明之间是可以比较的,不同时代的信仰者对这些声明做过比较研究,这种研究教导我们,信仰有一个历史,而且信仰在一个本质方面发生了转变:"在这些产品(products)[即宗教观念]的内部,重点在逐渐转移。"重点从自然转向了人,"道德变成了它的实际主导领域"（页 26 及以下;中译本页 14 - 15）。对前几代人来说,上帝战胜自然的威力体现在奇迹里,人们对待奇迹的态度发生了改变,这一改变是一个症候,表明在信仰核心中发生了改变。一些信仰者已经注意到,①早在《圣经》中,重点就已经不在于奇迹的事实,而在于对奇迹的期盼:一个人信靠上帝并非体现在他确定一个奇迹已经发生,或者他听到别人的报道而相信奇迹已经发生,而体现在他对未来奇迹的忠诚期望。上述评论只说对了一半,它忽略了下述事实,即根据《圣经》的意思,奇迹已经发生了,这一点也非常重要。在这种"也非常重要"与[对圣经奇迹真实性]变得漠然②两者之间还有很大的距离。毫不夸张地说,在今天的信仰者中,很少有人倾向于承认《圣经》的奇迹乃事实。这种抵制意味着什么？上帝对自然的威力已经失去了公信力:上帝[存在]这一主张(Gottesbehauptung)仅仅对内在世界、对心灵世界还是真实的。如果事实果真如此,那么就必须申明:《圣经》中的上帝,那位创造了天地的上帝,他不但像导引河流一样导引人类的心灵,而且以造物主的自由支配自然事件,然而,就是这位上帝已经不再被人信仰了。面对如此巨变的上

---

① 这里提及的应该是罗森茨维格(Franz Rosenzweig)的《救赎之星》(*The Star of Redemption*, William W. Hallo 英译, Notre Dame, Ind. : University of Notre Dame Press,1985),页 93 - 111:"论奇迹体验的可能性"。

② 随后的论述会解释这句话的思想。

帝信仰,我们会做何感想呢?

一旦涉及宗教问题,对于种种不诚之举和思想上的不端行为,人们总会有犯罪感。哲学家们肆意扩展语词的意思,直到那些词语的原初意思丧失殆尽为止。对于那些自己杜撰的面目不清的抽象物,他们赋予"上帝"之名,这样,他们就向整个世界摆出自然神论者、上帝的信仰者的姿态,他们甚至可以自我夸耀已经认识到一个更崇高、更纯粹的上帝概念,尽管他们的上帝只不过是一个不实(wesenlos)的影子,而再也不是宗教教义上所说的强大的位格了。(页51;中译本页31)

弗洛伊德明确声明(页59;中译本页37)他的宗教批判独立于自己创建的精神分析学。不过,一旦宗教变得不值得信仰,对宗教的心理分析式解释实际上就只能作为一项使命才可理解。因而,人们有必要解释宗教,有必要问一问为什么人类要发明一个上帝并依靠一个上帝。在此,我们不必纠缠于弗洛伊德对宗教的解释,这种解释我们可以顺便在无神论的基础上予以彻底的反驳。对我们来说重要的是,何种意向在引导弗氏作出这种解释。人类的不幸是一个事实,人类遭受着命运的威胁,所谓的命运就是他无法战胜的自然和其他人,面对命运的种种危险,人类是无助的。不仅他的生存受到威胁,最重要的是他的自我确认(Selbstgefühl)也受到了严重威胁。他是不幸的,他也感觉到自己是不幸的,由此出发,弗洛伊德展开论述。这样,宗教就"源于人类使其无助变得可以忍受的需要"(页27;中译本页15)。弗洛伊德尖锐地反对下述观点,即"人类在整个宇宙面前的渺小感和无力感"可被称为宗教性的:

尽管构成宗教性本质的不是这种感觉……;而只是这种感觉的下一步,即为了力图救治这种感觉而作出的反应。(页52;中译本页31)

宗教是一个幻觉。但这并不直接表明宗教教义是一系列错误。有些幻觉也能变成真理。但是,根据宗教的某些主张,人的处境实际上正是人必定会希冀的那样——正是这一点使这些主张变得可疑:

> 我们会告诉自己,如果真有一位创造了世界的上帝,有一位仁慈的眷顾者,如果宇宙里真有道德秩序,真有来世,那该多好啊;但是事实很显然,所有这一切恰恰都是我们必定会希冀的东西。(页53;中译本页31)

宗教提供了慰藉与帮助,这一事实已变成拒绝宗教的决定性理由。我们非常需要慰藉:这一点就足以成为警惕的理由,防备那些就我们的真实处境蒙蔽我们的幻觉。一个人若要对这种宗教批判作出恰当的评价,就必须对前几世纪所构造的宗教批判的结构了然于胸。① 人们确信克服了宗教就会迎来幸福时代和人间天堂的曙光,这种信心支持甚至扫清了先前的宗教批判。无论如何,这种批判希望从宗教的消亡中获得好处(versprach sich etwas)。除了对人的真实处境的洞见之外,弗洛伊德没有许诺(verspricht)任何东西。

因此,这就是信仰与不信仰之间的斗争状况。若无信仰作为前提,从尘世向上帝的攀升就不可能,这一点在很久以前就已然确定无疑。而如今,除非已经预设了上帝,否则,对人的处境、对人的不幸处境的启蒙就不能导向上帝,这一点也是确定无疑的。信仰的可

---

① 接下来的论述可参照施特劳斯所作"斯宾诺莎及其先驱们的圣经学"(On the Bible Science of Spinoza and His Precursors, 1926)一文及其专著《斯宾诺莎的宗教批判》(*Die Religionskritik Spinozas als Grundlage seiner Bibelwissenschaft: Untersuchungen zu Spinozas Theologisch Politischem Traktat*)。在写这篇关于弗洛伊德的论文的同时,施特劳斯完成了这部专著。这部专著于1930年在柏林由学术出版社(Akademie Verlag)出版,列为犹太教学术研究院哲学出版物系列的第二卷。英译本见《斯宾诺莎的宗教批判》(*Spinoza's Critique of Religion*,前揭)。

怕(terribleness)不是反对信仰的理由,这一点在很久以前就已然确定无疑。现在,不信仰者已经足够成熟,他们已经达到这样的洞见,即人类由于不信仰已经被抛进几乎绝望的境地,但这种绝望境况也决不能为信仰辩护。当人的绝望、无望和无助,当"失去上帝的人的不幸",当没有上帝的生活的不安、骚乱、陈腐和浅薄都不再是反对不信仰的理由时;当真理和深度看似也有可能对立时;当幻觉看似也有可能具备深度时,人们会得到更多。

由此[视角],我们必须提出一些问题,这些问题正是弗氏批判所遗留下来且悬而未决的问题。信仰的意义——如弗洛伊德所预设的——是否在于提供慰藉和帮助,是否在于赋予生活以意义、安宁和深度?① 难道这不是真实的情形——信仰者希望从中得到拯救的那种危险(the danger)超过了非信仰者能够知晓的所有危险,从而,信仰带来的绝望与它带来的慰藉和希望一样多,或毋宁说更

---

① 弗洛伊德断言,不信仰比虚幻的信仰更合理。作为政治犹太复国主义者,施特劳斯认为,政治犹太复国主义可以从弗氏的这一主张中获益良多。而作为宗教哲学家,施特劳斯则对弗氏的信仰概念提出挑战,认为其基础十分狭隘,因它仅仅基于新教的信仰定义。弗氏的信仰概念体现在《一个幻觉的未来》第21页,施特劳斯在援引弗氏的《一个幻觉的未来》第52页时评论道:"弗洛伊德尖锐地反对下述观点,即'人类在整个宇宙面前的渺小感和无力感'可被称为宗教性的。"(参前文)尽管弗洛伊德否认这种"对宇宙的依赖感"具有宗教体验的性质,但他的宗教概念仍然采纳这种施莱尔马赫(Schleiermacher)式的立场,以此作为他的宗教幻觉定义的出发点。相反,施特劳斯则认为,先知的一神论是一种高度理性与高度不可思议(uncanniness)的综合体,如他在"欧洲学术综析"(On the Argument with European Science, 1924;这篇文章把对奥托[Rudolf Otto]《论神圣》[The Holy]一书的批评性鉴赏和柯亨对先知宗教的刻画结合在一起)中所述:

事实上,人们之所以激烈地拒斥前先知"宗教",不是因为它"不可思议"(uncanny),而恰恰是因为它平稳无奇(canny),因为它实在太平稳无奇了,这就是圣经预言出现其中的那种环境的特征。对平稳无奇的这种拒斥的结果就是先知们的"理性主义"。

多？信仰者之所以信仰,是因为没有上帝的生活——如同一个不信仰者——对他来说显得无望、陈腐和浅薄吗？——抑或情形刚好相反,正因为他信仰,他才认识到没有上帝的生活缺乏慰藉,会变得无望、陈腐和浅薄？换句话说,弗洛伊德所看到并展示的人类不幸是否就等于信仰者所认为的那种"不幸"呢？以这种方式发问意味着去理解下面这一点:真正的问题只能开始于弗洛伊德的批判之后。但是,鉴于近来人们对创造、奇迹和信仰上帝超逾自然的力量等主张的摈弃或者重新解释(两者并无不同)——这么做绝非偶然,弗洛伊德的批判对于真正的问题来说仍然至关重要。

论政治犹太复国主义的意识形态*

——答约瑟夫[Max Joseph]的三篇文章

（1929）

卢白羽 译

[德文版编者按]本文刊于《犹太学生报》，1929年5月号（总第29期）。这篇文章表明，施特劳斯的思考方向有了重大调整，看到了政治犹太复国主义的根本困境：既想让犹太人"像所有民族一样"成为一个民族，同时又想维护犹太民族的历史同一性。值得提到的是，就在刊发这篇文章的同一个月，施特劳斯将自己的一篇研究斯宾诺斯的论文初稿寄给了研究中古犹太教哲学的专家古特曼（Guttmann），并附信请这位前辈指正。求助于中古犹太哲人的启蒙，就是施特劳斯寻得的方向。

如果说约瑟夫不是全盘皆错，至少也犯了根本性错误。据他称，我曾经说过："弗洛伊德曾用简明的言辞指出，宗教是种幻象，在现实中站不住脚，在未来也毫无前途可言。"然而我真正说的是：

> 在德国，弗洛伊德式的那种清楚而简洁的言谈方式还很不常见[……]这种言谈方式可以防止我们对真正的问题兜圈子。然而，这种清楚和简洁的背后也潜伏着巨大的危险。它可能会欺

---

* [中译编者按]本文原题"Zur Ideologie des politischen Zionismus (In Erwiderung auf drei Aufsätze Max Josephs)"，译自 Heinrich Meier 主编《施特劳斯文集》卷一（2008 第三版），页441-448。

骗那些已经熟悉其他言谈方式的读者,使他们忽视弗洛伊德阐述的内容,而这内容绝对也有问题。

在阐述了由弗洛伊德的答复而引发的问题之后,我说:"因此,提问本身就是认识到,真正的问题要在对弗洛伊德发出批判之后才开始。"诚然,对弗洛伊德思想的正面阐释占据了本人小文的大部分篇幅。我这么做自有道理:就我本人而言,我不希望用一些唯心论甚或心理分析的空话就把弗洛伊德的作品置于死地。一个据我所知是犹太复国主义者的人就曾在《清晨》杂志引发过类似事件。出于这个原因,我竭尽全力挖掘出弗洛伊德的中心想法,显明他的道德前提,简述他的历史地位和影响力,也指出他的局限。一切都安排得十分紧凑,这也是我前面所引的那段话要求的。此外,我毫不关心弗洛伊德的直接意图,即弗洛伊德想要论证,无神论不但对社会毫无害处,甚至还大有裨益。我对弗洛伊德的这个意图没有任何兴趣。仅就这一点,约瑟夫本就应该可以推断出,我根本无意替无神论做宣传,或者建议宣传无神论。

宣传无神论也没有必要。我们生活所限的条件要比任何一个言说或书写的词语起着大得多的作用。用不着提大城市,也用不着提及那些熟稔东部犹太民族内部近来新动向的专家们对我们讲述的事情。仅以黑森州乡间犹太民族为例足矣。上个世纪的黑森乡村民族(与南德犹太民族一起)被誉为德意志犹太民族传统的那个仓廪(die Reserve)。乡村犹太民族几乎没有受到自由主义革新运动的任何影响。然而如今呢?横向、纵向比较一下年轻人与老年人,就会发现,没落随处可见。没落的缓急也许会因地域而有所不同,不过没落的事实却已不容争辩。也许有人会反驳:德意志犹太民族中的落后分子必须填平城市犹太民族相对于他们的"优势"。这些落后分子必须经历巨变的过程。然后,我们即将在这些落后分子身上观察到要求返回过去的苗头。城市犹太民族要求回到过去的愿望比乡村犹太民族要强烈得多。然而,在何处才能真正找到这一合理的运动？在一小撮知识分子阶层那里。这一阶层在一部分自由主义市民阶层那里找到了所谓彬彬有礼的回应。也即，这部分自由主义市民阶层阅读那些犹太知识分子的书，聆听他们的讲座，惊诧、研究、把玩他们的言论。有些[已同化的犹太]家庭在圣诞夜不再摆放圣诞树，而用光明节烛台来代替，从这个事实我能清楚看到，不知理性与羞耻的边界、无节制地属从于周遭非犹太世界的习俗，其中的可鄙性如今已昭然若揭，或者换句话说，过去几十年来，犹太民族社会地位的提升造成了显著的进步。所有这些事实据说都是从宗教革新产生的，然而它们与"宗教运动"少有或者说毫无关系，倒与社会、民族运动大有干系。

那些对某事进行宣传的人，必然指望从宣传中得到好处。可是，无神论者能指望从宣传无神论中得到什么呢？难道可以由此强化自己的想法，即让尽可能多的其他人也认同他们的观点？难道宣传无神论可以促进公共福祉？传播救赎学说？都不可能——我们不需要，也不想为无神论做宣传。

我们不促进无神论，而只是承认它为事实，也承认它十分强大。不管人们对无神论的前景作何评价，我相信，其将来的前景将非常壮阔。下一个世纪将是无神论的世纪，其意义和程度正如十二世纪是信仰启示的世纪一般。无论如何，当下德意志犹太民族内部已经存在相当可观的少数分子，他们不可能宣称自己信仰（就这个词最严格的意义而言）犹太教。这些不信仰犹太教的犹太人发现自己是犹太人，并因为自己犹太人的处境而进行了一些思考。这些思考在某些特定条件下发展成为犹太复国主义。这伙人的犹太复国主义绝不是由传统的犹太动机决定的，而更多地为一种归属（Zusammenhang）决定。明眼人立即就能看出，这归属就是无神论。一旦成为犹太复国主义者，他们就立即与犹太教传统对立起来。犹太教传统希望落实自己的要求，以及（并恰恰是）政治上的要求。不信犹太教的犹太复国主义者自然不承认这些要求，因为他们否认了这些要求所立足的前提。立足于信仰的政治与立足于不信仰的政治两相对立，这情势清晰而又尖锐。双方要在政治这片战场上决一死战。

对于这种观点，有两点反驳意见：一、政治犹太复国主义在"世界观"上保持中立；二、宗教在政治领域保持中立。

一、政治犹太复国主义是不是一场可以联合所有信与不信犹太教的犹太人的中立运动——只要他们具有共同的民族意志？犹太复国主义不是必须联合所有犹太人吗？本来不信仰犹太教的犹太复国主义不是要指望忠于传统的大众吗？为了达到自己的目的，犹太复国主义不是必须接受传统的弥赛亚盼望么？一个犹太复国主义者每逢遭遇这样的问题，就不得不满心羞愧地承认，就意识形态而言，犹太复国主义要更落后。……要知道，要团结具有某个共同目标的异质团体，尤其是要团结工人和小农。……出于对自己目标的考虑，要利用对其来说是比较落后的运动——资产阶级民族主义。……我并不是在用恭顺和感伤的语调懦弱无能地谈论一些顾虑，关于这些顾虑本有几句话值得一提。不过当务之急是着眼于主要事物。我们这个狭隘的圈子曾雄心勃勃地想要培育出政治（按布鲁门菲尔德［Blumenfeld］的说法，是"后同化的"）犹太复国主义的领袖。正当这个圈子在尝试澄清我们的前提条件和我们的目标时，四处响起了阵阵哀号：如此理解的犹太复国主义没有"吸引力"。在纯粹吸引力面前，我们马上就不再清楚自己想要的是什么。我们让自己的对手来最终确立我们的目标和道路，而我们早已对这些人做了足够的妥协。我们与这些对手暂时有一个共同目标，所以为了达到这个目标必须与对手联盟。然而这联盟却把我们引向一片沼泽。如果我们弄不清楚什么是分裂的东西、什么是我们本质的东西、什么是我们最后和本来想要的东西，就订下联盟，那这联盟本身就是一片沼泽。而如果不从我们是没有信仰的犹太人这一点出发，我们就没法弄清楚我们最后和本来想要的是什么。

二、对于一种没有力量、没有意志的信仰，一种仅仅满足于

"擢升"百姓、"神化"生活的信仰,任何言语都是多余的。如果对约瑟夫来说,将犹太人生存无条件"正常化",是显而易见的要求,那我们也没必要与他争辩什么。然而在信仰犹太教的人中间,一些较年轻、较激进的人却持有这样一种观点:信仰犹太教会带来一定后果,也会有(也恰恰是)政治上的后果。并且这后果反对以无条件"正常化"为目的的政治。这帮人援引撒母耳反扫罗的斗争为证,也就是引用我们的先知反对我们的君王的斗争。我们愿意相信这些人是在犹太传统精神的鼓舞下兴起对政治犹太复国主义的斗争,也愿意相信,一个充满力量与意志的信仰是不会放弃介入政治生活的。我们只把思想者作为严肃的对手加以考虑。正因为如此,我们宣称,政治犹太复国主义者只能把自己激进地确立为不信仰犹太教者,并且他们只有完全清醒地把不信仰作为自己的前提条件,才有可能抵御来自激进信仰者的攻击。否则,信仰者的攻击将会占优势。

政治犹太复国主义是犹太民族内部不信仰犹太教的组织;其尝试着在不信仰的土壤上组织犹太人民。因此,政治犹太复国主义融进了且隶属于信仰与不信仰之间的古老战争,这战争乃是"全部世界历史和人类历史永恒而惟一的主题"。

约瑟夫从我引用歌德的这段话(引自《为更好理解〈西东合集〉而作的笔记与论文》,魏玛版,卷 7,页 157)中,看出了"陈腐的讽刺"。很显然,约瑟夫认定人们会认为,信仰及其对立面很重要这一看法是可以拿来讥笑的。因此,一个不信教者的讽刺自然也就是"陈腐的讽刺"。若没有这些先入为主的思想,约瑟夫本应该看出,我是在严肃地引用歌德的话,尽管是在与歌德不同的意义上使用。我绝对相信自己比约瑟夫更加严肃地看待这一问题。至少我绝不会引证政治犹太复国主义的中立性,以此来避免那场最重要的战争,不管这场战争会让人付出多大的代价。我完全无法理解,一个要经管先知以利亚遗产的人,竟然会向大家劝荐中立立场。中立性

("宗教是私人事务")可能符合诸如诺焘(Nordau)①那样的马基雅维里式政治犹太复国主义者的口味。此人毫无顾忌地把传统弥赛亚盼望当作"补血剂"使用,把它看作策略性原则而准入——但却禁止信仰者接触传统的弥赛亚盼望。

  本来约瑟夫的文章只有第一篇针对我。也只有他的第一篇文章谈论的是在不信仰土壤上的犹太复国主义政治所具备的可能性。其余两篇文章针对的都是弗洛伊德。我无意卷入"唯物主义"与"唯灵论"、"自然主义"与"理想主义"之间的打闹。因为,这场在昔日非常重要的争辩,到如今已经不过是打打闹闹而已。若要在约瑟夫的"理想主义"与弗洛伊德的"自然主义"之间作一选择,我会不假思索地偏向于后者。因为自然通过人而实施的统治以及人类共同生活的理性规则,这两个人类文明精神的目标,其重要性和紧迫性是每个人在任何时刻都可以理解的——毕竟没人愿意饿死、冻死,或者无缘无故被打死。然而究竟为何要"神化"生活、"擢升"百姓,我却没弄明白。我相信,每个有烦恼(Zores)的人——绝大多数人都有自己的烦恼——都不会有这些奢侈的需求。或者正因为我们有烦恼,才需要"擢升"与"神化"?照这么说,烦恼就会从世间消失?照这么说,这些烦恼会被谎言挤出世间?所指的烦恼是生活中

---

  ① [中译按]诺焘(Max Nordau,1849—1923),出生于匈牙利一个保守犹太教家庭。诺焘在18岁时逐渐与自己的宗教疏远,甚至被人骂为反宗教者。不过,他一直很关心"犹太人问题"。他清楚意识到自己周围的反犹倾向,并经历了巴黎Dreyfuss丑闻后的反犹宣言事件。1895年秋,诺焘与赫尔茨(Theodor Herzl)一起商讨创建犹太国的事宜。诺焘是第一至第七届犹太复国主义者大会的副主席。在他的许多著名演说中,诺焘主要阐明了散居犹太人的处境,尤其关注东欧犹太人的困境。1904年赫尔茨逝世后,诺焘拒绝继任赫尔茨的职位。第一次世界大战期间他居住在中立的西班牙,并支持雅伯廷斯基(Vladimir Jabotinsky)创建犹太区的想法。在经历过1919年乌克兰一阵大屠杀风波之后,诺焘大力支持将60万犹太人迅速转移到巴勒斯坦的计划。此计划被犹太复国主义运动领导认为不切实际而被否决。1921年诺焘逐渐退出犹太复国主义运动的各项工作。

最根本的难题,是生活的毫无安慰和走投无路,比如人类的未来没有任何保障,以及人类会受到永恒死亡的威胁等等。人类在超脱出文明的有用性之后,保存他们认识并热爱的那些东西,冷淡的自然主义者远比那些将更重要的东西归在"神化"和"擢升"之类名目下颂扬的人要好得多。如果要在约瑟夫和弗洛伊德之间做出选择,那么我选择弗洛伊德。

不过我们并没有面临这样的选择。我们既不需要理想主义的形而上学,也不需要自然主义的形而上学。比所有形而上学更重要的,是"经验那丰饶的洼地(Bathos)",这是人类生活的经验,迄今存在的所有形而上学的全部内容和权利都来自于此。经验具有碎片性。它不能解决,而只是提出生活之谜。这并不是对经验的批评,倒正是它与形而上学相比具有的优势。形而上学也解不开生活之谜,却反而模糊视野来遮蔽它。正如整个形而上学的情形一样,约瑟夫陈述的那个形而上学也是如此,即通过自然和人类世界的秩序与美好来证明上帝。自《纯粹理性批判》以来,这种形而上学若不应该从大公教的教义手册中消失,也应该从人类的哲学意识中消失。

只有在经验的领域,信仰与不信之间的斗争才能分出胜负。事实上,约瑟夫也竭力通过经验来证明。他自认为可以证明,一种不"信仰生活之意义"的生活是无意义的。这点也许还好商量。有争议的是,没有对上帝——天地创造者——的信仰,这样的生活是否也没有意义。信仰历史上的一个类比在这里或许对我们有所帮助。门德尔松(Moses Mendelssohn)在《斐多或论灵魂不死》中说道:"人类若被剥夺了不死的希望,就会成为大地上最可悲的动物。很不幸,他们必定会思考自己的状态,惧怕死亡,陷入绝望。"几个世纪以来,人们一直在讲、在信仰(或者有少许偏差)门德尔松所讲的东西。谁若否认灵魂不死,大家就要像避瘟疫一样躲避这样的人。直到 1876 年,陀思妥耶夫斯基(《自杀与不死》,见于《文学文集》,页 319 及以下)还把"信仰灵魂不死的必要性"称之为"人类最古老、最高的理念"。陀思妥耶夫斯基相信,通过他引用的一位自杀者的忏悔,就可以证明,"一个人若不信仰他的灵魂及其不朽,他的生活就是不自然、不可想、难以忍受的"。陀思妥耶夫斯基宣称:"如果不信仰人类灵魂的不朽,对人类的爱就根本无法想象、无法理解,也不可能。"如今呢? 如今罗森茨威格(Franz Rosenzweig)——这个用德语写作的有信仰的犹太人中最自由、最强大的精神——说道:

> 人类存在的目标在于回归上帝,这个目标远远超越了所有关于不朽的神话,以至于这些尘世、太尘世的理想完全自身就精疲力竭了[……]实现超凡的条件,乃是要绝弃我们这颗可怜的尘世的心所愿望的东西。(柯亨[Hermann Cohen]《犹太教文集》第 LVII 卷导言)

对不朽的信仰已经没落,但人们并没有因为这信仰的没落而丧失严肃与负责地生活的能力。没有了这个信仰,人们知道以信仰永恒死亡来度日。然而仅仅是拮据度日么? 难道不是有种长久以来就逐渐成熟的思考促成了对永恒死亡的信仰? 这一思考难道不是开拓了对经由信仰永恒死亡而开启的可能性的认识? 而又是谁说,信仰上帝却是或将是另一种情形? 当然,对上帝的信仰要比对不朽的信仰古老许多,前者植根于人类心灵深处。正因为如此,对上帝的信仰存活得比对不朽的信仰长久;然而也正因为如此,这一信仰也不会永恒。没有对上帝的信仰,是否就不能严肃并负责地生活——没有保障自是不必说,这个问题最终只能由人类经验来决定。经验从自身出发,要求不信,也有能力不信,可以自由地认识不信的诸多可能性。那些就算在最冷静的怀疑之中也保有信仰可能性的高谈阔论,并没有资格来做出上述决定。然而每次一串火苗熄灭,总会有一些只了解这火苗的光的人,认为是太阳正在下沉。

罗森茨威格与犹太教学术研究院

(1929)

张缨 译

[题解]本文原题 Franz Rosenzweig und die Akademie für die Wissenschaft des Judentums,刊《犹太周报》(*Jüdische Wochenzeitung*)卷6,49期(1929年12月13日)。犹太教学术研究院(Akademie für die Wissenschaft des Judentums)的想法起初出于罗森茨威格1917年(在马其顿前线)的构想,即构想为混合学术和教育,也就是混合自由探究和共同体责任感的新型机构,该机构将受益于跟非传统的学者(a nontraditional scholar)之间的交流,正如一位非传统的学者会在其学术中受益于他对一个具体共同体的责任感。这种混合的结果将是一种新类型的职业:"学术性的神学家"(wissenschaftlicher Theologen [scientific theologian])。"到……的时候了"(Zeit ists...)是以公开信的形式写给柯亨(收信人被称为"德高望重的枢密顾问先生"[Hochverehrter Herr Geheimrat])的,该信首次随(柯亨和其他人编辑的)《新犹太月刊》(*Neue jüdische Monatshefte*)出版,随后不断重印。有关此信出版的背景及历史,见罗森茨威格,《著作集》(*Gesammelte Schriften*, Dordrecht: Matinus Nijhoff, 1984),卷三,页853。柯亨以"年轻人般的热情"来回应这个想法,并且用生命的最后一个月(他死于1918年4月)为研究院募集资金。参日后成为研究院雇员之一的史学家埃尔伯根(Ismar Elbogen)在1930年为罗森茨威格写的讣告,引自罗森茨威格,《书信与日记》(*Brief und Tagebücher*, Rachel Rosenzweig, Edith Rosenzweig-Scheinmann,及Bernhard Casper编,The Hague: Nijhoff, 1979),页511以下。另见柯亨,"[建立]犹太学术研究院的理由"(Zur Begründung einer Akademie für die Wissenschaft des Judentums), 收录于氏著《犹太教文集》(*Jüdische Schriften*, Bruno Strauß 编, Berlin: C. A. Schwetschke & Sohn Verlag, 1924)卷二, 页 210-217; 另参柯亨,《犹太教文集》卷一, 页 lxi。由于柯亨的去世以及一战结束时德国政治和经济的崩溃, 研究院建立后的规模比起初的计划要小得多, 只有不多几个研究者受到研究院津贴的资助, 其中没有人承担罗森茨威格所规定的同时在成人教育范围内教书的义务。施特劳斯是其中令人瞩目的例外, 在受到研究院资助的同时, 他在卡塞尔(Kassel)教书。见罗森茨威格,《书信与日记》, 前揭, 卷一, 页 512, 卷二, 页 971, 1107(1926 年 10 月 9 日致 Gustav Bradt 的信)。有关研究院及其成员, 亦参索勒姆(Gershom Scholem),《从柏林到耶路撒冷》(*Von Berlin nach Jerusalem*, Frankfurt: Suhrkamp, 1977), 页 189。

[中译按]本文译自《施特劳斯早期文稿》(Michael Zank 编译, 页 212-213), 亦参 Heinrich Meier 所编《施特劳斯文集》卷二(增订版 2013, 页 363-364)。若无特别说明, 文中注释均出自《施特劳斯早期文稿》英译者。译文方括号中的文字为中译者为顺通文意而酌加。

创立犹太教学术研究院的实际文件, 是罗森茨威格(Franz Rosenzweig)在战争中期写给柯亨(Hermann Cohen)的一封公开信,"到……(评议)当前教育问题的各种想法(Gedanken)的时候了"。[1]

---

[1] "Zeit ists..."([典出]《诗篇》119 章 126 节): Gedanken über das Bildungsproblem des Augenblicks", 重印于《两河之地:信仰与理性短章》(*Zweistromland:Kleinere Schriften zu Glauben und Denken*, Reinhold Mayer 及 Annemarie Mayer 编, Dordrecht and Boston: Martinus Nijhoff, 1984), 页 461-481。施特劳斯所省略的《诗篇》119 章 126 节引文(到了为耶和华的缘故而行动的时候了,[因为]他们毁了你的律法), 本是原标题的一部分。就引述该节经文而言, 罗森茨威格的历史先驱是迈蒙尼德, 在《迷途指津》中, 拉姆巴姆([中译按]犹太人常以迈蒙尼德名字首字母缩写 Rambam = Rabbi Moshe ben Maimon 来称呼他)用此节经文来为——为不泄露托拉的秘密——违背律法的行为辩护。[中译按]出自《诗篇》的引文据英译文译出, 与和合本有较大出入。

(创建)研究院的想法最初由这封信发展而来。事实上,这个想法一直发展到这样的地步:随即能预备好实现这个想法的通路。罗森茨威格正是研究院的奠立者。①

根据罗森茨威格表达出的意图,他的想法是政治性的。作为一个对学术贡献巨大的思想家和学者,这个人并不关注如同某种"自明"之物的学术、某种无需对他人负责的学术或作为更高权威的学术;他关注的是犹太教。怀着我们不能忘怀的紧迫感,罗森茨威格坚持认为,所有犹太学术的规范应当对我们犹太人的存在(Sein als Juden)负责。罗森茨威格将总是提醒所有为这种学术之故而辛勤耕耘的人,自己的真正任务在哪里。

直至辞世,罗森茨威格始终是[犹太教学术]研究院哲学委员会成员,亦是研究院的柯亨基金会理事。他将柯亨的《犹太教文集》②敬奉为研究院给予德国犹太人和全世界犹太人的"崇高礼物"。这部著作将永远与罗森茨威格的名字联系在一起:在"导言"

---

① 施特劳斯在此则讣告中强调,罗森茨威格是为研究犹太教(the Study of Judaism)而创立研究院,这一强调与该出版物中其他人歌颂罗森茨威格的调子形成鲜明对照。Alphonse Paquet、Joseph Prager 以及 Hermann Schafft 分别强调,罗森茨威格的演讲和思想中的犹太精神,其重要性在于为犹太成人学校(Lehrhaus)奠立学养(Prager),在于他的信仰生活(Schafft),他们崇敬他的神圣苦难(Paquet),以及作为青年的惊人之美(Pager)。施特劳斯则指出罗森茨威格对犹太学术的贡献,甚至运用这个机会将罗森茨威格与(众所认为已然过气的)柯亨的名字联系起来。施特劳斯可能没有[与其他人]直接唱反调,但比起其同代人,施特劳斯肯定[有意]选择了更少伤感的方式。

② 柯亨,《犹太教文集》(Jüdische Schriften)。罗森茨威格的"导言"(Einleitung)见第一卷(《伦理和宗教的基本问题》[Ethische und religiöse Grundfragen]),页 xiii - lxiv。在柯亨的宗教哲学/犹太思想解释史上,这篇"导言"确实扮演了一个重大(即便并不总是有助)的角色。参赞克(Michael Zank),《柯亨哲学中的赎罪观念》(The Idea of Atonement in the Philosophy of Hermann Cohen, Brown Judaic Studies Series, Providence, R. I., Brown Judaic Studies, 2000),页 33 - 44,165 - 177。

中,罗森茨威格为最伟大的德国犹太教导师树立了一座丰碑,该著作将在天衣无缝的统一体中,把对这两位可敬者(一位是受赞扬者,另一位是赞扬者)的回忆世世代代传递下去。

三十年代

当代的宗教状况

（1930）

卢白羽 译

[中译编者按]本文为施特劳斯于1930年12月21日在柏林附近的布理塞朗（Brieselang）的卡迪玛总营（Kadimah，维也纳的第一个犹太学生联盟）所作的专题报告，原题"Religiöse Lage der Gegenwart"，由Heinrich Meier教授根据未刊手稿整理，刊于Meier教授所编的《施特劳斯文集》卷二（2013增订版），页377–391，页639。用*号括起来的部分表示施特劳斯在页边和行间增补的部分。若无特别说明，本文注释出自Heinrich Meier教授。

如果我今天向大家陈述当今关于宗教写下的所有文字，那我真是不自量力——因为书写下来的东西实在是太多，每天都有关于此一问题的新书、手册、文章问世。如果我把自己的任务局限于陈述当今对宗教进行的思考、缜密的思考，那么这一任务就轻松了许多——这并非贪图方便，而毋宁说是理性下达的命令。因为，写作的人虽多，思考尤其缜密思考的人却寥寥无几。我并不想断言思考与写作之间必然对立，尽管这么说也并非不可。我愿意承认，*有些*人是在思考、缜密地思考之后才写作，而我们需要关心的则仅仅是这些人。

同时，另一个限制条件也很有必要。大多数作家，包括缜密的作家，都是某位大师的使徒。俗话说得好，"有了老铁匠，不找小铁匠"。对一部滋养了伟大深邃之精神的理解力的作品而言，注释的价值不容忽视,这已是不争的事实。然而注疏家并非作家。那么,如果我们要研究宗教现状,就不能让形形色色的注释弄得眼花缭乱,而必须专注于为数不多的几个作家,即现状的创制人(auctores)。

[378]我们是作为犹太人而对宗教现状感兴趣。因此我们对那些身为犹太人且决定着宗教现状的作家怀有浓厚的兴趣。就我们讨论的背景而言,有吸引力的当代犹太作家中最重要的无疑要数罗森茨威格(Franz Rosenzweig)。因此,我将主要集中阐述罗森茨威格的学说。在给予我的这一短暂时间里,我若是概括各路理论,只会徒然制造混乱。缜密地处理一部突出体现并决定着当代状况的作品,会更加对题。

还未澄清题目本身之前,我不能开始这项受到层层限定的任务,也无法妥当地处理这项任务。＊然而,在说明的过程中我们会发现,这个题目并不是个严肃的题目。＊因此,我把报告分为两部分:

一、说明题目
二、罗森茨威格的学说及其问题

我这篇报告的标题①由五个字组成,其实,如果不计那个无足轻重的"的"字,只有三个词:"宗教""当代""状况"。让我们以题目所定的脉络,来逐一考察这三个词。

1. 宗教的现状。显然,我指的并不是某一个别方面:正如我们可以认为《凡尔赛和约》、世界经济危机、《贝尔福宣言》决定了当代状况;但我也并不认为宗教现状可与政治、社会、经济、技术、科学、艺术状况等量齐观。我指的是:现状存在于最重要的关系中。无法想象,诸位的研究小组的主题——规范价值和法律的有效性——不属于我们的主题;相反,它是我们主题的本质所在。那么也不应该

---

① 施特劳斯删去"主题"(Thema)。

把哲学状况与宗教状况分别开来并排除在外。诸位之所以不谈哲学现状,自然只是因为这样做危险过大,会释放出一股佶屈聱牙的专业术语之洪流。避免此类危险正是我最迫切的任务。不过,就算不考虑哲学,实际情况也不允许在考察宗教现状时区分宗教与哲学。因此我把宗教现状改写为:精神现状。

2. 当代的精神状况。这个词虽然明白易懂,却并不准确。精神不是物件,可以处于某个位置(Lage)。①精神实际上存在于观照与探寻之中,存在于信仰、愿望和希望之中,存在于要求给出理由以及给出理由之中,存在于承担责任之中,存在于问与答之中。*神不发问,可是他会回答问题。询问比作答更能体现人类精神的特质。没有问题就不可能有答案,有问题却可能没有答案。*也许提问还不能充分界定精神——不管怎样,"提问"切中了精神的要害,而"状况"则相反。那么我们从现在起就说:当代的精神追问。这一表达显得有些冗长,我们虽然说"社会问题",但并不说"社会追问"等等。那么我们说:当代的追问。追问提出问题;我们通过问题来理解别人的追问,此处是当代的追问。我们说的就是:当代的这一问题。

3. 当代的问题。让我们异想天开,想象一下12世纪的卡迪玛总营,也就是拉比摩西·迈蒙尼德的世纪。诸位恳请拉比迈蒙尼德的一位学生前来发言,好让他用从老师那里学来的东西帮助我们摆脱困扰和绝望。他可能会给诸君讲些什么呢?创世、神意、理性与启示的统一,也就是说,讲些实实在在的(sachlich)的问题。另一个时代可能谈论的就是另外的问题,不过总归是实实在在的问题。没人会关心这些问题是否是当代的问题。之前的当代曾经有那时处理的问题,不过并不是作为当代的问题来处理。如果我们追问,严肃地追问,那么我们实质上问的是当代的问题。而如果我们提出这个问题,并意识到这是一个问题,那么我们问的就是当代的问题。

---

① [中译按]Lage 有多重含义,"位置"为其本义,"状态、状况"为引申义。

我们可以删去"当代的"而直接说：那个问题。不过，我们最重要的且应该是最重要的那个问题是什么，这点应该是毋庸置疑的。这个问题便是：什么是正确的生活？我应该怎样生活？[380]这取决于什么？什么是必需的？这样，我们这个现代的题目"宗教现状"就归结为那个古老而永恒的问题，那个原初之问。

　　无疑，这个问题正是在座诸君探寻宗教现状这一问题的缘由。因为，诸位如要了解精神界与智识（Witz）界的最新成果，并不需要从喧嚣的柏林一路赶到幽静的布理塞朗。可是，这个简单的问题对诸君以及对当代来说，都是当代宗教或精神状况的问题。这是怎么回事呢？问题的自动转变基于一种信念。这一信念或显或隐，不管怎样，是专制着我们的信念。即，对这一问题的答案只能——或者主要——从当代所有的认知（Erkenntnis）和理解（Verständnis）中获得。这一信念及其理由是我们首先要考察的对象。

　　正当我们不怀成见、坦诚地提出何为正确生活的问题之时，正当我们＊①坚信，只要我们肯下大力气，也不怕走弯路，我们就能回答这个问题之时——"当代"身着华服，带着一副见多识广、居高临下的大人物神气，扬起眉毛对我们喊道：

> 站住！你们这些无知的人！岂不知永不枯竭的大地年复一年代代推陈出新，代代命中注定，高举青春之火扑向真理，扑向那个真理，却失之交臂！这情形已经持续了几千年。几千年来不断尝试，又不断失败。从前，后人不因前人的失败而动摇；他们迷了心窍，对自己说：那些人失败了——兴许是他们头开错了呢；咱们只需从头开始；咱们要彻底从头开始。于是他们从头开始，可是他们也失败了。这些不幸的人不知道——而我，当代，强大的女神，却知道——他们必定失败。他们必定失败，因为他们寻求的是*那个*真理。世上没有惟一永恒的真理，而是每

---

① ［中译按］原文未见对应的下一个＊号。

个时代有它自己的真理。你们这些二十岁的人,只能够寻求你们的真理,你们这个时代的真理,我——当代——的真理,这是合理的。这一认知是我最高的骄傲,完全拥有了它,[381]我便可以对①过去、对它的天真一笑置之。我的笑中含有一丝妒忌,我并不避讳。我嫉妒那青春的热情,因为认知给予的②优势,使我无法再享有这热情。只有在③装备了冲锋包时才敢向真理发起冲锋,而刺得你们睁不开眼的这身华服在冲锋的时候却很是碍事;我没法冲锋,我被诅咒留在后方;在前线战士前面我羞愧难当,这我也不避讳;可是我的理智却告诉我:你没有理由自惭形秽;后方是你的美德,你的义务;倘若你把最前线的污秽和困顿扯上你这位高权重、高人一等的优雅人物,那才是自欺欺人,才是不诚实呢。我受的苦要多得多,因为我想要冲锋,却不能,也不被允许。——倘若我的微笑并非天真地嘲笑天真,而是带着忧伤和羞惭,那么它就不是恶毒的微笑,我的微笑是善意的,我谅解,④我辩白。我谅解前人,因为他们不情愿地做了我对我的孩子们规定的事:他们虽然寻求那个真理,可找到的却是没有时间的真理;他们失败了——按他们的标准来看;以我的标准来看,他们达到了目的。*我君临一切过往⑤,向你们呼喊*:知道自己在做什么以及⑥可以合乎理性地意愿什么,这才合乎一个思考的存在:那么去了解吧,并让它完全充盈你们,你们只能找到你们的真理,当代的真理,所以合理地,也只能找寻它。

---

① 删去"我的姐姐"。
② 删去"我的"。
③ 删去"轻装"。
④ 删去"然而,我承认,我的微笑是善意的微笑"。
⑤ [施特劳斯写道:]"过往,尽管[这里留出空白,原准备作进一步的限制。空白末尾继续写道]我向你们呼喊"。
⑥ 删去"知道"的祈使形式。

当代给我们讲了这许多话,不是通过教席上的犟驴们之口,而是通过最灵活、最进步、最内行、最有生命力的时代之子之口。我们不能找寻我们问题的那个答案,而只能找寻我们的、当代的答案。怎样找?哪里找?肯定不是在书斋。不——只能通过认识当代的各种力量!我们在哪里能遇见这些力量?在党派、小组、方向、流派等的斗争中。可是,我们应当从公共领域里嘈杂的众声纷纭中听出当代的真理吗?不——这些相互冲突的各种路线并不会自发地和谐一致;它们的和声[382]要靠我们来谱写。① 以怎样的方式呢?深思熟虑的人不会一股脑儿地投身于某个方向;他看得太清楚,真理和非真理存在于每一个方向里;因此他必须尝试着公正对待一切以及蕴含在一切中的真理。简言之,他需要的是"合题"(Synthese)。

那么,(1)因为所有属人的东西都在历史中,所以没有那个问题,而只会有当代的问题。要回答这个问题,＊甚至仅仅是提出这个问题,＊我们都必须认清当代的状况。(2)②当代的状况——也即当代真实而有效的各样回答。(3)那个回答只有通过综览（συνοψιζ,conspectio）——综览主义得出。

1. ＊批判综览主义。

(甲)合题之难以置信的困难。＊综览主义可能存在的惟一原因在于,对于"立场"如何生成完全没有具体想法。每个需要严肃对待的立场都是单个人不懈努力的硕果。康德在完成立场的突破之前,已经取得了可以使他不朽的成就(康德—拉普拉斯理论),他已不是才掌握事实认知(Tatsachenkenntnis)的新手,可是,康德仍然花费了十一年之久,才构想出——还不是写出——纯粹理性批判。我们假定,同样的情况也发生在马克思和尼采身上。他们不懈地努

---

① ［眉批］举例!
② 删去"来自当代的各种答案之合题将会是那个答案"。

力,得到了截然相反的结果。① 要找到一个可以统一两个立场的立场,这得需要投入多大的努力! 为了找到共同点,我们要下沉到深得多的地方。从这个共同点出发……只需设想一下这些困难就会明白,今天那些谈论合题的人根本什么都没想。可是他们应该在说起合题时想着什么! 在我看来,综览主义是以如下方式出现的。

*(乙)综览主义诞生于因写作而出现的读者。*各立场的发明人把他们[383]巨大努力的结果记录成书。每个人都可以购买、被赠予或是借来阅读。读者分为两类。一类比较狭隘,他们已经有了固定成型的观点,阅读只是为了强化自己的观点。倘若书本与他们的观点不符,则他们准备好了充分的论据来否定这本书。怎么会找不到论据呢? 康德的某些基本观点,今天哪怕蠢驴都赞同或自认为赞同,而在当时却被康德同时代的蠢驴们信心十足且居高临下地"大加鞭挞"。这类读者没有恶意,也无害,第二类则有害得多。这些人受书本的刺激,对所有新鲜事物都持开放态度。他们很容易受到激励,接受这本书的成果不久之后又接受了另一本的。正因为他们不狭隘,才无法摆脱那些相互矛盾的理论。理论总是由一些关键词来表述,接受这些关键词毫不费劲。他们边读边思索,各种关联油然而生,于是就坐下来开始动笔。这一特别轻松愉快的活动的结果便是一个合题,也就是一本书或者一本小册子或者一篇文章。此乃综览精神的精髓所在,综览主义精神就是成为作者的懒惰读者。

*(丙)假理解(Das Schein-Verstehen)。*就算是相当聪明的人,综览地理解,实际上什么都没有理解。我想举一个例子。在我们这个时代的某处住着一位完全意义上的哲人。尽管五年前还默默无闻,今天他的名字和著作已是家喻户晓。除了皇皇巨著,这位哲人②还用几页篇幅写了点关于空话(das Gerede)的东西:什么是

---

① 删去"如果我们下定决心深入到问题里面,并且在里面还不会窒息,那么我们兴许会得到另外的但同样片面的结果"。

② 删去"尤其"。

"空话"以及它会造成什么后果。作者抱着纯粹界定事实的态度，而不是请求让自己尽可能躲开空话。接下来会发生什么呢？一个女人——①当然不能用"夫人"这样高贵的词语——读了这位哲人的书，在她弄明白这个男人究竟在说什么之前，她就到了伦敦，除了嚼舌根还是嚼舌根。她认为讲"空话"的那一段"非常棒"，她就是在这个意义上来理解这位作家的。可是她并没有如此理解他，即总算、总算有一次闭上她那张爱嚼舌根的让人难以忍受的嘴。

因此，如果要严肃对待那些统治着这个时代的伟人们，那么，这些人看重的东西，就不要想着拿来合题、搅浑、掺水。[384]宁可面对它们的矛盾而绝望，也不要[津津乐道于赞成]一个乏味而懦弱的大杂烩。

2. 只有身处所有在当代有影响力的立场之整体中才能把握住当代的状况。——为什么是所有这些立场？因为它们具有同等价值。为什么它们具有同等价值？因为每一组事实情况（Tatbestände）都看不到或看不清别的事实情况看到的东西。可是，很明显，重要的不是同时把一切都看清楚，而是把重要的清晰化，把不重要的模糊处理。那么在此之前我们就必须知道哪些是重要的。——答曰：②当代的整体状况是重要的，也即整全性（Totalität）最重要。相互不能说服对方的各个立场之所以不能说服对方、不能公正评价对方，就是因为它们不整全。难道绝对"公正"最重要？难道"不公正"对待非真理不是真正的公正吗？整全的观点不是可能最不公正吗？事实上，所有观点都是整全的。

然而，就算可能有合题，并且所有当代起作用的立场都具有同等价值，是否因此合题就必定真正地把握住了当代的这个状况？是不是所有视角，是不是那个真正的视角必须如此这般地包含在当代各个视角内，即真正的视角是从各个视角中产生的？难道没有可能

---

① 删去"此处"。
② 删去"只有整全的东西才重要、极端"。

所有当代的立场都建立在对基本事实的误解之上？也许并非所有这些立场都是"意识形态"？这一点根本没有确定。如果我们想要如当代本身那样来认识它，如果我们想要摆脱一切居支配地位的观点——并且我们必须事先对它们进行考查——那么我们首先就必须从当代中解脱出来。这一自由并不是掉在我们怀里的，我们必须替自己争取到它。

3. *天真提问之必要性。* 可是我们到底真的需要认识当代的状况吗？人类各有其当代，这并不意味着人们必须关心它——我们的命运并非我们的任务。人们今天一犯再犯的主要错误乃是，尝试从命运中界定任务。这一尝试的荒谬之处在于，如果没有上帝，命运就是偶然，而如果上帝存在，命运就是神意，我们也不应该希望扮演神意。这个错误也体现在对合题的意愿上。就算事实上每个立场是一个合题——我们也从未把这个立场作为合题来希求；我们希求的[385]永远是真理。我们必须向前看，笔直向前；在反思状态中我们绝不会发现自己应该干什么。

那么，我们希望实事求是。我们投身于这个事业，追问正确的生活，并满怀解答这一问题的愿望。为了不像之前的数千人那样惨遭沉船，我们无论如何得聆听当代的警示、呼唤：你们要留神。当代从这些失败者中总结出一套理论并宣称失败不可避免的时候，我们并没有听它的。为了在这里能够无视当代，我们必须严肃对待当代的警示①，必须有能力更进一步地阐释当代反复再三的经验。*我们探寻的并不是当代，而是当代的警示。可是实际上我们却在警示中遭遇当代。* 我们得承认，失败肯定不是偶然，也不是由于个人的不足或前人的愚蠢，而是自有其严肃的原因。为了认清这些严肃的原因，我们必须严肃看待那些探寻这些原因的问题。我们无权利用"世上没有永恒真理"这一独断的看法来砍掉这个问题。

那么这一失败的历史经验究竟是怎样的呢？

---

① 删去"问题"。

苏格拉底首先提出这一问题。他是否以及在多大程度上给出答案,则不得而知。至少他的学生柏拉图回答了这个问题——在《王制》(*Politeia*)里。为了直观展现真正认知的困境,柏拉图在这部著作中把人的境况比喻为洞穴居民的境况:洞穴有一个缓慢上行的入口;人们从小就被镣铐缚住脚踝、脖颈,牢牢锁在洞里;他们因此永远待在同一个地方,并且由于脖颈受缚,他们的头还不能转动;自远处从上而下闪耀着一团火光;在火与囚徒之间的上方有一条路,沿路起了一道矮墙;有人沿墙扛着各式器物和塑像经过;因为有火,那些器物的影子投在了囚徒面对的洞穴石壁上,而囚徒们显然只能看到这些器物的影子;对他们而言,这些影子就是真实的物事。如果他们当中的一人被解开镣铐,并且可以自由地抬头注视火光,这可能给他带来很大痛苦,[386]由于被光芒刺花了眼,他很有可能无法认出那些他之前已经见过影子的东西;如果有人告诉他,他之前看到的东西不过是现在他看到的东西的影子,恐怕他会不知所措;而今甚至瞧一眼火光本身都会刺痛他,以至于他会转过身,径直回到洞穴的黑暗中去;要能够认识真实的东西,并在真理的光芒下生活,他还需要一个漫长的适应过程和不懈的努力,甚至需要动用强力。被带回到洞穴之后,他还保留着在光明里生活的回忆,可正因为如此,在他同伴眼里,他也显得不可理喻并且可笑。——柏拉图这样设想哲思的困境,自然的困境。如果连它们都如此不同寻常,那么,存在这么多互相矛盾的看法又有什么稀奇?记住柏拉图的这个比喻,我们就不会被各种杂乱无章的看法弄糊涂,而是必须竭尽全力,以期能走出洞穴。

我们说,柏拉图设想了哲思的自然困境。也即,这是对于人之为人,作为感官与精神生物而有的困境。按照柏拉图的看法,这是由于人的感性而引起的。之所以说"自然",是因为有一些困境不"自然",只有在某些特定前提下才生效。一位希腊哲学家枚举了哲学中意见不合的各种原因,也就是哲学发生困境的原因,而迈蒙尼德在《迷途指津》(I 31)里又补充了第四个原因。他的原话是:

在我们这个时代还有第四个原因他(指阿芙罗蒂西亚的亚历山大)没有提到,因为他们那里还没有这个原因,这就是习惯与训练;因为人在天性上总是喜爱他们习惯的东西,并且倾向于它;……人对于自己在其中成长的各种意见,就是这样:他喜爱并坚持这些意见,并且还避开那些不同的意见。这也妨碍了人认识真理。大众关于上帝的有形体性[的意见]就是如此:由于习惯了经文,他们坚定不移地相信经文并且也习惯了它,而经文的字句似乎又暗示上帝是有形体的……

我们发觉,一个建立在启示之上的传统进入了哲学的世界。这一事实从根本上加深了哲学运思的困难[387],哲学运思的自由也因此遭受重大限制。①

迈蒙尼德的看法在某种程度上勾勒、拟定了过去整整三个世纪的斗争,启蒙的斗争:为了使哲思能够在它自然的困境中成为可能,就必须把哲思的人为障碍清扫出去;必须与各种偏见进行斗争。正是在这点上,现代哲学与古希腊哲学有着本质的区别。古希腊哲学只是与假象和意见作斗争,而现代哲学之前已经在与偏见作斗争。就这点而言,启蒙运动就是想要恢复古希腊的自由。它取得了什么呢?它取得了:回答问题的自由,而不是提问的自由,只得到说

---

① 施特劳斯删除了下面一整段:

从今往后,经文不再是惟一的权威。希腊哲学,尤其亚里士多德,也成为权威——尽管并不在同等意义上。一些问题及其可能的解答,虽然在 18 世纪有过一些显著的改动,然而基本上保持着原貌。流传下来的东西成了理所当然。何为好、何为坏,何者重要,如何提出基本问题,等等等等,都属理所当然。不能说这个时代——这个启示宗教的时代——的[删去"所有"]人不懂得争辩:那时有激烈的争辩;哲学运思本身就备受争议:用爱(Liebe)来对抗 ϑεωρεῖν[静观],以及诸如此类。不过,争辩都是发生在传统的范围之内。

"不"的自由而不囿于传统之"是"(必死性对不朽,偶然对神意,无神论对有神论,激情对理智)。然而,从传统的"是"中解脱出来的过程却是经由更深地卷入传统之中而启动。① 启蒙运动如何以宽容——之前是博爱——之名发起反传统的斗争;宗教现在就如何完全以博爱为根基。并且,由于怀疑(启蒙意义上的)博爱,这样的宗教也彻底变得可疑起来。或者举一个启蒙运动晚期的例子:启蒙公开成为无神论,并且自认为看穿了"神"不过是人心的构想,它做的无非是把对神的规定纳入人性之中:人类的自我救赎,自己担保不朽(博物馆等等),接管神意。启蒙的每个阶段都兴起它的反对者,这些反对者都会接纳启蒙的成果,并以此来改变自己的立场。(例子:启示被理解为人的作品,理解为社会道德和形式,而非律法;创世并不被理解为创造世界,而是作为预先约束[Vorher-verbindlich]支配着人类。)一般而言,启蒙以降,总体说来,每一辈都对上一辈做出回应,而不去质疑根基的东西。例如"非理性"的概念——在狭义上理解的理性主义。②

[388]例子:创世的问题。

(1)神在完全的自由里,出于爱创造了这个世界;他也以完全的自由统治这个世界——公义而智慧,可我们没有权限也没有能力认知他公义与智慧的道路。他有自由施行神迹。神迹本身并不比寻常的世事更具"神性";然而也没有理由说,神不能且不愿行神迹。

(2)以形而上学之名攻击神迹——神迹配不上作为完美存在的上帝。

(3)现代物理学完全从自然本身出发理解自然,不再可能科学地(wissenschaftlich)证明上帝存在。从人的人性视角来看待上帝。

(4)自然是人理智的构想。

---

① 删去"比如"。
② [眉批]理论与直觉相对。
  曼海姆的《意识形态与乌托邦》(Ideologie und Utopie)。

(5)按照这一构想的类比,整个"文化"以及宗教,都被理解为人精神的构想。

(6)原初宗教观的新理解(区别于神话):提出要求的、对(我们)自己提出要求的(vor sich fordernde)上帝。对创世的否弃仍然存在。

某种理论将对传统的纠缠合法化,由于这一理论,纠缠进一步增强了。启蒙运动自身尚且完全充满着如下精神,即历史不过是偶然,在如此历史中,胜利的一方 * 还谈不上 * 有什么公义。而到了19世纪,世界历史即世界审判这一信念已经占据了统治地位(这一信念在自然科学里得以体现。实际上,在自然科学里有可能存在明确的进步,以及在前人成就的基础上更进一层。然而这信念在原则事物上则不可能。

也即,在今天,πως βιωτέον[应该如何生活]这个问题并不仅仅因为自然困境,并不仅仅因为有一个如此清晰可辨的传统在施行统治而难以回答,而是因为我们完全陷入了传统之中,并且走得如此之远,以至于我们根本无法清白而自由地发表看法,以至于一切尝试说出与界定我们所闻所感的东西都暂时不可能。那么我们现在可以做什么呢?)

* 反对传统的斗争演变成了完全陷入传统之中,这场斗争也同时①废除了传统。[389]事实上,传统一代比一代更少。* 这场斗争不得不一再以传统的对手——传统加以克服而实现自身的对象——为援军。这些被传统排挤的成分又重新回到视野中来(异教徒、伊壁鸠鲁、为各类异端正名、智术师、偶像崇拜……)。这些成分得以被理解。这场战斗的结局便是对传统的彻底摈弃:不仅是传统作出的回答,也不仅是它提出的问题,而且还有它蕴含的可能性:* 自尼采以来,奠定我们传统的柱石——先知与苏格拉底和柏拉图——都被拆毁了。* 尼采支持列王反对先知、支持智术师反对苏格拉

---

① 删去"在意识方面"。

底——耶稣不仅不是神,甚至也不是骗子,不是天才,而是白痴。θεωρεῖν[静观]以及"善—恶"被抛弃——尼采,最后一个启蒙者。

尼采撼动了传统的根基。传统彻底失去了它的理所当然。我们在这个世界上完全没有权威,完全没有方向。只有在当下,"应该如何生活"这个问题才重新获得它的尖锐性。我们能够重新提出这个问题。我们有机会以十分严肃的态度提出这个问题。我们不可以再草率阅读柏拉图,不可以只是为了惊讶地发觉,原来①老柏拉图已经知道了这个那个;我们再也不能轻率地攻击他。对圣经也是同样,我们不再理所当然地认为先知就是对的;我们严肃地扪心自问,是不是列王也有道理。我们必须真正彻底从头开始。

我们可以彻底从头开始。我们缺乏一切针对传统的挑衅情绪(我们也没有可以挑衅传统的出发点);然而与此同时,传统对我们来说又是完全陌生、完全可疑的。

我们不能从自身出发立即给出答案;因为我们知道自己深深陷入传统之中——我们住得比柏拉图笔下的洞穴居民还要深得多。我们必须上升到传统的源头,到自然的无知状态。设若我们想要研究当下状况,则我们不过是那些描述自己洞穴内部陈设的洞穴居民。

因此,我们有机会不受约束地理解传统的诸源头——倘若我们作出最大的努力,那就是说,要不受约束地理解那些或多或少是理所当然流传[390]下来的东西。而"理所当然"的东西基本总是未被理解的。针对传统的战斗何以可能、何以有必要,传统未被理解是最终原因。最终结果,诸源头事实上无法被认知(比如 μεγαλοψυχία[大器])。

探寻当下宗教的状况并不是一个严肃的题目。这个问题背后严肃的东西其实是探寻正确的生活。回答这一问题不仅 * 不 * 需要对当下状况加以特别考虑,倒是更需要果断回到我们历史的诸源头,需要我们对历史的所谓"成就"进行铁面无私的审查。

---

① 删去"他"。

四十年代

就犹太人问题对轴心国的再教育

(1943)

何祥迪 译 张缨 校

[塔科夫(Nathan Tarcov)按]这篇施特劳斯在1943年11月7日研讨会上的发言稿可谓他对与当时外交政策事态的最完整的书面公开表态(public statement)。发言稿虽然出自施特劳斯的谨慎思考、写作和修订,但并未打算发表。后来他对发言稿中的某些论点又有了新的想法,也说不定。原件今存Leo Strauss Papers, Special Collections, University of Chicago Library, Box 6, Folder 12,今刊于《政治评论》(The Review of Politics)卷69,第4期(2007),页530-538。

在发言稿中,施特劳斯对战后德国自由民主制("真正的学说")的前景深表怀疑,因为德国有历史的软弱性,何况,一个民族没有能力去教导另一个民族。在分析过程中,施特劳斯拒斥纳粹的罪恶有利(crime pays)说,强调盎格鲁—撒克逊的自由民主制实践中折中(compromise)的重要性,同时也强调盎格鲁—撒克逊的自由民主制没能贯彻其原则(例如,美国的种族隔离和英国的印度政策)。施特劳斯表明,他意识到此时犹太人在德国血流成河,而且他(作为一位犹太人)否认曾把自己视为一个德国人。

[题解]1943年11月7日(星期日)下午8:15分,在[纽约]社会研究新学校(the New School for Social Research)召开了犹太事务协调会(the Conference on Jewish Relations)的年会,这篇讲稿即施特劳斯在"就犹太人问题对轴心国的再教育"会议上所作的。此次会议的其他发言人有伯鲁瑙尔博士(Esther Brunauer)和考伦教授(Horace Kallen)。会议主席是巴隆教授(Salo Baron)。伯鲁瑙尔著

有《纳粹国家》(*The Nazi State*, Washington, DC: American Association of University Women, 1943),她在美国加入二战之前,曾活跃于干涉主义组织(interventionist groups)中,作为美国大学妇女联合会(the American Association of University Women)国际关系事务部的秘书,伯鲁瑙尔曾帮助女学者们从纳粹德国转移到美国。1944 年,伯鲁瑙尔开始为[美国]国务院工作,1952 年,麦卡锡参议员(Sen. Joseph McCarthy)指控她为共产主义者,随即她以危害安全的名义遭到解雇。伯鲁瑙尔死于 1958 年。考伦(1882—1974)生于德国的贝伦斯达特(Berenstadt),曾就读于哈佛大学,是[社会研究]新学校社会哲学的主要创始人之一,著有《艺术和自由》(*Art and Freedom*, New York: Duell, Sloan, and Pearce, 1942)及其他许多著作。考伦是个活跃的犹太复国主义者,首倡文化多元论(cultural pluralism)概念。巴隆(1895—1989)生于奥地利的塔瑙(Tarnow),曾就读于维也纳大学和那里的犹太神学院,1930—1963 年任哥伦比亚大学的犹太史教授(Professor of Jewish History),著有堪称经典的皇皇 27 卷本《犹太人的社会史和宗教史》(*Social and Religious History of the Jews*, Columbia University Press, 1952—1983)。

尽管施特劳斯保存着内森(Otto Nathan, 1893—1984)1943 年 11 月 13 日的来信,其中说他"讲得非常精彩",并表示希望这篇讲稿能发表,但是施特劳斯并没有发表这篇讲稿,内森是瓦萨学院(Vassar College)的经济学教授(见芝加哥大学瑞根斯坦图书馆特殊收藏部,施特劳斯档案 28 箱第 4 盒[Box 28 folder 4, Regenstein Library Special Collections, University of Chicago]),著有《纳粹的经济体系》(*The Nazi Economic System*, Duke University Press, 1944),他是爱因斯坦(Albert Einstein)的密切合作者;内森后来失去了纽约大学(N.Y.U.)的教席,由于所谓的左翼嫌疑,1952 年他申请护照遭拒,直到有个法官判决国务院派发他一个护照。

[中译按]此文原题"The Re-education of Axis Countries Concerning the Jews",若无特别说明,本文注释出自编订者 Nathan Tarcov 教授,方括号中的文字由中译者为顺通文意而酌加。

1. [530]让我从提出自己的论题开始吧:我并不相信,今晚我们所谈论的问题是一个非常重要的问题。我相信,赔偿、救助和移民是重要得多的主题。要试图证实这种观点,我不得不离开看来是这个国家[译按:指美国(下同)]普遍持有的观点。我不得不直言不讳。在讨论之前,我得表示抱歉,如果我违背初衷,伤害了在座哪位的感情。

2. 在我将要做出的评论中,我会限制自己,只谈论德国方面的问题,首先,因为我有一些德国的亲身经历,但没有任何其他轴心国的亲身经历。公正地讲,我得补充一点,即使我的德国经历也是非常有限的:我[531]1932 年离开德国,此后再也没有回去。其次,我们眼下讨论的问题更多与德国而非其他国家相关。其他欧洲轴心国既是德国的盟国,同时又是德国的受害者。我们还不知道,特别是匈牙利和罗马尼亚,会不会成为联合国(United Nations)①的战时盟国(cobelligerents)。这些较小的国家可以带着某些真实性说,纳粹的学说(the Nazi doctrine)是强加于他们的异族学说(alien doctrine),因为这些小国对外国的军事实力感到害怕。另一方面,德国人在将来的某一天,可能会拒斥纳粹学说,把它当作令人憎恨的东西:但是,他们决不能把它当作异族的、强加的学说而加以拒斥。

3. 即使我把我们的问题局限在德国上,它仍然是一个不确定的问题。当我们谈到德国的再教育时,我们理所当然地假定,我们会赢取战争,而且盎格鲁—撒克逊—俄罗斯(Anglo-Saxon-Russian)的

---

① [中译按]这里的 United Nations 还不是现在意义上的"联合国",这一名称最初在 1942 年出现于丘吉尔和罗斯福共同发表的"联合国宣言"(The Declaration by United Nations),该词在二战期间用来指代各同盟国国家(the Allied countries)。

协作将在敌对状态的中止中幸存(survive the cessation① of hostilities)。我们还假定,德国的大部分领域将不会被[苏联]红军占领。因为,俄国的再教育概念的目标或方法,想必不同于自由国家(the liberal powers)所能够接受的目标或方法。大西洋宪章(Atlantic Charter):美国和英国政府当前施行的政纲。②

4. 人们必须对一般而言德国再教育[问题]的各种状况作出这一评议。因为犹太人问题明显只是一般而言德国再教育问题的一个部分,即便是特别困难的一个部分。请允许我就一般问题多少更明确地提出我的观点。

当我们谈及再教育的时候,我们指的是,将要用第二次教育和再教育所取代的错误的教育,本身具有关键的政治重要性。我们倾向于意指,困难的根源在于某类教育,某类思想灌输(indoctrination),即,纳粹的思想灌输:这真的是问题所在吗?这种情况有多大的代表性?我们必须保持警惕,不要过于看重纳粹的学说、他们的人种学(Rassenkunde)、他们的地缘政治学以及诸如此类。真正重要、真正影响德国人和教育了德国人的东西,不是他们自己那些迂腐的蠢行,而是纳粹的军备重整、外交政策和军事力量所展开的前景(prospect),纳粹用这些东西,企图通过一场闪电式的决定性战争来解决所有的德国问题。而且,在闪电式胜利的希望为英式喷火战斗机(the Spitfires)所粉碎后,解决所有德国问题的前景变为全球规模上(on a planetary scale)一项新的胡贝尔图斯堡和约(Hubertusburg peace③)。如果我们不理会德国的高中教师,如果我们考虑到德国的大众,[532]我相信,我们将会发现,引领德国人的观点,从而引领他们行为的东西,不过是纳粹学说至为紧要的暗含意味(impli-

---

① "ceasing"(停止)被划掉了。
② 这一句是用铅笔加上的。
③ 1763 年,七年战争结束后签订的胡贝尔图斯堡条约确立了普鲁士作为欧洲强国的地位。

cation),该暗含意味即如这片土地上最能干的人所解释的,德国人的需要是至高无上的法则,这需要不屈从于任何更高的考虑。说白了,纳粹的教育由此构成:他们说服了相当部分的德国人,大规模和有效地预备并犯下罪行是划算的。我记得 1920 年代初德国学生的争论:一个政策上不受(not①)道德考虑约束的国家——不受其他束缚也是一样——比另一个政策上受道德考虑约束的国家(a② country whose policies…)要强两倍。有道德的国家会拒绝所有方法和手段中的百分之五十,把它当作是非道德的,而肆无忌惮的国家则会向所有方法和手段敞开。很明显,这种学说要遭受感觉经验的检验,进而,惟有而且只要纳粹的策略是行之有效的,他们的学说就是一种力量。盎格鲁—撒克逊—俄罗斯联合体的胜利,如果随之以一种公正、严格和稳定的和平,将成为对纳粹学说的有力驳斥(the refutation),并进一步将纳粹的教育连根拔起。德国的再教育将不会发生在教室内:它现在就发生在户外,发生在聂泊河(Dnjeper③)沿岸和德国各城市的废墟中。它将在英美坦克和俄国坦克于[柏林]菩提树下大道(Unter den Linden)的汇合中、在西方和东方将战犯绳之以法的协同合作中圆成。没有什么证据比亲眼所见(ad oculos)的论证更令人信服、更有教育作用:一旦不为任何理性论证和慈悲情怀所动的最大的德国傻瓜们(the greatest German blockheads)有朝一日亲眼看见,再狡诈的暴行、再无耻的残忍,都不能使他们豁免——他们必须依赖他们的受害者的怜悯(pity),一旦他们看到了这一点,再教育过程的关键部分定将取得完满成功。

5. 但是——各位也许会说——德国人意识到纳粹的学说是错的,意识到纳粹的教育是灾难性的,这是一回事;但对德国人而言,发现真正的学说(the true doctrine)和正确的教育模式,又是另外一

---

① "not"(没有)一词插入两次。
② "policy"(政策)一词被划掉了。
③ 1943 年 10 月初,红军渡过聂泊河,11 月 6 日占领基辅。

回事。而且后者才恰恰是再教育的目的。因此,我们就面临这样的一个问题,"什么是真正的学说?"我们会不假思索地回答:自由民主制。但自由民主制会对德国人有任何感染力、有任何吸引力么?〔对德国人有感染力和吸引力的〕也许是一种德国形式的集体主义——也许是一种官僚权威政制(an authoritarian regime of the bureaucracy),建立在基督教的复活的权威〔533〕解释基础上〔的政制〕——但决不会是一种自由主义。① 一种只是由胜利的敌人强加的统治形式,将不会持久——更不必说,实际上俄国恰恰不是一个自由民主制国家。那么,在德国大地上,何处才是自由民主制的根?当然,有一个德国自由民主制的传统——但我们不得不加上一句,德国自由民主制的传统是一个政治上低效的传统。它只掌过一次权:那就是德国在一战中战败后。七年以后,远在世界经济危机之前,它就已经在劫难逃了:1925 年,兴登堡(Hindenburg)被选为〔德意志〕帝国(Reich)总统,尤其醒目的是,选举过后,德国城市街头就出现了游行示威,只要不是有意自欺欺人的德国人都知道德国将走向何处。就我们所知道的一切,没有什么使得我们沉溺于如此的希望,以为德国人民中有政治才干的部分已经就自由民主制改变了心意。除非证明事实相反,否则,我不会认为,自由德国委员会(the Free German Committees)②代表了德国人民中有政治才干的部分。

但是,让我们给德国无过失假定(the benefit of the doubt):然而,我们决不能逃避的问题是,由谁来实施再教育?只有德国人;只有那些仍在德国、并分担了纳粹统治及战败的所有的衰退和所有的悲惨(misery③)的德国人,才能实施再教育。只有他们才能够说那些后希特勒的德国才能理解的语言。可以肯定的是:没有什么外国

---

① 这一句插在页末。
② 反纳粹的德国流亡者首先在莫斯科、随后在伦敦建立了自由德国委员会。
③ "and all the responsibility"(和所有的责任)几个字被划掉了。

人有资格对德国实施再教育。其理由有三:第一,德国的骄傲。我说的是"骄傲"(pride)而不是"自负"(conceit)。对一个拥有骄傲的民族而言,除了光荣的德意志精神传统之外,作为一个民族,他们还得拜倒在其他民族脚下(to sit① at the feet of foreign nations),这样的理念是不可忍受的。或者说,作为一个民族,他们将不得不通过外国人来提醒他们自己的传统[,这样的理念是不可忍受的]。第二个理由是智识氛围(the intellectual climate)。盎格鲁—撒克逊人的性情——重实践和常识,从而在理论上摒弃激进——总是不同于德国人的性情。但是,经历了晚近 20 或 30 年的智识剧变后,吸引当今德国的一代的,肯定不是盎格鲁—撒克逊人道主义那种温润闲适的语言。只有一直留在德国的人才会拥有那种独特的智识的和不安的张力(tension),任何想要影响德国人的耳目、心智和灵魂的人,都需要这样的张力。第三个理由是:[534]德国人将会质疑盎格鲁—撒克逊人的能力(the *competence*)。德国人不可思议地熟知这些国家的自由民主制的所有缺陷:黑人(Jim Crow)、印度等等。德国人会强调盎格鲁—撒克逊学说(大西洋宪章)和盎格鲁—撒克逊的实践之间的差异。他们并不熟悉折中(*compromise*)的实践和精神:他们不知道,一条仅仅出现于法令书而未在实践中得到贯彻的公正的法律,不管怎样,都能担当起教化(humanizing)的影响力;因而,他们将会说——如他们过去所说、现在也说的——那是伪善(hypocrisy)。

一个民族也许会把其他民族当作自己的楷模;但是,没有一个民族能擅自(presume)去教育另一个自身拥有优秀传统的民族。这种自以为是(presumption)引起憎恶,倘若人们对你去做他们的教育者感到憎恶,你是无法教育他们的。如果德国人去顺从外国人的再教育,[他们]([they]②)就会尊严尽失,并因而丧失所有责任感。但是,所有事情都依赖于使德国人负起责任来(making the Germans

---

① "to sit"(坐,拜倒)一词写了两次,但是第一次所写的被划掉了。
② 手稿有"their"(他们的)一词。

responsible)——在[责任]这个词的所有涵义上。德国的再教育应该毫无例外是德国人的事务。另一方面,世界的和平——即德国以外的民族(the non-German nations)防止德国卷土重来所做的安全保障,必须毫无例外是德国以外的民族的事务。只有通过这样明确地划清责任的界限,你才能确保负责任的行为。只有通过将他们限制在他们自己的事物中,即确保他们自己的安全,联合国(the United Nations)才能影响德国的再教育:如果联合国用坚定的行动、明智的怀疑(intelligent distrust)和武装的警惕向德国人表明,德国统治世界的所有前景,甚至德国扩张的所有前景都已消逝,而且已永远消逝,那么,德国人会被赶回内部的殖民化(internal colonization),我的意思是说,德国人会回到对他们自身精神传统的培养(cultivation)中,会回到他们可能选择的对任何其他清白追求(innocent pursuits)的培养中。

6. 因此,在我看来,"德国的再教育"[问题]易招致重大的疑虑(grave doubts)。一个进一步的疑虑、一个更重大的疑虑,涉及就犹太人[问题]对德国的再教育。当我想到就犹太人问题对德国的再教育时,作为一个犹太人,我禁不住不断地思考一个基本问题,这个问题使其他问题都黯然失色,那就是:一个具有某种荣誉感的犹太人,怎可能对德国人(Germans①)如何看待犹太人感兴趣?我不能不理不睬(disregard②),我一刻也不允许自己对如下的事实不理不睬:在整个人类历史过程中,只有一个政治共同体,它的基本原则、它的存在理由(raison d'etre)和它那独特的灵魂(whose very soul)都不过是[535]对犹太人和犹太教的彻底贬低:这个国家(state)就是德国。这个国家称自己为"雅利安人"(Aryan)——但"Aryan"一词是野蛮迂腐的产物,它无论如何并无内在固有的含义:它惟一的含义是否定性的、挑起争端的:一个雅利安人仅仅意味着一个非犹

---

① 在手稿中,"Germany"(德国)被改为"Germans"(德国人)。
② "disregard"之后的"for"被划掉了。

太人(a non-Jew)。但是,如果有人提出反对,说纳粹并非德国(the Nazis are not Germany),我将会回答说,就民族(nation)这个术语的政治层面而言,一个民族是该民族政治上相关的、政治上有效的部分:在自由选举的时候,大约百分之四十五的德国人投了希特勒的票,而其他百分之五十五的人则处于彻底的迷惑和无助之中,这样,从任何政治的观点来看,这百分之四十五就是德国人。除非德国人已经洗刷自己,自发地就他们给予我们的那种独特羞辱给我们一个满意的交代,否则,没有哪个自尊的犹太人能够——也没有哪个犹太人应当——对德国感兴趣。

7. 在座各位可能会说,唉(Alas),这种出于民族荣誉感的语言,在一个弱小民族成员的口中、在一个没有坦克和飞机的民族成员的口中,听起来多么空洞无力呵。我们被降格到这样一种悲惨的境地:倘若有几个犹太人多少设法存活于特莱西恩施塔特集中营(Theresienstadt),将被允许在德国生活,我们必须要感恩戴德。可他们该去哪里呢?那么,让我们撇开荣誉不谈,只谈论物质的需要。到了最后清算的那一天,我想,我们必须坚决要求获得赔偿(on indemnification①),弥补损失,归还被掠夺的财产。我们必须这样做,不是作为个人去做——这些个人现在也许已成为各个战胜国的公民,②而是通过以犹太人身份代表犹太人的机构(agencies representing the③ Jews as Jews)去做。因为,谁应当认领被掠夺的财产——千千万万遭到屠杀、再无后裔的犹太人的财产?更不用说,实际上美国政府特别加以保护的,仅仅是损失发生时已经是美国公民的财产损

---

① "on restoration"(归还)一词在这里被删除了。

② 施特劳斯差不多正是在这个时候申请加入美国国籍,他于1944年成为美国公民。1943年12月7日,施特劳斯收到对其预备申请入籍的确认,并于1944年2月1日提交了他的入籍申请。见施特劳斯档案28箱第1盒(Leo Strauss papers Box 28 folder 1)。

③ "the"一词在横线上插入。

失者的索赔要求。① 那么，以我们的集体的能力，我们将属于德国的敌人这一方，可见或不可见地坐在和平桌的另一边，在许多民族那边，鲜血之河（by② rivers of blood）将在未来很长时间内，把那些民族与德国人分开。因为，要付出补偿的不仅仅是纳粹，还有德国人——去纳粹化的德国人。作为［犹太人的］其中一员，我看不出，在这种境遇下，德国犹太人的生活何堪忍受。

8.［536］然而，让我们假设，这些疑虑将以某种不可思议的方式得到解决——让我们假设，犹太人能够、将会，或必须作为德国公民生活在德国。在那种情况下，毫无疑问，我们会对德国人改变对犹太人的看法感兴趣，进而，也许会对就犹太人问题对德国的再教育感兴趣。在此，我要再次提出那个问题：谁将实施再教育？当然不会是我们犹太人。一个犹太人试图通过论证说服德国人，犹太人是正派、睿智和身体健全的人，也可能有碧眼和金发和我不知道的什么特征，这样一个犹太人并不引人瞩目。他将会受到攻击，人们会认为他是在自我辩护（speaking pro domo），他所有的理性论证都服务于他的私利。德国人对所有即便只具有特殊辩护（special pleading）的外观的东西都尤为敏感：他们恰恰会鄙视这样一个教育者。非犹太族的美国人也无法成为再教育的实施者。因为，正如我刚才表明的，德国人不可思议地熟知美国反犹情绪的力度。更不用说晚近的发展了，在前希特勒时代的德国，禁区（the restricted area）实际上并不为人所知。就犹太人问题而言，只有德国人才能教育德国人。

但是哪类德国人？我不相信自由派德国人能担当此任。在德国，自由主义从未占过上风。如今，在中产阶级销声匿迹之后，自由主义的传统的支持者、自由主义的机会很可能仍然少于以往。

为了得到一个更令人满意的答案，我建议我们扼要地比较一下

---

① 这一句在页尾插入。
② "the"一词被划掉了。

德国和这个国家的状况。一方面,德国的状况曾经,而且现在也比这个国家要好。许多从欧洲来到这个国家的避难者惊讶地发现,在这个国家,有如此多的天主教徒对犹太人满怀敌意:①德国天主教远没有那么反犹。这样一来,德国天主教教士和部分天主教知识分子,也许可成为就犹太人问题对德国人实施再教育的一类重要代表。

另一方面,这个国家有两群重要的教育者,他们比自己在德国的敌对成员更为自由主义:那就是高中和大学的教师以及新教教士(the Protestant clergy)。德国的校长(Oberlehrer)和德国的路德宗牧师(Lutheran pastor,"路德宗"亦作"信义宗")也许是反犹病毒最重要的携带者。("携带者"一词并不恰当,因为,正如简明牛津字典告诉我的,携带者的意思是,未曾感染所传递细菌的疾病的人或动物;但是各位会明白我的意思。)我并不相信,[德国]校长的态度将有所改观,哪怕在战败之后;我看不出有什么理由[537]令他们的态度改观。他们并非出于世俗胜利的低俗考虑而接受纳粹学说或泛德意志学说(the Pan-German doctrine):他们在道德的基础上接受它;战败并不足以驳倒他们;一旦元首(Führer)在屈夫豪瑟(Kyffhäuser②)中沉睡,他们将会等待他卷土重来,正如他们曾等待巴巴罗萨([译按]Barbarossa,1155-1190,神圣罗马帝国皇帝)的到来一样。

路德宗教士的情况有所不同。反犹情绪属于他们的传统:路德宗的原则是:给犹太人生计,但不能给他名誉(honour)。众所周知,

---

① 想想考夫林(Charles Coughlin)神父。
② 位于萨克森(Saxony)的一座高山,据传说,巴巴罗萨皇帝(Emperor Frederick Barbarossa)在一个山洞中迷迷糊糊睡着了,等待恢复帝国伟业的时机。

在德国政治反犹主义的出现中,斯托克(Stöcker)①和他的教友们起到了什么作用。但他们现在首次经历(made the experience②)到,反犹主义很容易导向反基督教主义(anti‐Christianism)。绝不是所有路德宗教士,但其中的相当部分不得不挺身而出反对纳粹。路德宗教士中最保守的部分——宣信教会(the Confessional Church)和一个新正统小组——巴门小组(the Barmen‐group③),即追随巴特(Karl Barth)路线的教士们,甚而有些不那么正统的教士们都没有屈服。路德派(Lutheranism)在其历史上,首次参与了以犹太人为中心的战争,反对一个反犹的政府和一场反犹的群众运动。另一方面,我们不得不加上一句——他们并未就犹太人而捍卫犹太人,或并未就犹太教而捍卫犹太教:他们捍卫的是《旧约》(O. T.④)和施过洗的犹太人(the *baptized* Jews)。他们拒斥种族主义,因为它与基督教势不两立:他们并没有为德国犹太人在法律上、社会上或政治上的平等这些东西而战。就我所知,在1938年迫害(persecution⑤)时期,有些路德宗教士曾在实际中救助过犹太人,但我并不认为,就

---

① 斯托克(Adolf Stöcker, 1835-1909)乃路德宗牧师、帝国国会议员(Reichstag member),他是基督教社会党(the Christian Social Party)、路德宗社会代表大会(Lutheran Social Congress)及路德宗工人联盟协会(the United Lutheran Workers League)的创始人,斯托克推动保守党采纳反犹主义。见Peter. Pulzer,《德国和奥地利政治反犹主义的兴起》(The Rise of Political Anti‐Semitism in Germany and Austria, Harvard University Press: Cambridge, 1964, 1988),页85-97,111-119。

② 该词的前三个字母涂深了,或者被划掉了,似乎施特劳斯刚开始写的是其他东西,也许是"观察"(observation)。

③ 1934年5月,巴特(Karl Barth)、尼莫勒(Martin Niemoller)和其他人组织了巴门宗教大会(the Barmen Synod),并发表了《巴门宣言》(the Barmen Declaration),这是认信教会(the Confessing Church)反对国家社会主义和路德宗教会的基础。

④ 《旧约全书》(the Old Testament)。

⑤ "大屠杀"(pogrom)被划掉了,插入"迫害"(persecution)。

犹太人的政治权利,新教牧师(the① Protestant clergy)或新教神学工作者们(Protestant theological faculties)有过任何一份声明。

即使是在德国,所谓的纳粹新异教(neo-paganisms of the Nazis),完全有可能已在作为基督徒的基督徒和[538]作为犹太人的犹太人之间引发一种和解。如果事情真的是这样,如果尤其是新教教士已经意识到,他们必须抛弃自己的反犹传统,那么可以假想,他们将在一个可欲的方向上运用自己对德国人民的影响。自然,没有人能说得出,新教教士在后希特勒的德国有多大的影响力。如果说纳粹的战争和失败,在德国重新唤醒了基督教信仰和基督教生活方式,这不是不可能的——我相信,就犹太人问题对德国的再教育而言,德国天主教和新教的领袖们将有所作为。若是我在上述条件句之外再多说点什么,我将会有负诸位请我来和你们谈论这个主题所给予我的信任。

但是,前几天,有一位德国人向我作出了他的评论,如果我不向各位转达一下,那么对于那些没有动摇过自己正派态度的德国人来说,也许是不公平的。他建议我告诉诸位,他深信,德国大众很是羞愧于犹太人在德国、并以德国的名义所遭受的一切;而在战后,德国将是全世界最支持犹太人的国家(the most pro-Jewish country)。②如果我是个德国人,如果我曾是个德国人的话,我可能准备去——或者,也许出于责任的约束——拥有那个希望。也许这些希望并非空穴来风:在那种情况下,就犹太人问题对德国的再教育甚至就是多余的了。在我亲眼看见之前,我不会相信。

---

① 插入"the"一词。

② 这里有个分句被划掉了:"while non Jewish feelings will be rampant all over the world"(而非犹太情感将在全世界蔓延)。

五十年代

序胡熙克《哲学论著集》*

（1952）

张缨　译

十年前，胡熙克（Isaac Husik，1876—1939）过世了。许多男男女女认识他，并且受过这位质朴（simplicity）、温和且真正幽默的人影响，对他们而言，休谟的"自我描述"最能恰切地反映胡熙克的去世带给一位朋友的回忆："……［这是］一位气质温和、性情自制（command of temper）、具有开放、合群和欢快幽默感、能珍重感情但绝少受敌意影响的人……"对胡熙克学术界的同事和探寻"人的学问的统一"（the unity of human leaning）的同侪（peers）而言，他的去世堪称美国造就的最卓著的哲学史家的去世。对有些人而言，胡熙克生命的两个方面全然相异。更切近的研究将显示，这两方面其实是完整统一的。

自胡熙克去世以来，思想史和学问史（the history of ideas and of leaning）的声望在可靠的学术工作和广泛的兴趣中稳固地建立起来。胡熙克论亚里士多德哲学的多篇文章是那一领域中的佼佼者。胡熙克的《中世纪犹太哲学史》（*A History of Mediaeval Jewish Philosophy*）如今已出第二版，此书不仅被当代评论家公允地描述为"英语学界首

---

* ［中译编者按］本文译自施特劳斯论文集《犹太哲学与现代性危机》（*Jewish Philosophy and the Crisis of Modernity*，格林［Kenneth Hart Green］编，Albany：State University of New York Press，1997），页 235-266。若无特别说明，本文注释为作者原注。注释中"原编者"指 Kenneth Hart Green 教授。

次尝试对……9至15世纪的犹太思想家的系统思辨的整个历史所作的呈现",而且因其稳健性和穿透力被认为"令其作者跻身于最伟大的哲学史家行列",①"……[是]一部绝对第一流的著作,可以说它甚至从面世的那天起就堪称经典"([中译按]两句引语原文为法文)。② 胡熙克所校勘并翻译的四卷本阿尔博(Joseph Albo;[中译按]1380—1444,中世纪犹太哲人)所著《根基之书》(sefer ha-Ikkarim),是一部1485年首次印刷的重要著作的第一个完整英译本。胡熙克在史学家和古典语文学家的桂冠之外,还因翻译冯·耶林([Rudolf] von Ihering)的《法律作为达到目的之手段》(Law as a Means to an End)和编译斯塔姆勒([Rudolf] Stammler)的《正义论》(The Theory of Justice),以及在法理学领域作出的原创性贡献,为自己加上了法理学学者的殊荣。这些在历史和思辨领域对学术的贡献作为持久的功绩,或许确实要归于胡熙克超凡的语言学技能和对学问的热诚奉献。不过,将胡熙克的古代、中世纪和现代哲学论著搜集起来加以出版并非多此一举。这些论著本身证实了胡熙克对完善和深化他的系统哲学知识的兴趣,也证实了他对诸多(几乎都在法哲学领域中的)问题的深思——这些问题或许是对更广泛的研究的预备。然而,这些论著既非尝试性的亦非不完善。它们是一个立足于哲学、宗教、法律诸领域核心的学者的深思熟虑之作。将散见各处——在诸如《哲学评论》(Philosophic Review)、《犹太评论季刊》(the Jewish Quarterly Review)、《哥伦比亚法律评论》(the Columbia Law Review)、《心智》(Mind)、《哲学史文库》(Archiv für Geschichte der Philosophie)等各种高水准杂志上——不易搜寻的胡熙克的研究领域极广的论文收集起来加以使用,这正是出版本书的主要原因之一。倘若这些论著不是如此分散,那么出版此书的正当理由——

---

① 《哲学评论》(Revue Philosophique),卷91,页291–294。
② 《道德形而上学评论》(Revue de Métaphysique et de Morale),卷29(增补卷),页11–12。

若需要正当理由的话——或许足以体现在胡熙克某次就日后成为他在学术和哲学上卓著贡献的研究机运所加的一句点评：Habent sua fata libelli［书籍自有其命运］。他写道：

> 34 年前，我在《哲学评论》上发表了一篇论"亚里士多德的范畴"（The Categories of Aristotle）的文章。就像谚语中的爱尔兰人的情形——爱尔兰人渴望在犹太墓地下葬，因为那里是魔鬼（the devil）会寻找爱尔兰人的最后地方，因而，看来《哲学评论》那时是一个亚里士多德学者能寻找一篇从文本—历史（literary-historical）角度研究亚里士多德《范畴篇》（the Categories of Aristotle）的最后地方。

或许正由于胡熙克兴趣范围的广度，一篇发表的论文或未发表的手稿可以从紧闭在"高水准杂志"行列的封面内的"命运"中解放出来，从而发现，本书的读者们在阅读中将给予它新生。

至于这些文章的作者，本序言已经假设他的生活带有质朴和温和的外观（the outward semblance of simplicity and gentleness）。确实，这些伴随着一种退休和退隐生活（a retired and retiring life）的特征如此显著，以致对认识这位学者和同事四十多年的人而言，这些特征"在温和的强度、安宁的力量和平凡生活的充实上是一个奇迹"。胡熙克的生命尽管充实，事实上却并不平凡。他的生命怀有困难的决断，因其充实而要求最伟大的坚韧意志。无论这生命在诸如身体冒险这样的表面境遇中如何平凡，按胡熙克自己的见证，它依然是在想象力以及学术领域的开拓和探索中最非凡的冒险，其丰富程度超逾了一个小小的移民男孩哪怕最奇特的梦想，这也是一个体现在诸多著述和手稿中的种种思想相互交汇的生命，这些著述和手稿充实了一个学者的生命，指向各条最为不同的兴趣路径。

确实，在追求内心欲望的目标方面，很少有人具有比胡熙克更伟大的勇气和坚持到底的精神，这种勇气和坚持逐渐领他走向宾夕法尼亚大学哲学教授的席位,使他在学者们中间享有世界范围的声誉。胡熙克1876年2月10日出生于俄罗斯基辅附近波尔塔瓦省(province of Poltava)的瓦苏提奈兹(Vasseutinez)。胡熙克一家是虔诚的犹太人,1888年移居美国。他父亲沃尔夫·胡熙克(Wolf Husik)的学术兴趣和以撒([中译按]胡熙克本名Issac Husik)本人早年在希伯来语和犹太研究方面的训练预示了他作为拉比律法学家(rabbinate)的生涯。以撒开始他的神学训练之前的两年在费城中心高中(Central High School in Philadelphia)学习,并以担任希伯来语私人教师谋生。

胡熙克的正规神学学习突然中断——由于这一终结,先前预示的他的拉比生涯(a career as rabbi)同样结束了。在胡熙克去世后不久,列文塔(Louis E. Levinthal)①回忆起[当时的]境况,强调了胡熙克的性格的一个方面,这对理解他的生涯尤为关键。列文塔法官指出,

> [胡熙克]不仅是一个热爱智慧的学者。他对正义和真理的热爱甚至超过了智慧。他本人的正直和对荣誉的高度敏感既不允许他说任何"非恶意的谎言"(white lie),也使他无法生活于无论善意或恶意的谎言中。这尤为突出地彰显于他的早年生活中。胡熙克曾打算成为一个拉比,他的导师和指导者拉比莫瑞斯(Rabbi Sabato Morais)特别称许这个想法。胡熙克曾是美国犹太神学学院的学生,但当他发现自己开始质疑正统信仰和祖先的宗教时,当犹太教的传统实践不再赢得他的全部服从时,胡熙克毫不犹豫地离开了神学院,投身于哲学而非神学的

---

① 现为费城第六法庭的民事诉讼法官(Judge of Common Pleas, Court No. 6)。列文塔法官的"纪念胡熙克"(The Memory of Isaac husik)一文发表在1940年4月19日的《犹太名人》(*The Jewish Exponent*)[周报]。此文在1940年4月19日胡熙克的追思仪式上宣读。

学习。

在这一转向中,人们可以发现此人生命的样式(pattern of life)——该转向或许是胡熙克学术生涯中最富戏剧性的决断,当然从其结果看也是最意义深远的决断。时间将证明,这个决断使他从神学家那种相对有限的兴趣范围转向无宗派学术的更宽广领域。此一转向开启了胡熙克毕生在各种领域对于客观真理的追求,在这些领域中,他都力求运用学术的工具(tools of scholarship)而非接受权威的指令。此一[转向的]结果不仅对胡熙克与钮马克(Neumark)①的争论显得关键,而且对胡熙克冷静地接受此后很多年在现实贫困的边缘、年复一年投身于教授语言的辛劳工作中至为关键——胡熙克必定认为这些时间若是投入于他的历史和思辨研究中会更有成果。应当记得,胡熙克冒了一个"计算上的风险"。直到1911年胡熙克才成为宾夕法尼亚大学的讲师,又过了5个年头才被接纳为正式教员,当上助理教授(assistant professor)。最后,值得一提的是,在这样一个人的生命样式——不懈地投身于"非实践的"、对知识本身的获取——中,有一种重复之举(recurrence):他曾从确保能成为杰出拉比或神学家(或同时成为两者)的生涯转向[哲学研究],恰如他日后在进入法学研究时不曾想过在法院从事司法实践。胡熙克对"纯粹"学术研究的深刻兴趣最终激发了他的行动。

离开犹太神学学院后,胡熙克通过考试成为宾夕法尼亚大学二年级学生。在宾大求学期间,胡熙克获得了四个学位:1897年获文

---

① 见下面第7、8两章。[原编者注]这两章在[胡熙克]原书([中译按]指胡熙克《哲学论著集》)中分别为"评钮马克《按问题来描述的中世纪犹太哲学史》"(Review of Geschichte der jüdischen Philosophie des Mittelalters, nach Problemen dargestellt, von David Nwumark,页68-72;及"评钮马克教授的'属性论'"(Review of Professor Neumark's "Attributenlehre"),页71-85。[中译按]"原编者"指收录此文的施特劳斯论文集《犹太哲学与现代性危机》的编缉格林(Kenneth Hart Green),下同。此处两文页码似有误,原文如此。

学士(B. A.)、1899 年获文学硕士(M. A.)、1903 年获哲学博士(Ph. D.)、1919 年获法学士(LL. B)。胡熙克的本科生涯从学习成绩上说极为出色。他只有在两门课上没有得到"优异"的成绩。不过,他在本科阶段尤其显著的是语言学、古典语文学和文学成绩。在1895—1896 年,胡熙克不只获得了全额奖学金,还取得了希伯来语头奖。次年,他分别获得高年级法语语言和文学及德语语言和文学奖,同时获得的还有学生拉丁文写作头奖(the Alumni Latin Essay)。

1897 年,胡熙克获得学士学位。同年,格拉茨学院(Gratz College)成立,胡熙克被聘为教员。他留在那里教《圣经》、希伯来语语法、犹太哲学和拉比著作(rabbinics)直至 1916 年。①

在格拉茨学院教书时,胡熙克加入了宾大研究生院。作为文学硕士学位的候选人,他那时的主要兴趣在数学方面,"辅修"天文学和希伯来文。胡熙克此前已经通晓拉丁文、希腊文、希伯来文、亚兰文、德语、法语和俄语,自 1894 年起,他一直在费城的一所希伯来教育协会(the Hebrew Education Society)办的学校教希伯来语,现在他又开始学阿拉伯语。② 胡熙克获得的数学和天文学方面的大学奖学金延续至 1899 年,其时,他转向古典学(Classics)。此后,他继续作为大学学生(as a university scholar)学习——主要是希腊文和拉丁文,直至 1902 年。1903 年,胡熙克受聘成为哲学系的研究员(fellow for research in philosophy;[中译按]一种受资助的研究生),他保持这一身份直到 1911 年。在古典学领域,他受教于罗尔夫(Rolfe)和朗倍顿(Lamberton)教授;在哲学领域,受教于福勒滕(Fullerton)、钮伯德(Newbold)和辛格(Singer)教授。正是哲学系的后两位杰出成员很大程度上影响了胡熙克的哲学生涯。

---

① 离开格拉茨学院教职后,胡熙克继续担任该学院管理委员会成员。
② 莫瑞斯(Henry Samuel Morais)在《费城犹太人》(*The Jews of Philadelphia*,页 158)中指出,胡熙克在"Richmond 港、Lark 街 2856 - 2858 号教书,有大约 60 个学生"。

学院生涯的实际故事可能令学院中人产生兴趣，尽管［学人们］采纳的研究样式和获得的学位往往让甚至最刻苦的研究者心生厌倦，埋头故纸堆中。学院友情和大学人际关系中相互影响的故事中保存的温暖，一般并不与各种研讨班的例行公事和研究技巧相关。更甚于此，有时候，就如在钮伯德和胡熙克的友情中那样，他们彼此间想像力的激发和兴趣的深化清楚地显示出人们行动的动机。胡熙克与小辛格（Edgar A. Singer, Jr.）间的关系是一段长长的友谊，但不止于此。胡熙克对法哲学的思考落实在辛格"经验唯心主义"（empirical idealism）的系统哲学框架中。但人们必定记得，青年胡熙克在语言上特别有天分，他在钮伯德身上发现，钮伯德是个同样具有语言天分的学者——一个成熟的哲人，而且如此惊人地博学，简直是个施魔法的人（a figure to conjure with）。很少有人像胡熙克那样发现，钮伯德使他们心目中人的理想形象具体化了。甚至更少人发现一个理想的人能如此始终如一。甚而，更绝少有人有能力描绘出那种理想。而或许一切中最非凡的事实在于，那种理想的形象（portrait）不只是钮伯德的形象，而且成为胡熙克自己无意中希望达到并很大程度上确实取得的形象。

钮伯德1903年6月17日将胡熙克引介给宾大研究生院的教师们，他将胡熙克的博士论文《列昂的〈古逻辑学〉注疏》（*Judah Messer Leon's Commentary on the Vetus Logica*）描述为"对我们有关中世纪犹太哲学的知识作出实质性贡献的作品"。正是钮伯德和辛格一起有力地支持哲学系自1903年起聘请胡熙克为研究员，同样也是他们支持他在1911年受聘为讲师——他们面对的压力至少包括一名行政官员的如下议论：这一聘任对哲学系是件"奢侈的"事。一件"奢侈的"事——二十年间每年付出几百美元——某种意义上确然如此：胡熙克的主要兴趣——古代哲学——恰属于钮伯德研究和教学的范围，而钮伯德是宾大历史上最有才华的学者和教师之一。但正是钮伯德为［胡熙克的］受聘而战斗。

这是一个胡熙克从未忘记的勇气和理解之举。在为1926年12

月 1 日钮伯德的追思会所准备的信中,胡熙克发自肺腑地写道:

> 我难以抑制自己要记录下——以便让每个人都读到——我极大地受惠于威廉·钮伯德。他对我来说不只是一位教师、一个同事和朋友——尽管人们除了一个真正的朋友还能奢望什么呢？但有那么多不同种类的朋友,而钮伯德对我而言属于绝对与众不同的朋友类型。曾有一度我陷入希望破灭后的绝境,是钮伯德激励和鼓舞我,他不仅用安慰的话语,而且竭尽全力帮助我实现我珍爱的希望。

胡熙克将他的导师视为一个"无论我取得怎样的成就"都要归功于他的人。不止如此,钮伯德代表了胡熙克所坚持的哲学态度上的根本。胡熙克把钮伯德看作稀罕之人,

> 他为学问本身而热爱学问。我强调"学问"(learning)一词,我指的不是科学,我指的不是哲学,我脑中所想的也不是历史或文学。可以肯定的是,学问对所有这些学科的严肃的研究来说都是必要的,大多数具有智识心性的人——如其必需的那样——拥有某种尺度的学问和一定程度上对学问的热爱,他们用学问作为手段来推进自己作为科学家、哲人、文学家或史学家的特殊目的。但还有一种作为目的本身的学问——热爱书本、热爱观念、热爱语言,乃是作为与[其他]书本、观念和世界历史所有阶段的学问相契会的一种手段。
>
> 　存在着一种严重的危险——若是一个人变得耽溺于学问,他可能失去与书本以外的一切事物的联系,他可能成为一个书呆子。但若是有人避免这一缺陷,将他对学问的热爱与对同伴的热爱结合起来,他就是至为有福的。这样一种结合在我们的时代极为罕见,因为有许多诱惑会引我们误入歧途,而且在我们中间许多人的刻意教导同样是,人首先必须是实践性的。幸

运的是,依然有为数不多的人像亚里士多德那样相信(或者感到),实践生活并不必然意味着忙于此世的具体事务,研究和沉思的生活就像关心当下的经济或政治的生活同样值得过。恰如亚里士多德的别致(quaintly)说法,倘若投身于外在事物的生活值得过并能导向真正的幸福,那么,神和自然——它们不具有任何自身之外的存在,因而其生活必定属于内在深思的——将既不完整亦不幸福。①

在性情上,钮伯德和胡熙克并不相似。钮伯德敏锐、炽烈、精力极其充沛;胡熙克安静、深思、自制。作为学者他们同样在根本上不相似。他俩都极其博学,每一个都对各种语言有超凡的控制。不过钮伯德的兴趣主要在通过研究解决驳杂学问中的难题(erudite puzzles),他对出版他的研究成果几乎不感兴趣。惟一显著的例外是他对菲洛劳斯([中译按]Philolaus,约前480—前385,古希腊毕达哥拉斯派哲人)和毕达哥拉斯派哲学的研究。胡熙克不喜欢难题——如果难题是指表达在神话和隐喻中的哲学。哲学对胡熙克而言意味着命题和证明(propositions and verification)。他偏爱亚里士多德胜过所有其他思想家。胡熙克勤勤恳恳地致力于用哲学的、历史的、语文学的技巧使模糊文本的含义变得清晰。他预备将自己的研究资料付诸出版,将之打磨成学术精品供同侪裁断。

尽管有这些差异,钮伯德对胡熙克的影响仍是巨大的。不过,钮伯德只有在一个伟大的大学里才能充分发挥这样的影响力。而这位学者和宾夕法尼亚大学所做的一切,不仅对他们逐渐造就胡熙

---

① 对勘[胡熙克]1925年5月9日在Dropsie学院成立日演习会(the Dropsie College Founder's Day Exercises)所发表的讲话"人的学问的统一"(The Unity of Human Learning),他在其中表达了类似的观点。见下文页15 - 16。([原编者按]施特劳斯指的是胡熙克"人的学问的统一"一文的头两页,此文出现在原书页15 - 26)。

克意义深远,同时也因为[造就胡熙克的]这一事件预示了美国的人文学界为造就东欧青年中的最优秀者所做的某种努力——东欧青年从一个封闭的群体来到这个国家,在正常情况下将被隔离在同类的经转化的群体(a translated community of the same kind)中。胡熙克的语言天分本可使他在任何学术团体中赢得卓越。确实,胡熙克还是个高中生时就已开始教希伯来语,他的博士论文还在莱顿(Leiden)印刷时,他已是格瑞茨学院的讲师了。胡熙克博士论文的"导言"同样表明,他已是个驾驭文本编订艺术的高手。《古逻辑学》(Vetus Logica)的编订清楚地预见了标志胡熙克日后所有工作的那些要求:"细心搜集"各种版本、识读残缺的手稿、文库知识,以及对亚里士多德和阿威罗伊哲学的理解。在胡熙克偶遇一份目录时,知识和技巧无疑成为先决条件,这份目录告诉他,在慕尼黑的皇家图书馆(Royal Library in Munich)中有"一份希伯来文手稿,其中包含了一部阿威罗伊注解亚里士多德逻辑学的注疏"。但在这样的偶遇事件中,还有明显比识读语言技巧更多的东西。对胡熙克而言,对此事件的记忆三十年后依然栩栩如生,他自己指出,这对他是一个"启示"。正如他在"人的学问的统一"中所写到的

> 我以前不知道,在中世纪有任何犹太人会以希伯来文写作亚里士多德的逻辑学这种既非犹太亦非宗教的主题,我一下子在想象中体会到研究那份手稿的欢乐——[我想]看看曼图阿(Mantua)的犹太拉比([中译按]指列昂,约 1420/1425—1498)如何在15世纪用希伯来文与专业的亚里士多德逻辑学缠斗,到那时为止,我所知道的希伯来文只是作为中介运用于祈祷书、《圣经》和拉比律法中。①

钮伯德和宾夕法尼亚大学将胡熙克从狭隘的地方主义(provincial-

---

① 重点为编者([原编者按]即施特劳斯)所加。

ism)中解放出来。有一些这类解放的例子将获得解放者抛弃一旁,失去稳固的基础。对胡熙克来说,赢得自由的过程是凭他已经得到磨砺的哲学和语文学工具受到恰如其分的聘用,这一解放的过程引导他获得"人的学问统一"的"洞见"。

对有兴趣于这种生涯的人而言,很难高估在这个不过 27 岁的人身上发生的事。这一发现的直接后果是明显的:

> 在着手阅读那份论稿时,我将一个生活于公元前 4 世纪的雅典的希腊哲人([中译按]指亚里士多德)、一个具有穆罕默德信仰的生活于 11 世纪的科多瓦(Cordova)的阿拉伯人([中译按]指阿威罗伊),一个中世纪晚期的基督教经院学者([中译按]应指 Walter Burleigh, 1275—1337)和一个生活于 15 世纪的曼图阿拉比([中译按]指列昂)汇集一堂。在此道路上,我遇到了许多以希腊文、拉丁文、阿拉伯文和希伯来文写作的希腊人、基督徒、犹太人,他们都试图解决有关逻辑的本性以及人类理式和概念(of human ideas and concepts)的同样问题。

在两年的研究中胡熙克获得的欢悦被不断重申的这任务"不值得"的声音冲淡了。在某种负面的意义上,胡熙克发现"对理式(ideas)具有真正热情和兴趣的人不会满足于通俗化或糖衣片(sugar-coated pills)"。同样,在某种负面的意义上,他将自己从"专注于俄国和波兰犹太人那种《塔木德》(Talmud)研究"中解放出来,那种研究造就了"过度的狭隘和地方主义",无以理解"塔木德律法(Talmudic law)与其他古代或现代律法之间的关系,甚或无以理解塔木德律法和《圣经》中的律法之间的真正关系"。在一种肯定和正面的意义上,他开始认识到这样的真理,即"学问是普遍的,它像人性和人类精神一样宽广"。他同样认识到,所有人的学问都是相通的,真正有学问的人说——套用一句著名的拉丁格言——Nihil humanarum literarum a me alienum puto［我觉得,凡事关人的学问我都不陌生］。

钻研学问和学术生涯的前景已为胡熙克预备好,但他尚未取得实践的手段。胡熙克虽有教学经验,但这些经验并未落实在他主要的兴趣领域内。钮伯德教授古典哲学的本科和研究生课程,他讲课的精彩程度堪与他从事研究和指导学生的广度媲美。胡熙克一旦经验到人的学问统一的视见,开始更切近地把握——不是层层叠叠的注疏,而是——亚里士多德的文本本身时,他面对的任务就不只是完善自己在中世纪思想和法理学领域的知识,而且还包含解决亚里士多德研究中最有争议也最困难的问题之一。胡熙克开始考察亚里士多德《范畴篇》全书的真实性问题。这个问题为古代亚里士多德学者所熟悉,且同样令具有完美的现代学术技巧的那些学者困惑不已。1904 年,胡熙克的发现发表在《哲学评论》(*Philosophical Review*)上——"亚里士多德的范畴"①一文在胡熙克整个一生中都是最令他感到骄傲的哲学贡献。他有理由为此骄傲。我们时代伟大的亚里士多德学者之一罗斯爵士(Sir David Ross)三十年后如此评价这篇文章:②胡熙克不仅"提请亚里士多德的研究者们留意他的这篇早期论文",而且还为建立起"《范畴篇》和《论题篇》(*Topics*)之间令人瞩目的一系列类同之处"做出贡献,通过反驳不倾向于接受《范畴篇》真实性的学者的论证,胡熙克在证实此书真实性方面得出了可靠的结论。

胡熙克论亚里士多德《范畴篇》的文章是一位成熟学者的作品,他由此完善了自己的手艺的装备(the instruments of his art)。此

---

① 见以下第 10 章［原编者注］此章即"亚里士多德的范畴"(*The Categories of Aristotle*),出现在胡熙克原书,页 96－112。

② 《哲学杂志》(*Journal of Philosophy*),1939 年 8 月 3 日,页 431－433。

文标志着胡熙克从神学和权威断言的影响下获得了解放。证据是，胡熙克1906年发表在《心智》杂志上的"亚里士多德论矛盾律和三段论的基础"(Aristotle on the Law of Contradiction and the Basis of the Syllogism)①一文对哲学的贡献具有同样的价值。然而，他所获得的自由并不容易维系，这自由的涵义很快遭到了严肃的攻击。1908年5月8日，胡熙克在《犹太名人》周报(Jewish Exponent)发表了针对钮马克教授《中世纪犹太哲学史》(Geschichte der jüdischen Philosophie des Mittelalters)一书的评论。② 随后，他还在《哲学评论》上对此书发表了另一篇评论。③ 胡熙克认为，钮马克的著作由一位"熟练驾驭其领域"的作者所写，具有"很高的价值"。除了不同意钮马克关于表述一种犹太哲学的可能性的现实考虑，④胡熙克对钮马克就亚里士多德质料与形式理论所做的解释也表达了根本的不同意见。此外，他也不同意钮马克所译《物理学》和《形而上学》的某些段落。

1910年，胡熙克在"关于亚里士多德的质料和形式的新近观点"(A Recent View of Matter and Form in Aristotle)⑤一文中开始认真考虑钮马克著作的实质问题。胡熙克现将该任务视为"在其范围和目的上自命不凡的"。他检验了钮马克所做的翻译，实际上足够

---

① 见以下第9章[原编者注]此章(亚里士多德论矛盾律和三段论的基础)出现在胡熙克原书，页87－95。
② 钮马克此书第1卷出版于1907年。
③ 17卷,1908年。见以下第7、8章两章[原编者注]这两章在[胡熙克]原书中分别为"评钮马克《按问题来描述的中世纪犹太哲学史》"(Review of Geschichte der jüdischen Philosophie des Mittelalters, nach Problemen dargestellt, von David Neumark,页68－72,及"评钮马克教授的'属性论'"(Review of Professor Neumark's "Attributenlehre"),页71－85。
④ 见下文(页xxiii及以下)胡熙克关于这一问题的意见[原编者注]见本文下面，约始于"对肤浅的观察者而言，胡熙克对犹太哲学的态度……"，终于由"犹太哲学的观念乃一种错觉——持有这观点……"开始的那段。
⑤ 《哲学史文库》(Archiv für Geschichte der Philosophie),卷XXIII,1910。

清楚地指出他对钮马克的亚里士多德研究的评价之低(low evaluation)。钮马克在《哲学史文库》(Archiv)上对此作出反应。① 胡熙克回以"亚里士多德的质料与形式:一个反驳",②而钮马克又在《犹太哲学史》的[再版]《附录》③中加以回击。钮马克对胡熙克的攻击某种程度上是粗鄙的。学者们——其中最著名的是鲍姆克尔(Bäumker)——支持胡熙克对亚里士多德的解释。这场争论的结果是胡熙克出版于1916年的《中世纪犹太哲学史》一书,当时钮马克在《希伯来联合学院月刊》(Hebrew Union College Monthly)上以这样的方式攻击胡熙克,以致他的书评得到如下措辞的描绘:"出于不知羞耻的残暴、出于复仇的兴高采烈、出于恶劣的举止,人们很难在美国学术史上发现任何与此相当的评论"。④ 这场争论如今已不再重要。胡熙克代表了一种客观的解释,这样一种解释早已得到承认。然而,胡熙克否认有一种"犹太哲学"(他为此受到攻击),否认学术中的权威指令,他所怀有的如此气魄意义深远。

  胡熙克对亚里士多德研究的兴趣持续了一生。他在大学里就亚里士多德文本开设研讨班直到退休。的确如此,在1938年,胡熙克准备了一篇简短的文章在美国哲学协会(American Philosophical Association)年会上宣读,并于次年发表在《哲学杂志》(Journal of Philosophy)⑤上。该文汇总了他迄此对亚里士多德《范畴篇》真实性的研究。自1911年受聘为大学讲师,胡熙克开始教中世纪哲学。

---

  ① 《亚里士多德的质料与形式》(Materie und Form bei Aristoteles),《哲学史文库》,卷XXIV,1911。
  ② 《哲学史文库》,卷XXV,1912。
  ③ 《卷一附录,章:亚里士多德的质料与形式》(Anhang zum ersten Bande, Kapitel:Materie und Form bei Aristoteles),柏林,1913。
  ④ 见巴鲁克(S. Baruch)1917年2月所写"钮马克教授博士,及胡熙克'先生'"(Professor David Neumark,Ph. D. ,and "Mr." Husik)。
  ⑤ 见以下第10章[原编者注]此章即"亚里多士德的范畴"(The Categories of Aristotle),出现在胡熙克原书,页96-112)。

1916年,他出版了《中世纪犹太哲学史》一书。一个新兴趣产生了,不过,这只是胡熙克最彻底地成为思辨哲人的发展阶段之一。胡熙克受美国法学院联合委员会(the Committee of the Association of American Law Schools)之托,翻译已故的耶林(Rudolf von Ihering)著作《法权中的目的》(Zweck im Recht)作为现代法哲学丛书(Modern Legal Philosophy series)中的一种。胡熙克的译本1913年以《法律作为达到目的之手段》(Law as Means to an End)为名出版。三年后,作为一个哲学系助理教授,他被宾夕法尼亚大学法学院录取。这一事件颇为引人瞩目。列文塔(Louis E. Levinthal)当时是法学院的研究生,随阿姆拉姆(David W. Amram)教授作研究。在1940年所写的"纪念胡熙克"一文中,列文塔重述了他如何意外地"得知胡熙克博士作为新生在法学院注册。阿姆拉姆先生告诉我,胡熙克博士因翻译了一本德语法哲学的学术著作而开始对法理学(jurisprudence)感兴趣。阿姆拉姆先生幽默地说,胡熙克就像另一个亚历山大,渴望征服未知领地,他现在启程前往盎格鲁—撒克逊法律(Anglo-Saxon law)的宽广海洋了"。胡熙克完成了法学课程,于1919年获得法学学士(LL.B)学位。神秘之事再度发生,列文塔继续说:

> 我回忆起他在宪法学考试委员们面前出现,他向那些让人敬畏和崇敬的成员说,他愿意成为我们律师行业的一员,但他丝毫无意也不渴望作为一个执业律师。我在该委员会的一些同僚从未听说过为**法律自身的缘故学习**(Tora lishma [study for its own sake])这种说法,他们某种程度上对这样一种专业学习表示怀疑。我依然记得胡熙克离开会议室后其中一人的低声评论:"我奇怪他为什么真要来学习法律!"

对法学专业的成员来说,胡熙克为何恰恰要学习法律可能最终仍是一桩神秘之事。胡熙克不仅无意于成为执业律师甚或通过进入该行业的考试,他在开始法学院学习的时候,甚至也无意于获得一个学位。胡熙克关于凯尔森(Hans Kelsen)法哲学的分析,被编辑评判为对法学评论的读者们来说"深奥得难以理解",这一分析最后在一家哲学杂志上得以发表。① 显然,胡熙克最终被引入法学领域,是因为他对人的学问的所有方面都有兴趣。同样明显的是,他的朋友——宾大法学院的基蒂(Edwin R. Keedy)教授,为他决定选读法学正规课程提供了机遇,正如钮伯德先前影响他的求学生涯那样。随着他俩就各种法学主题进行的讨论,基蒂几乎就在挑动胡熙克回答他的问题:"法律如何教授?"胡熙克加入了法学院,按基蒂的说法,"到处挑衅"。在第一次案例考试后,胡熙克的第一个问题是"但这里的逻辑在哪儿呢?"基蒂解释说,这其中不存在逻辑,法律"就像托普茜(Topsy[中译按]《汤姆叔叔的小屋》中一角色名),只是自行成长"。胡熙克将要度过他壮年时代的很多时光,尝试去决定法律的逻辑的本性。正如我们将看到的,胡熙克的兴趣以正义问题、其基础和制裁力(its grounds and sanctions)为核心,这引导他最终去考察表达在利己主义和利他主义中的主观性和客观性的限度(the limits of subjectivity and objectivity expressed in egoism and altruism)。

在此期间,胡熙克于1916年获得宾夕法尼亚大学哲学系助理教授职位,次年又受聘为美国犹太出版协会的编辑。那时候,胡熙克的学术已获得全面承认,他的生活完全投身于教学及呈现了他的学问的丰硕成果的各种著述。胡熙克在纽约耶什瓦学院(Yeshiva College)以及辛辛那提的希伯来联合学院(Hebrew Union College)任教,希伯来联合学院日后还邀请他成为该校教师。胡熙克对斯塔姆勒《正义论》(*The Theory of Justice*)的研究始于1925年,其有关凯尔森法哲学的研究发表于1938年。胡熙克精心编订的阿尔博的四卷本《根基之书》(*Ikkarim*)于1929年至1930年间由犹太出版协会出版。1933年,胡熙克开始成为《犹太百科全书》(*Jewish Encyclopae-*

---

① 见以下第20章[原编者注]此章即"凯尔森的法哲学"(The Legal Philosophy of Hans Kelsen,)出现在胡熙克原书,页292–321。

dia)哲学部分的编辑。他还是格拉茨学院管委会(the governing board of Gratz College)以及塔木德托拉联合授权董事会(the Board of License of the Associated Talmud Torahs)的成员。胡熙克曾活跃在美国东方学会(the American Oriental Society)和法利赛人研究,美国哲学协会(the American Philosophical Association)以及美国犹太研究会(the American Academy of Jewish Research)。

胡熙克在此后的岁月同样收获了诸多幸福和友谊。1926 年,他与马里兰州巴尔的摩的罗丝·高芬(Rose Gorfine)喜结连理,不久他们买下位于布克县(Bucks County)切绮威(Churchville)的一块地,胡熙克夫妇在那儿盖了自己的房子。他们的许多朋友纷纷造访。清谈平分给了音乐——胡熙克夫人是位颇有天分的钢琴家——和哲学。来自宾州大学的友谊纽带依然紧密,胡熙克视为密友者中就有他的哲学系同僚司密斯(Henry Bradford Smith)、小辛格(Edgar A. Singer, Jr.)、弗拉库斯(Louis W. Flaccus)等。

1931 年,胡熙克患重病,不过幸得彻底痊愈。1938 年他的健康再度欠佳,大学允许他请假休养。这年的第二学期,胡熙克回到学校教书,同时重拾犹太出版协会的工作,但心脏病再次发作,不幸于 1939 年 3 月 22 日将他带走。

胡熙克对学术的贡献主要体现在三个主要方面:古典哲学——尤其在亚里士多德研究领域;中世纪犹太哲学;以及法哲学。胡熙克在这些领域的兴趣并非相互隔绝。它们在他的思想和著述中——通过"人的学问的统一"、通过"最无用者才最有用"、通过学术的理想以及对学术工具的掌控——连接在一起,这些学术工具胡熙克在所有领域中一样运用自如。他曾写道,为了"理解希伯来文",学者"必须懂亚述文、巴比伦文、阿拉伯文、叙利亚文甚至埃及文。为了从语文学观点理解各种闪族语言(Semitic languages),他必须懂非闪族语系语言的特征,因而,他必须熟悉梵文、希腊文、拉丁文,以及日耳曼文和斯拉夫文……在人类言语现象中[作]一个学习者"。胡熙克可能以类似的方式将这些巨大要求施加于古典哲学和法哲学的研究中。确实,这恰好是他的文章"关于[亚里士多德]质料和形式的新近观点"(A Recent View of Matter and Form)中的论点,①或更恰当地说,那篇文章是他作为学者运用其巨大资源的实践写照,恰如"自然法、格劳秀斯和《圣经》"(The Law of Nature, Hugo Grotius, and the Bible)②一文在法学领域体现了这些资源。

然而,在这三重兴趣领域之间还有一种更深的关联。根据胡熙克的判断,西方传统源自两种不同文化潮流的最佳者(the best of the two diverse streams of culture):希伯来传统和希腊传统(Hebraism and Hellenism)——他的兴趣正好落在这两者之上,这"两种观点""代表了人类文明的诸根本要素"。对胡熙克而言,希腊精神是"纯粹智性力量的体现",在人本主义、理性、科学和艺术中显现自身。他相信,希伯来精神首先是道德和精神性的。胡熙克对希腊精神的理解造就了他学术生涯的最佳成果:"亚里士多德的范畴"。他对希伯来精神的理解受益于他从希腊人的知识那里学来的思辨,这使他得以跨越中世纪犹太哲学中东方思想和西方思想之间的鸿沟。但胡熙克对这两种精神的真正沉思是法哲学,他在其中发现"科学"和"正义"显示了最佳结合,使"人性的进步得以可能"。

关于胡熙克在亚里士多德研究中的贡献我们已说得够多,现在该转向他思想的另外两个方面。一开始就要记得,尽管我们努力确定几个[研究]方面间的关系,但胡熙克学术的重心落在他的中世纪犹太哲学研究上。这一事实显见于本书内容中,若考虑到他以书本形式发表的著述——尤其是《中世纪犹太哲学》、《列昂的〈古逻辑学〉注疏》以及《根基之书》——则更显昭著。即便他在"亚里士多德的质料和形式"中的形式研究(the formal study)也是因钮马克

---

① 《哲学史文库》(*Archiv für Geschichte der Philosophie*),卷 XXIII,第 7 期。
② 《希伯来联合学院年刊》(*Hebrew Union College Annual*),卷 2。

的犹太哲学史而写,位于胡熙克讨论钮马克著作的语境中。①

胡熙克的兴趣方向似乎可以在他既是犹太人又是哲人这一事实中得到解释。不过,要说得更确切些,尽管这事实可以说明他对犹太哲学的兴趣,但却是对犹太哲学的成问题的特征的认识才能解释胡熙克对犹太哲学史——从而尤其是他对中世纪犹太哲学——的兴趣。

没有人像胡熙克那样强烈坚持,所有对中世纪犹太哲学的相关现代研究具有纯然历史的(historical)——不仅如此,而且只具有泥古的(antiquarian)——特征。然而他太了解,"为历史而[研究]历史"(History for History's sake)是一种荒诞。他坚持中世纪犹太哲学的所有相关现代研究的纯粹泥古特征,只是他的确信——在现代世界中犹太哲学不仅不存在而且不可能——的一个结果,或者说是其相反的方面。为建立这样的确信,他不得不解释为何犹太哲学在过去是可能的。而且,既然他相信,"直到中古时代——尤其是位于其顶峰的迈蒙尼德哲学——以前,我们无法谈论犹太哲学",那么惟有对中世纪犹太哲学的研究才能使他洞悉现代世界中犹太哲学何以不可能的明确理由。正因为胡熙克关于现代世界中犹太哲学不可能这一观点,才使中世纪犹太哲学对他而言不是一个直接的兴趣,而仅仅是一个历史的兴趣。但建立和阐明这一观点的历史研究最终承担了一种哲学的而非历史的功能。

对肤浅的观察者而言,胡熙克对犹太哲学的态度可能显得不过是他对犹太问题作为社会问题的态度。胡熙克扎根于犹太传统,或者更恰切地说,扎根于19世纪晚期东欧封闭的犹太人群体。青年胡熙克不得不将自己从他那时所说的"犹太隔离区的精神束缚"(the spiritual bondage of ghetto)、传统犹太教的"自我中心精神"及

---

① 它对胡熙克"亚里士多德的范畴"一文的影响前文已有所及。参前(页 xvi 及以下)[原编者注]参本文前面的段落,始于"钻研学问和学术生涯的前景已为胡熙克预备好"。

"种族和宗教排外的狭隘顽固"中解放出来。他突破了一种生活方式,此种生活方式"与世界的其余地方相隔离"。因而,他自然地受到中世纪犹太哲学的吸引,那是记忆中隔离区围墙内犹太人参与"此世"生活的最伟大纪念碑。不过,大部分中世纪犹太哲人看上去是在他们从事十足哲学思考的举动中做犹太人,他们将自己的哲学著作诉诸犹太人,而且仅仅诉诸犹太人。然而,犹太人在现时代的解放要求犹太人应"不仅作为犹太人而且作为人"对文明作出贡献。现代犹太人渴望无保留地参与现代文明,于是并不将中世纪犹太哲人作为其榜样。因此,胡熙克不得不表明,具有过程特征的中世纪犹太哲学这一类型(the type of procedure characteristic of Jewish medieval philosophy)已不再有生存空间。换一种着重于胡熙克同一思想线索中另一方面的说法——若是自重的犹太人要参与现代文明,他们不得不向自己和他人承认犹太遗产的局限性。那些惯于将这全部态度称为"同化"的人自由地追随自己的爱好,倘若他们没有忘记,哲学本身就是一种同化,是向上帝或独一真理的同化(assimilation to God or the Truth)。

事实上,为了公平地判断胡熙克对犹太哲学的态度,人们仅需考虑他的哲学观念。胡熙克说,哲学"既不能负担犹太教徒也不能负担基督徒,它必须致力于普遍和客观"。哲学是"独立的反思"或"自由的探问",它与"任何对权威本身的信仰"不可兼容。哲学不能"受人与生俱来的宗教的束缚"。

> 哲学之为哲学(philosophy qua philosophy)没有强加其上的既定基础。只有当哲学在任何特定宗教和其他教条式学说(dogmatic doctrines)中保持独立,它才拥有价值。

甚而,哲学为知识自身的缘故奋求知识,从而,它不能因服务于任何其他原因而获益,甚至不能因服务于伦理一神教(ethical monotheism)而获益。最后,哲学是在人之为人得以支配(at the disposal of man as man)的前提基础上发现至关重要的真理的尝试。因此,哲学本质上是人之为人的事务,而非犹太人之为犹太人的事务(not of the Jew as Jew)。从这个观点出发,犹太哲学就如基督教数学或德国物理学一样,是个自相矛盾的观念。

胡熙克从犹太教观点出发考虑犹太哲学这一观念,得出了相同的结论。"犹太教不是哲学或科学,它是一种宗教。它是一种实定的(positive)、历史的信仰"。更特殊地说,犹太教是律法——神圣的、不变的、包罗万象的律法。犹太教意味着《托拉》(the Torah),对 tora 的正确翻译是律法(law)。相应地,"后圣经时代犹太文库最重要的杰作致力于对《圣经》的律法方面[的疏解]",无论如何不是致力于哲学。犹太教的特征是"质朴的教条主义"(naive dogmatism),这与哲学的特征"理性主义"(rationalism)相区别和对立。哲学因而并非"犹太教所固有"(indigenous to Judaism)。相信有一种原创的犹太哲学是"非历史的"[态度]。"我们几乎不能联系《圣经》或塔木德文献来说哲学"。"进行哲学思考的冲动来自希腊人"。"斐洛几乎不能被称为哲人"。"就我们所知,第一位致力于哲学和科学讨论的犹太人"是以撒·以色列(Isaac Israeli,[中译按]约855—955)。"我们没有托马斯·阿奎那。迈蒙尼德并未占据那一地位,没有人梦想给他这一地位"。想一想犹太教和哲学的基本关系,不难观察到,在迫害时代,犹太人中"献身于哲学和科学的人""是最早屈服的,他们中的许多人放弃了犹太教"。

从这些前提出发,胡熙克得出的结论是:"中世纪犹太哲人们在哲学基础上建立犹太教的尝试从这一个案的性质来说(from the nature of the case)就不可能成功",或者说,他们为自己设置的任务是"无望的"。胡熙克详尽的论证可以归结为三个主要的确信。首先,他质疑中世纪犹太哲学[是否具有]真正的哲学特性(the genuinely character)。中世纪思想家们承认神法的权威,而且把理性的成就当作那种权威的必要辅助,就此而言,他们不再是哲人。自然地,中世纪思想家们相信他们在严格的历史证据的基础上接受神法的权威,相信他们仅仅根据理性进行其哲学反思。然而,这是一种错觉(a delusion)。他们的哲学活动"是一种智性天真的产物(the outcome of an intellectual naiveté),这种智性天真我们已永远地失落了"。其次,胡熙克否认中世纪犹太哲学的成就可以证明《圣经》教诲的正当性。中世纪哲人试图调和《圣经》与哲学,他们"用一种我们如今已不再认为正当(regard as legitimate)的方法"将希腊哲学"读入《圣经》"。他们用"解释的虚构"(the fiction of interpretation)——即,用圣经文本的寓意含义(allegorical meaning)取代其真实含义[的方式]——来证明《圣经》与理性间的一致。最后,就中世纪犹太哲人们的确使用真正哲学性质的论证来证明真正的圣经教诲这一点,胡熙克否认他们做得成功。尤其是,胡熙克不相信有关神的知识和神意问题能"在日常有神论的基础上"(on the basis of ordinary theism)得以解决。很可能这一相信导致他同情斯宾诺莎(Spinoza)不加掩饰地反神学的哲学观点。

由此,中古时期犹太哲学的可能和现代犹太哲学的不可能,乃因为中世纪思想家们具有"我们已永远失落的智性天真"。胡熙克将那种天真归结为中世纪思想缺乏历史和文本考据(historical and literary criticism),确切说,归结为中世纪思想缺乏恰切的历史知识。中世纪理性主义失败了,因为理性主义"不能取代历史知识"。至于特别说到对圣经文本的历史考据,在中古时代,以直白的措辞甚至用最谨慎的暗示指出那一方向亦是危险的。缺乏历史进路对运用寓意[解经]法(allegorical method)是关键的负面条件;同样,缺乏历史进路对"面临互相冲突的权威时的调和态度"的发展(the development of a harmonistic attitude in the presence of conflicting authorities)也是关键的负面条件。这种学说迫使我们不把《圣经》归诸上帝而是将之归诸犹太民族的天才人物。它随之不只永远摧毁了一般意义上的犹太传统的根基,而且摧毁了特殊意义上的中世纪犹太哲学。最重要的是,对运作于历史客观性之上的希腊哲学和犹太文献的双重研究,导向"一种对实定宗教、科学和哲学思想的各自范围的……更真实的理解"。随着这种更真实的理解的兴起,"犹太哲学终止了"。

犹太哲学的观念乃一种错觉——持有这观点跟承认这一错觉在特定条件下不可避免甚至颇有益处完全可以并行不悖。胡熙克并不吝惜他对迈蒙尼德和其他中世纪犹太哲人的成就的溢美之词。在中古时代,只有一种特别强调犹太特征的哲学才能在犹太教内部为理性的权威辩护(vindicate),或是在与迷信和蒙昧主义的斗争中取得胜利。确实,理性的权威得到了古典哲人们(the classical philosophers)的承认;但同样真实的是,古典哲人们不曾面对启示的[真理]宣称(the claims of Revelation)。成功地面临启示的宣称为理性的权威辩护"是一种具有绝对价值而非相对价值的成就"。

或许,这将足以澄清胡熙克的构想——即他的中世纪研究仅仅是历史研究——的诸多理由。这些理由事实上解释了何以在他的哲学研究和历史研究之间没有直接的关联。胡熙克主要的哲学兴趣在法哲学中,他坚持这一事实:"犹太教总是意味着律法。"他认为,"律法中最重要的问题是正义",并且,尽管"科学精神在起源上仍归于希腊人",但"对正义的激情仍要归于希伯来人"。然而,胡熙克从未尝试建立法哲学和犹太教哲学(philosophy of Judaism)之间的关联,除了一个例外:胡熙克的纯粹历史研究显示,《圣经》和古典思想同样地影响了格劳秀斯。胡熙克尤为重视斯塔姆勒和凯尔森的成就;然而,他却极少关注柯亨(Hermann Cohen)的著作这一斯塔姆勒和凯尔森学说的来源,这个事实只能从胡熙克对犹太哲学的态度中得到解释。他承认,"柯亨哲学的伟大毋庸置疑",但他对"作为犹太哲人的柯亨"不甚满意。柯亨"在其哲学框架内论述犹太教"(made his Judaism tell in his philosophy),结果是,他不得已对犹太教作"可疑的解释"——尤其对中世纪犹太哲学作"可疑的解释"。在解释过往的思想时,尤其在解释过往的犹太思想时,柯亨运用了一种他称之为"观念化"(idealizing)解释的方法。用著名的康德式表述,这就是以比过往时代的伟大思想家们理解自己更好的方式去理解他们。胡熙克将这种进路作为"主观主义的"(subjectivistic)加以拒斥。他很可能认为,惟有"系统"哲学和哲学史的严格分离才能满足历史客观性的要求。

胡熙克的成就证明,最有价值的工作能在他的哲学的基础上完成。胡熙克所理解的"客观性"首先意味着坚持事实和假说之间的差别。那一差别某种程度上由于 19 世纪的"高等考据"(higher criticism)①的暂时成功而遭遮掩。胡熙克反对所有当时的研究者,其主张亚里士多德《范畴篇》真实性的勇气和学问不得不令人敬佩。进而,"客观性"意味着不偏不倚,或者拒绝参与特别的辩解(the refusal to engage in special pleading)。在既不炫耀又不动摇的骄傲鼓舞下,一个人可以避免屈从于自己所从属的群体的无根据的宣称,胡熙克从未曾有一刻给予犹太哲学高于其事实拥有的哲学或历史重要性。他不受任何护教趋势影响的自由在其研究领域中罕有对手与之相当。"客观性"还意味着有能力抵制按照现代思想——更不消说现代的时尚——来解释过往思想的诱惑。事关中世纪犹太哲学研究,那种能力以——基于坚实的文本知识之上、涉及现代哲学和中世纪哲学间根本差异的——清晰(clarity)为先决条件。试图将中世纪犹太哲学现代化的史学家们,不自禁地强调其中的柏拉图因素甚于其中的亚里士多德因素,因为柏拉图是——或看上去是——比亚里士多德更接近现代思想的。胡熙克的中世纪犹太哲

---

① [中译按]higher criticism 又译"高等批判",指圣经研究领域中与着重训诂字词的"低等考据"(lower criticism)相对的研究方法,一般而言指着重于厘析圣经写作背景(作者身份、写作时期、编撰过程等)的"历史考据法"(historical criticism),其中又分盛于 19 世纪的"典源考据"(source criticism)和兴起于 20 世纪初的"文体考据"(form criticism)、"编修考据"(redaction criticism)等。总体而言,"考据"是这种圣经研究的主要方法,其背后是 19 世纪盛行于西方学界的"科学"、"理性"、"客观"的精神。从效果上看,各种"高等考据"(或历史考据)进路对《圣经》(无论《旧约》或《新约》)进行了"去教义式"的批判。

学的严肃画面(sober picture)揭示出极有力的、几乎压倒一切的亚里士多德的影响。但这本身还不够。哲学史是一门现代学科,是现代哲学的产物。现代哲学则产生自对拉丁(或者说基督教)经院学(Latin or Christian scholasticism)的转化——甚或产生自与之的对立。现代研究者因而受到诱惑,类比基督教经院学来解释中世纪犹太哲学,或把迈蒙尼德设想为托马斯·阿奎那的犹太对应者。意识到在中世纪犹太哲学与基督教经院学之间具有根本差异,需要一种特殊的努力。胡熙克作出了这种特殊的努力。在这努力中,胡熙克无疑得益于他熟知犹太理性主义传统——迈蒙尼德的著作是其主要的支持,作为一种传统,犹太理性主义或许从未曾彻底中断。

一事物的特性将它与其他事物区分开。这特性是该事物的"限度"(limit)。要描述一位学者具有某种特性的工作,就不能不提及那工作的局限性。若是我们隐藏围绕胡熙克的立场的种种困难,我们当然就无法以他的精神行事——胡熙克从不曾停止赞美和践行智性坦诚的责任(the duty of intellectual honest)。这些困难可以归结为三类。它们分别与客观性问题、历史进化(historical evolution)问题和犹太哲学的观念问题相关。

胡熙克特别反对柯亨的"主观主义"。然而,在评述柯亨门徒的一部著作时,他承认"坦率地、有意地拥抱主观性要好过主张其不能实现的反面,因为纯粹的客观性并不存在"。当有些事在诚实和有能力的人之间存在本质上的争议时,人很难对其要求纯粹的客观性。倘若事实上所有的哲学主题具有这种本性,或者说,所有的哲学争议揭示了"我们面对未知事物时……无望的斗争",那就不会有客观的哲学史,除非哲学史能独立于任何特殊的哲学假设。在此情况下,哲学史家要做的头一件事必须是限定他的探询范围,或清楚地将他的研究主题与其他历史分支的主题区分开来。哲学史以"哲学是什么"的知识(knowledge of what philosophy is)为先决条件。但"哲学是什么"是与其他哲学主题同样有争议的问题。哲学史因而必然将是主观的,因为其真正的基础必然是主观的。首先,何以要如此定义哲学——尝试用关于上帝、世界和人的真正知识(genuine knowledge)取代关于上帝、世界和人的各种意见(opinions)——确实没有什么理由可说。无论如何，是否存在关于上帝的直接经验——或更具体地说，神秘经验，为上帝作为一切存在者的第一因提供真正的知识，这问题是有争议的。回答这个问题的态度显然在根本上决定了哲学的恰切意义。胡熙克概要式地将犹太哲学等同于犹太理性主义哲学，排除了犹太神秘主义，特别是，在他的[中世纪]哲学史中排除了喀巴拉(Kabbala)。我们无需坚持这个事实，即胡熙克在他的著作中梳理过哈列维(Yehuda Halevi)的教诲——根据胡熙克自己的说明，哈列维更是一个神秘主义者而非理性主义者。决定性的事实在于，胡熙克对犹太哲学史的主题的界定显得和其他人的假设一样主观，他曾指责那些人将犹太哲学和一般意义上的犹太思想相等同，不恰当地扩展了"哲学"一词。的确，若是史学家可以只把那些视自己为哲人的有才干的思想家们当做哲人，那就有可能避免所有的独断(arbitrariness)。事实上，倘若哲学史家的任务确实就是像过往时代的伟大思想家理解自身那样理解他们，这将显得是惟一正当的合乎历史的程序(the only legitimate historical procedure)，或惟一与客观性要求兼容的程序。但在中世纪犹太哲学问题上，这会导致一种新的或许更严重的困难。很容易表明，最伟大的中世纪犹太思想家迈蒙尼德理所当然并不将自己视为哲人。因而，严守客观程序的最终结果可能类似中世纪犹太哲学史主题的消失。

　　胡熙克的哲学定义并未透露多少成为其历史研究基础的特定的哲学前提，在他对真理与历史的关系所作的说明中，这一前提反倒被揭示出来。胡熙克将历史进路的出现视为中世纪犹太哲学——随之，犹太哲学本身——过时(obsolescence)的决定性理由。"我们都是历史的产物"，这必须被理解为不只包括我们的习惯和偏见，同样也包括我们最纯洁最自由的思想。一个人的思想在最佳情况下仍需依靠"他的时代的科学"。因而，不可能有最终的确定性。不可能有确定性,也就是说,某个时代的科学在根本上不会错。"科学是真是假无关紧要。有许多错误的科学,谁知道一个世纪以后我们的科学会不会颠倒过来?"没有人比胡熙克所说的"面对未知事物我们的无望斗争"更具说服力地表达出这一困难。在对犹太哲学的分析中,胡熙克假定,历史考据已经"永远地"摧毁了犹太教正统的根基。现代犹太人不得不拒绝犹太教的"旧理论"(old theory),根据这旧理论,犹太教的主旨(substance)是作为不变的神法的《托拉》,现代犹太人不得不赞同"现代进化论",根据进化论,《托拉》是犹太民族的天才人物的历史产物(historical product)。因而,现代犹太人有资格甚至有义务"在犹太世界观(the Jewish Weltanschauung)的本质部分与非本质部分之间作出区分"。

> 作为这一选择过程的结果,大部分材料只能作为非本质的东西和历史偶然的结果加以抛弃。剩下的东西作为犹太教的永恒根本现在加以保留。但既然我们都是历史的产物,谁能担保未来不会以不同于我们的眼光看待事物,要么返回要么继续这选择过程?

接受这种过于自信乐观的前景(too sanguine prospect)是不可能的,即便我们无法确定未来可能盛行的"选择"模式,这种自信乐观依然想当然地认为,我们能够确定,(与顺从地接受整全的法则[the principle of obedient acceptance of the whole]相对立的)"选择"法则永远建立起来了。倘若人类思想是彻底历史的,倘若时代的科学——更具体地说摧毁了犹太教"旧理论"的19世纪和20世纪的历史科学——也极可能被颠覆,就必须承认(事实上已经有人承认)"旧理论"——即犹太教正统——全然复兴的可能性。

胡熙克受历史客观性精神的鼓舞从事中世纪犹太哲学研究。他的研究并非受到独特的犹太精神的鼓舞,亦未从独特的犹太观点出发来构想。这些研究可以是一个受过充分训练的非犹太人的产物,或是一个受过充分训练,其犹太身份仅是出身之偶然的犹太人的产物。但胡熙克深深地依附于犹太教。作为哲人,他不得已要澄清那种依附的意义,并将之与他对哲学的依附调和起来。他在这个论题上的声明透露出某种并不令人惊讶的踌躇,因为"很少有人知道,所谓现代犹太教代表什么"。自己所依附的犹太教是否首先是一种精神力量而非种族存在(racial entity),胡熙克对这一点并不总是有把握。使犹太教得以存在的是

> 犹太人保持其认同的渴望。哲学将这种渴望置于明晰措辞中,哲学可能随时代而改变,但促成哲学的直觉式渴望从一不变。种族脉血比形而上学之水更浓稠(the blood of race is thicker than the water of metaphysics)。

同样,说服胡熙克的观点似乎是,"犹太民族的天才人物……创造了某些观念和制度,这些观念和制度因获得文明化人性(civilized humanity)更大范围的接受而证明其价值",是这些观念和制度而非种族博得了他的忠诚。"上帝、伦理和正义观念的统一是犹太教留下的一切"。胡熙克感到,这一犹太传承对文明的贡献与希腊的科学和哲学同样至关重要。从这个结论出发,胡熙克自然要求犹太传承——对正义的激情,或"敬畏主"——能被带向与科学和哲学(或更准确说,现代科学和哲学)的某种实际关系中。换言之,他倾向于赞同一种现代犹太哲学的要求(the demand for a modern philosophy of Judaism)。

> 在把《圣经》当做犹太教权威的立场得到胜任的犹太学者的恰当处理之前,犹太教中的一切意志都并不健康……正在承担这一任务的学者……必须是一个哲人,是具有非凡能力的思想家。他必须爱他的民族,对其抱负怀有同情之心(sympathy with its aspirations)。

也就是说，所需要的是一位现代犹太哲人。胡熙克思想中的这整个线索完全与柯亨的原则相一致。由此，很难看出胡熙克如何能逻辑一致地避免去同意柯亨接近中世纪犹太哲学所持的原则。现代犹太哲人自然地为自己的缘故尽可能多地向自己的杰出前辈们学习。既然他已经至少在根本问题的某些方面比中世纪思想家们达到更高的清晰，他就不会独独关注中世纪思想家们在阐明其学说时表面上或实际上的意图。他会更关注这些学说就根本问题而言的意义，无需考虑中世纪思想家们是否意识到那种意义。

轻视这些异议的力量将是错误的。可能更危险的是——尤其在我们的时代——过高地估计它们的力度，相信它们使学者胡熙克的指导性意图变得可疑。尽管有某种踌躇，胡熙克依然确信，犹太哲学不可能。这一确信因观察到他的时代最伟大的犹太思想家陷入重重困境而获支持。由于一切现代思想的历史特性，柯亨不得已将他的犹太教哲学和他对中世纪犹太哲学的解释融为一体，从历史准确(historical exactness)的角度看，哲学解释是极可反驳的(extremely objectionable)。关注"观念化"的解释无异于破坏对准确性解释的关注。这样一种立场是站不住脚的：迫使其持有者依附于历史研究的巨大重要性，同时又阻止他以准确的方式从事这些研究。对客观性的要求，以过往思想的实际面貌去理解它而非摧毁它——这一要求不是衰亡濒死的19世纪精神的回天无力的最后姿态，而是人内心那种渴望的生气勃勃的召唤，这召唤促使他憎恨灵魂中的谎言甚于任何其他东西。这就是胡熙克所立足的坚实土地。在这个基础上，困扰他的立场的种种困难必须是可解决的。如果他的一般观点以及他对中世纪犹太哲学的解释不作意义深远的修正，这些困难不可能得到解决。但所有这些变化将必须由指引他学术工作的意图来激发。

在胡熙克研究法哲学时，客观性的要求遭到最严重的思辨上的考验。在这个领域，他面对根本的困难——对各种价值的地位和评价的哲学分析引发了这些困难。他面对着这些困难，因为，正如他清楚意识到的：自希腊智术师时代起，"法律的制裁力(the sanctions of law)以及道德是习俗性的和主观的(conventional and subjective)"已成为一种理论,无论对该理论的攻击者还是辩护者而言,道德、法律制裁、义务以及正义的根据都呈现为一个至关紧要的问题。

正如我们看到的,翻译耶林的著作《法律作为达到目的之手段》为胡熙克进入法理学提供了契机。我们同样看到,他进入宾大法学院、他面对法学考试委员会引发的真正困惑。阿姆拉姆教授的说法——胡熙克像另一个亚历山大一样,打算征服盎格鲁—撒克逊法律的世界——从胡熙克渴求学问的角度看极为重要。更重要的当然是胡熙克就法律的逻辑对基蒂教授所发的评议。但对胡熙克而言,法律的逻辑或缺乏逻辑不过是另一种表达他深刻兴趣的方式,他感兴趣的是评价正义和非正义举动的根据,反过来说,这一兴趣来自他的确信:在实践活动中,希腊传统和希伯来传统——这两种他倾注一生致力理解的西方传统的伟大源泉——是最近乎契合的(are most nearly conjoined)。

胡熙克注意到,希腊传统早已侵蚀到实践的领地,该领地一向被视为"犹太教的特殊专长"。这是个关键问题。一般而言,胡熙克把希腊传统和希伯来传统当做"两种观点",尽管它们"代表人类文明的根本要素",且为"人性进步的可能性"提供了手段,但这两者仍是相互对立的(antithetical)。在胡熙克的估价中,希伯来传统首先是在"正义"中体现自身的道德和精神力量,希腊传统则是"纯然的智性力量"的体现,在人本主义、理性、科学和艺术中展现自身。胡熙克寻找两种对立传统的中介。科学自在地倾向于"无情和残忍,拆毁不亚于建设(hard and cruel and destructive as much as constructive)"。没有科学的正义(justice without science)是"盲目和无望的"。特殊而言,[找到]中介是困难的。希腊传统和希伯来传统在实践领地相遇,但对《托拉》的研习者而言,"罪过、犯罪、恶、侵犯、违背契约都不过是对上帝惟一律法的破坏",而律法本身的问题是"永恒法的意义"(the meaning of eternal law)。胡熙克追本溯源,认为这种律法概念来自以下历史事实:犹太人没有自己的国家,他们将律法解释为在《圣经》和《塔木德》中得以启示的上帝的法(as the law of God as revealed in the Bible and in the Talmud),通过假设《圣经》是上帝的直接话语——"假定其无论何时何地都是完整且完美的",①他们严格地限定自己以理性的方式处理法理学。胡熙克主张,犹太人中的理论思辨是希伯来传统和希腊传统相互冲突的结果,只有在政治理论和法学理论的领域里,犹太思想才依然如故。在法理学中,胡熙克看到两种精神在实践中的交汇点。他相信,在希腊传统的哲学和科学技术中,能为信仰找到取代批判[考据]的根据(the ground for substituting criticism for faith)。但胡熙克同样相信,希腊传统对正义概念的贡献——形式的和理性的(formal and rational)——还需要"仍属希伯来的"对正义的激情。他希望发现各种正义规范的理性的根据。但胡熙克不会比接受"上帝的律法"的不变指令更少去拥抱如柏拉图所提议的那种绝对正义的理论。悖论的是,他希望用客观标准取代可变标准来解决这个问题。

显然,胡熙克早就意识到,没有什么历史考察——诸如他对格劳秀斯的法理学所作的考察——能满足这个巨大难题的条件。所需要的不是对一个诸如"自然法"这样的概念的各种解释和解释语境的考察,相反,需要的是在法本身(law itself)的具体语境中熟练地运用一种方法。因为,正如胡熙克所主张的,倘若希腊人和犹太人都关注受制于评价的行为(conduct which is subject to evaluation),法哲人就必须有一种方法论,而该方法论必须适用于其工作的可定义领域(applicable to a definable field of endeavor)。就方法论来说,胡熙克的观点或许最清楚地表达在他写的评论中。尽管胡熙克对德·托特伦([Pierre] de Tourtoulon)的评价很高,②但他在根本上不同意《法律形成中的哲学》(Philosophy in the Development of Law)

---

① 这出现于胡熙克对《圣经》如何影响格劳秀斯法理学理论的分析中。
② 胡熙克此文发表于《宾夕法尼亚大学法学评论》(University of Pennsylvania Law Review),卷71,第4期。

一书的作者所陈述的"习俗事物"的含义。胡熙克并不同意这样的看法:一个定义因建立在习俗基础上就无关宏旨(devoid of interest),他主张,若是一个有用的系统能建立在一种法的定义之上,该定义就可以具有价值,他进而辩称,这个结果可能即将到来,即便只有一个法理学家(jurist)赞同他的说法。更基本的是,法不仅仅是习俗性的,它也是经验性的,

> 法的经验性在于,法理学家拿来加以研究的那些事实通过普通共识(general consensus)以法学术语表达,通过对那些事实的研究他建立起一种[法的]定义。

胡熙克承认,法是"习俗性的",仅仅因为法理学家假设,[法的]定义——无论如何含糊和缺乏精确——存在于一般共识中。但他最终坚持,习俗性并不意味着任意性。实际上,胡熙克认为,就所有定义都类似地具习俗性和经验性而言,法在这个方面并非独一无二。

哲学问题依然存在:什么是存在于一般共识中的法——什么是"用自然和社会的处境强加于人类心智之上"、其定义既是经验性的又是习俗性的法?胡熙克清楚地看到,在机械法则和物理法则(mechanical and physical law)的领域,人们提出了这个问题和类似问题的关系。进而,他清楚地看到,该问题与道德、伦理、正义的核心问题有关系,与该问题所参照的一般的社会学框架和分析框架有关系。在胡熙克对霍费尔德(Hohfeld)的《法学基本概念》(Fundamental Legal Conceptions)所写的评论①中,可以发现他回答自己的问题的一些线索。在这篇评论中,胡熙克指出,霍费尔德对法的限制——在将"权利"作为法的基础部分的充分条件的问题上(to the problem of "right" as the sufficient term at the basis of law)、在排除"责任"上——令他失去对整个法理科学至为基本的一种专业术语

---

① 《宾夕法尼亚大学法学评论》,卷72,第3期。

(a generic term)。但胡熙克进一步含蓄地坚持,法是一种科学(law is a science),[其科学性]在法理学中,法理学是法的科学(the science of law),它有必要拥有"必然的和充分的基本概念"。胡熙克认为,所需要的是对"法的概念性基础的洞见"。

但如果法是一种科学,那么它是与机械科学和物理学不同的科学。它们的差异再度预示了客观判断和主观判断之间的冲突。在这方面,胡熙克处理问题的途径显然不仅仅受法的主题的影响,也受到他的同事小辛格(Edgar A. Singer, Jr.)教授的思辨哲学的影响。辛格在其"经验唯心主义"哲学(philosophy of "empirical idealism")中坚持,截然区分可按机械方式定义的科学和可根据目的论定义的科学。辛格立场的根本在于,客观判断可以由各种"只在大部分情况下"——即多于一次、少于总是(more than once less than always)的情况下——发生的事件构成。但这种系统哲学的子结构(substructure)——部分地因其亚里士多德式的内涵而吸引胡熙克——在法理学结构之外依然是空洞和抽象的。胡熙克在凯尔森的法理学中发现了基于类似思辨结构的一种法哲学。凯尔森在自然法与规范之间作出了一个重要区分——不存在例外也不能违反的自然法与可以违反但没有例外的一种规范(a norm)。

进一步说,在胡熙克对凯尔森的兴趣中,他显然充分意识到他自己在1916年向基蒂提出的问题的困难之处。因为,对"那中间的逻辑在哪儿?"这问题的回答,如今既不能按抽象逻辑甚至也不能按机械法则来设置。对勘胡熙克"斯塔姆勒的法哲学"(The Legal Philosophy of Rudolph Stammler)①和"凯尔森的法哲学"(The Legal Philosophy of Hans Kelsen)②两文的谨慎分析中对各种法理学系统的不

---

① 见以下第19章。[原编者注]此章即"斯塔姆勒的法哲学"(*The Legal Philosophy of Rudolf Stammler*),出现在胡熙克原书,页273-291。

② 见以下第20章。[原编者注]此章"凯尔森的哲学"(*The Legal Philosophy of Hans Kelsen*)出现在胡熙克原书页292-321。

同态度,这一点就很清楚了。较之贺兰(Holland)的法理学,胡熙克更偏爱斯塔姆勒的法理学——因为斯塔姆勒对理性和正义而非实定法更有兴趣,他探寻先验的而非后验的(*a priori* rather than *a posteriori*)解释原则,根据关于法具有普遍有效性的那些命题来陈述问题。胡熙克认同的还不止这些,事实上,在他对斯塔姆勒的评价中,他写道,"在两种同样可取的定义中的选择可能看似是任意的",但"偏向应当给予能带来更好结果的那种[定义]"。关于这个实用主义的测试(pragmatic test),胡熙克指出,斯塔姆勒"成功地从——根本不在贺兰议程中的——他的定义中衍生出许许多多"。

然而无论如何,在胡熙克看来,斯塔姆勒方法的"最本质部分"不仅构成了他的强项,也构成他的弱点。斯塔姆勒的法哲学关注先验的原则,因而必须"处理法律思想的各种纯粹形式,即,必须处理不包含任何具体法律素材的概念"。胡熙克的结论是,这是"抽象逻辑的坏处",这一点"败坏了斯塔姆勒的所有推理"。

胡熙克认为,作为一个法理学家,尽管在方法上他的严格程度不输于斯塔姆勒,但凯尔森的法哲学在内容上要远为丰富。在凯尔森那里,他确实发现关注"法的概念基础"的思辨哲学,与此相随的还有关于"正义"、权利、责任和应然问题的杰出设想。胡熙克将凯尔森的作为描述为,意图"在实定法基础上建立起法学的各种前提",同时不受抽象逻辑的败坏或伦理关注的侵扰。凯尔森触动了胡熙克,因为凯尔森把普通国家学说(Allgmeine Staatslehre)与法理学等同起来,同时又区分开自然科学与规范科学、法律与规范,区分开原因、结果与"应当"、不可定义的初级思想范畴与独立的初级思想范畴(the indefinable and independent primary categories of thought),区分开"实然"和"应然"("Being" and "Ought")。

前文已经指出,胡熙克强调,凯尔森区分了不存在例外也不能违反的自然法和可以违反但没有例外的规范。但凯尔森使用这些区别首先是因为,规范科学的方法论将表明各规范之间的种种内在关系,并为解决法理学的最困难问题提供具体的资料库(concrete body of data)。

有意思的是,从胡熙克早年对自然法的探究以及将自然法用来处理主观和客观判断问题来看,凯尔森对规范的处理,使胡熙克能把"应然"范畴与作为"应然"之源头的习惯区分开来,把自然法中的规范和根据(between norm and ground in natural law)区分开来。这是对蕴含在小辛格的哲学中的目的论原则——即各种原则在大部分情况下起作用——的具体运用。规范的不变性不受法律规则的事实(the fact that the rule of law)所影响——

> "国家意愿惩罚(the State wills to punish)"并不意味着惩罚处处不变地发生,因为,事实并非如此,只是惩罚应当发生。如果规范是有效的,这一点就不变。

同样有意思的是,在凯尔森法理学的内涵中,胡熙克发现对霍费尔德的假设——权利是法的基础部分的充分条件(right is the sufficient term at the basis of law)——的系统否定。相反,责任才是根本的概念,而权利是次要的,"权利确实存在着,但只是承蒙法(by grace of the law)而存在"。

详尽厘析无论凯尔森的法理学或胡熙克对其的解释都无必要,指出这一点就已足够——胡熙克同意凯尔森的地方是:在建立法律规范的有效性方面,不可能无限倒推(regressus in infinitum),"根本的规范(the fundamental norm)不过是一种法的实定的概念(a positivistic conception of law)的必要前提","根本规范的内容……必须从人们的实际行为中搜集"。对我们的目的而言,更重要的是理解胡熙克的立场,而非考察他对凯尔森以法理学术语建立的国家的分析——国家是法而且是"人身",国家乃"法律归咎的终点"(as the law and as "person", the "end point of legal imputation")。显然,在凯尔森将法作为规范和实定法的前提的精巧解释中,胡熙克发现了自己的法理学思辨的根据,[法理学的]系统说明与胡熙克自己将法作为规定性的（definitional）（即习俗性的）和经验性的观点相一致。这些同样是可定义性、客观性和强制制裁（definability, objectivity, and enforcement of sanctions）的根据。胡熙克将各种学术工具和知识带入对亚里士多德解释的历史问题和系统问题中,并满足于使那些工具起作用的知识。尽管承认知识和知识不断增长的作用,解释仍然是根本性的。胡熙克通过其法哲学研究重新建立起他的确信——在哲学中,只有命题是真的或假的。胡熙克曾否认信仰需求的有效性和接受权威的需要的有效性,这勇气如今开始奏效。胡熙克不仅面临表面上因果律的崩溃（the seeming breakdown of causal law）——即便有一个例外,他还要勇敢面对价值判断和应然问题。在"规范理论"和目的论中,他发现了进行思辨的合理根据（sound grounds for speculation）。

在胡熙克留下的不幸太少的法理学研究手稿中,可以清楚看到他个人思辨的成果。这些文章尽管未能提供整个系统,却指明了他思考的线索。在两篇现存手稿①——"法官制订法"（Judge Made Law）和"正义理论"（The Theory of Justice）——中,胡熙克提出两个基本观点。其一是他确信,法不只是规定性的和抽象的,相反,法是从人类行动、习俗和习惯中成长起来,并由法院所制订的（legislated by the court）。其二是与他对犹太哲学的怀疑相对的坚定信念,即法理系统和正义的根据可以得到揭示。

正如我们已经看到的,各种规范概念是凯尔森思想的核心部分。这一有关价值的现象学基础成为胡熙克分析中的根本。在"法官制订法"这篇文章中,这种现象学的抽象原则开始成型。胡熙克视法官为运用归纳和演绎方法者,其"宇宙（universe）是各种判决的积累（the accumulation of decisions）,就如天文学家的宇宙是诸天体的运行,生物学家的宇宙是过去与现在的动物物种（animal spe-

---

① 见以下第21和22章。[原编者注]"正义理论"见[胡熙克]原书,页322-331;"法官制订法"见页332-342。

cies)"。胡熙克怀疑法的各种首要原则是否曾有一个起源,但若是有的话,他大胆推测(hazards the opinion)它们很可能取决于"机运和便利",而冲突引发了理性反思和"冲突情况下的精心判决",结果是各种原则的产生。在这种观点中,普通法的法理范围持续地遭到法律外的习惯(extralegal customs)的入侵,直至认识到社会必然性的法院"为使法与生活保持接触"而采纳习惯。胡熙克重申凯尔森的观点——"没有国家就没有法"。

"正义理论"一文为胡熙克的法理学提供了最全面的视角。这篇文章引人之处在于,它认识到主观主义的两种形式——智术师们的犬儒主义以及中古时代法庭的"力量审判"(trial by strength)方法——同样可运用于"正义是更强者的规则(the rule of the stronger)"这一理论,如胡熙克尖锐指出的,该理论——直到用于歹徒攻击无辜受害者的非人暴行之前——可能听上去合理。胡熙克的首要关注是法律中的人类自由。他批评尼采式对"正义"的解说,因为在经济决定论中,"所有对正义非正义的谈论都成为空话","正如机械决定论使所有道德价值变得无意义"。规范理论和自由理论如今联起手来,主观哲学试图用真正的自由加以取代的"反复无常"(caprice)那通常被认为具有的效力则遭到否认。

但在我们检验这一自由概念的某些结果之前,很重要的是理解胡熙克描述他对古代理论——将客观存在归于诸如正义等抽象的共相或理式(abstract universals or ideas)——的态度时的想法。胡熙克将其态度视为如下理论的必然推论:各种困难将在诸多原则的运用中产生,因为"既然人类社会的各种条件不断在变迁,在特定情况下判断的运用也必定会变化"。然而,胡熙克坚持,"如果我们想要行使正义,我们必须有某种正义观念"。当他转向正义观念的表述时,真正的问题出现了——这表明辛格的哲学和凯尔森的法理学如何深刻地影响了他的思想。胡熙克看到,在可加验证的定义和涉及自然现象的命题——根据其与事实的相符与否"真或非真"——之间有一种区别。

然而,[与事实]相符(correspondence)只是问题的部分解决,事实上,仅仅依赖于相符是对核心问题的逃避。因为我们"并不将一种行动描述"为正义的;我们"赋予其价值"。胡熙克主张,我们现有的是性质上真实的事实(a real fact in nature)和一种评价。他满足于这个充分正当的理由:"正义"一词在人们中间的普遍出现可以假设有一种共同的正义概念。不过,胡熙克并不满足于对这问题不加检验——无论人们提出的价值概念的定义的歧义和多变(divergence and variations of definitions)是否意味着,任何哲人或法理学家都"有意表达人类实际上赋予正义的意义而没有为其添加更多内容"。他敏锐地进行观察,并随着观察进入问题的核心——人是各种价值的承负者,不同时代提出的不同定义是"有意为人类行为、制度和关系赋予价值"。

这一现象学理论没有被细致地加以阐述。但"正义理论"的读者已接近胡熙克最成熟的思辨。法和与之相随的正义并非从人的活动和制度中抽象而来。它们不只是习俗性和规定性的。法和正义植根于道德和习惯,不过法是可强制执行的(enforceable)而法官的确制订法律(legislate)。对这些现象的根据的怀疑萦绕在胡熙克头脑中。但没有什么哲学头脑——除非该头脑将哲学原则转变为宗教信仰的信条(tenets)——希望、设想或者会欢迎绝对确信。胡熙克依然怀疑,但他的怀疑是哲人会欢迎的那种。他能将哲学技巧和知识带入他的怀疑所提出的问题。胡熙克不再与宗教的绝对或希腊化理性主义绝对相对抗。"正义理论"结尾处的问题是自利行动原则和利他行动原则之间的冲突。胡熙克强调,"惟一答案是:作为一桩事实,我们就是如此构成的,我们从本性上就具有两种对立的倾向——自私和利他,我们从本性上感到我们应当遵从第二种倾向,尽管我们所有的渴望乐于跟从第一种倾向"。

很可能,在上述文字及该文结尾的评述中,可以发现一个好人的信仰(faith of a good man)的表达,这个人在哲学中发现了逃离怀疑的避风港:

伦理的律令是天生的(innate)，人能从直觉上感到其具有更高的价值，尽管与此同时，伦理律令更难得以实行。这种社会感或利他感(social or altruistic sense)在力度和精确度上随着时间和历史的进程成长。越过我们存在的这些严酷事实是不可能的——正义与非正义是终极的价值，不可能在任何更原始处发现它们的约束力(sanctions)。

但另一方面，倘若这是一篇替代根深蒂固的怀疑主义的表达信仰的文章，那么应该记得，胡熙克用了四十年的艰苦努力才获得那一信仰。在断言正义是一种首要概念的背后，置放着历史、神学、语言和法律的知识宝库。但无论胡熙克的结论是一个确信的声明或一个问题，这结论都并非有意简单容易地解决掉利己主义和利他主义的严酷问题(the grim problems of egoism and altruism)——那是胡熙克面对的主观性和客观性反题的实践运用。

本书各位编者乐于将胡熙克的文章按其标题所示日期而非出版日期的先后编排。编者们负责从现有文献档案中精选出那些他们判断具有恒久重要性和价值的篇目，这些文献档案由胡熙克遗产执行人——福尔曼夫人(Mrs. Rose Husik Forman)——提供。编者们清楚意识到，其他或许同样重要的文章可能逃过了他们的注意——胡熙克发表的作品分布极广，在编辑过程中，显然他的出版记录是不完整的。出于类似的理由，目前还无法准备胡熙克著作的准确书目。进而，编者们认为，与其为力求完整而推迟出版这部他们日益感到在范围和价值上令人印象深刻的论著，不如马上出版更好。

编者们向福尔曼夫人深致谢忱——福尔曼夫人是胡熙克教授论著出版计划的发起者，她为编辑工作的完成提供了时间和资源。同样感谢来自宾夕法尼亚大学的慷慨资助。

论《创世记》的解释*

（1957）

张缨　译

我想以如下声明作为开始：我不是一个圣经学者，我是专治政治理论的政治科学家。人们通常认为，政治理论关涉西方世界的诸多价值。众所周知，这些价值部分源自《圣经》、部分源自希腊。因而，政治理论家必须对圣经遗产与希腊遗产之间的一致与不和略有所知。在我的领域中工作的每个人，都须一方面尽可能倚赖由圣经学者就《圣经》告诉他的东西，另一方面尽可能倚赖古典学学者就希腊思想告诉他的东西。尽管如此，如果我尝试探究一下，倘若不完全倚靠现代和传统的权威们告诉我的东西，是否我就无法理解

---

*　[原编者按]"论《创世记》的解释"起初是施特劳斯于1957年1月25日在芝加哥大学的一次演讲，该演讲属芝加哥大学大学学院（University College）"心智作品"（Works of the Mind）系列讲座。施特劳斯为此次演讲准备的演讲稿在他身后发表于《人》（*L'Homme* 21, no.1, January – March, 1981），页 5 – 20，其后附有法译文。目前的版本据原先出版的文本复制，其中两个难解之处，参注 16 [= 原注 16]。以下的注释均为本书编者在原演讲稿基础上所添加。[中译按]原文题为 On the Interpretation of Genesis，收录于 Kenneth Hart Green 编，施特劳斯文集《犹太哲学与现代性危机》（*Jewish Philosophy and the Crisis of Modernity: Essays and Lectures in Modern Jewish Thought*, State University of New York Press, 页 359 – 376)。本文中的注释如无特别说明均为原编者所加。翻译中参考了林国荣译文（"《创世记》释义"，见《经典与解释》第二辑，刘小枫、陈少明主编，上海三联书店，2003，页 167 – 188），该译文遣词造句精炼雅致，特此致谢。文中关键词一般附有原文（倘为动词，给出原型），以便鉴察与细读。正文方括号中的文字是译者为顺通文意或方便与《圣经》和合本中译对勘所酌加。

《圣经》中的某些内容的话,我想这种方式是无可指摘的。我以[《圣经》的]开端作为开始,因为这种选择似乎对我来说最少任意性。大家希望我在此谈论一下《创世记》——或不如说《创世记》的开端。"心智作品"(The Works of the Mind)系列讲座的语境将一个极为重大的问题直接提了出来:心智作品是人类心智的作品,《圣经》难道是人类心智的一部作品吗?它难道不是上帝的作品?上帝的作品——神的心智的作品?后一观点在过往时代被广为接受。我们不得不反思这一对《圣经》的替代路径(alternative approach),因为就我们将要解读《圣经》的方式而言,这一替代方案是决定性的。如果《圣经》是人类心智的作品,那就得像阅读任何其他作品——阅读荷马、柏拉图、莎士比亚———样,既对其充满敬意,又得愿意同作者去争论,去反对他,去批评他。如果《圣经》是上帝的作品,就得以一种与我们阅读人类作品的方式全然不同的精神去阅读,《圣经》得在虔诚顺从和恭敬聆听的精神中去阅读。按这种观点,只有有信仰者和虔敬者才能理解《圣经》——理解《圣经》的主旨(the substance)。按当今流行的观点,非信仰者倘若具备必要的经验或敏感性,就能够与信仰者一样理解《圣经》。这两种途径之间的差异可作如下描述:过去,《圣经》普遍地作为启示的书卷来阅读,如今,它却往往作为人类心智诸多伟大书卷中的一部来阅读。启示是一种奇迹。因而这就意味着,甚至在我们打开《圣经》之前,就必须对是否要相信奇迹的可能性做出决定。显然,我们会以一种全然不同的方式阅读关于燃烧的荆棘或者红海拯救的记述,这种方式与我们此前就奇迹的可能性已经做出决定的方式相一致。或者我们认为奇迹不可能,或者我们认为它们可能,又或者我们不知道它们究竟是否可能。乍看之下,最后一种观点担保自己最切合于我们的无知,或者,同样可以说,它最为开明。

我必须对此作个简要的解释。奇迹究竟是否可能的问题有赖于一个在先的问题,即作为全能存在者的上帝(God as omnipotent being)究竟是否存在。我们同时代中的许多人悄然地、甚而公开地假定(assume),我们知道作为全能存在者的上帝不存在。我相信他们是错的。因为,我们如何能够得知作为全能存在者的上帝不存在呢?不可能出于经验。经验不能够向我们表明那种既非源自世界又非源自世界显见的秩序以及世界显见的节律(rhythm)的结论,这对于一位全能的造物主是无效的。经验至多能够表明圣经信仰的论点(the contention)未必可能(improbable),但圣经信仰本身就承认甚至宣称这种未必可能的特性。信仰倘若不是处于极端不利的条件下,就不会受到激赏。对圣经信仰其次的批评将仅以矛盾律为指南。比如,人们会说,神的全知(divine omniscience)——没有全知就无所谓全能——与人的自由不相容,两者相互矛盾。但所有这类批评都预设了,避免作出矛盾陈述而去谈论上帝才可能。如果上帝难以理解(incomprehensible)、但并非未知(unknown),并且这一点隐含于上帝全能的观念中,不作出相互矛盾的陈述而谈论上帝就不可能。我们可以说,那个可理解的上帝、我们可以避免矛盾陈述来谈论的上帝是亚里士多德的神(the god of Aristotle),不是亚伯拉罕、以撒和雅各的上帝(the God of Abraham, Isaac, and Jacob)。因而,惟有一种方式可以用来反驳对全能上帝的信仰——通过表明无论如何不存在神秘的东西,表明我们对于万物的原则具有清楚明白的或科学的知识,表明我们可以就万物给出一个恰切而清楚的说明,表明所有的根本问题都已得到完全满意的解答。换言之,通过表明存在着我们称之为绝对和终极的哲学体系,根据那种体系(确曾有过这样的一个体系,其作者是黑格尔),先前隐匿的上帝、难以理解的上帝现在被全然揭示了,变得全然可以理解了。我认为这样一个体系的存在至少同《圣经》的真理一样未必可能。但是显然,《圣经》的真理的未必可能性(improbability)恰恰是《圣经》的一个论点(contention),而完善哲学体系的真理的未必可能性则对那种体系本身造成严重的困难。如果这是真的,那么人类理性不能证明作为全能存在者的上帝不存在。我相信,人类理性不能确立作为全能存在者的上帝的存在——这也同样是真的。由此,就我们作为学者或科学家的能力而言,在最重要的问题上我们被迫处于一种怀疑状态。只要我们声称自己是学者或科学家,我们就别无选择,只能在这种怀疑状态中接近《圣经》。然而,仅仅在知识的背景下那才可能。

那么我们究竟知道什么呢?我不理会我们所知道的数不尽的事实,因为仅仅关乎事实的知识不是知识,不是真正的知识。我也不理会有关科学法则的知识,因为这些法则已被公认有待未来的修正。我们可以说,我们真正知道的不是对于包罗万象的诸多问题的任何答案,而只是这些问题,这些问题经由我们的处境强加于作为人类的我们身上。这就预设了,就人之为人而言,有一种根本的处境,不为任何变迁——尤其是任何所谓的历史变迁——所影响。它是人在整全(the whole)中的根本处境——这一整全绝不屈从于任何历史变迁,它反是每一种可能的历史变迁的条件。但我们如何得知有这样的整全?倘若我们知道,我们只能从我们所谓的现象世界开始,这给定的整全,恒久给定的(permanently given)整全,恒久一如人类,这整全聚拢一处,由天穹(the vault of heaven)构成,它涵括了天与地以及一切天下、地上和天地之间的东西。所有的人的思想,甚而所有为人类所理解的人的或神的思想,无论情愿与否,都始于此整全——那所有人都知道且始终知道的、恒久给定的整全。《圣经》始于对这恒久给定的整全的表述(articulation)。这是许多此类对恒久给定的整全的表述中的一种。让我们来看一下,是否我们能够理解对这个给定整全的圣经表述。

《圣经》始于开端(the beginning),它述及一些开端之事。谁讲述"起初,上帝创造天地"?① 谁讲述的,我们未被告知,因而我们不知道。《圣经》开端关于讲述者的缄默是否归因于由谁讲述并无差

---

① [中译按]此句为《创世记》第一章第1节,同样也是整部《圣经》的第一句话。在此意义上,它既是《创世记》的开端,又是《圣经》的开端。施特劳斯此文以《圣经》与希腊意义上的哲学之间的对立为思考背景,因而,他常使用"《圣经》第一章"(=《创世记》第一章)这样的表述。

别？这该是一个哲人的理由,它难道也是《圣经》的理由？我们未被告知,因而我们不知道。传统的观点认为是上帝讲述的。不过,《圣经》通过"上帝说"来引述上帝的言辞,而《圣经》的开端没有这样的说法。因此,我们可以相信《创世记》第一章由一位无名氏讲述。不过,他不可能是他所讲述的内容的目击者。没有人能是创造(the creation)的目击者。惟一的目击者是上帝。那么,如同传统所为,这叙述难道不是必然归于上帝？但我们无权对此作出绝然的论断。《圣经》的开端并不轻易可解。它是奇怪的。同样的奇怪也适于这叙述的内容。"起初,上帝创造天与地,地是混沌空虚,渊面黑暗;上帝的灵运行在水面上。"①倘若我们从字面看,似乎地的原始形态——"混沌虚空(without form and void)"②——不是被造的,创造是塑造(formation)而非无中生有的创造(creation out of nothing)。"灵运行在水面上"是什么意思？"[深]渊(the deep)"——或许带有某种巴比伦传说的残余——又是什么意思？进而,倘若起初上帝在六天[日]内创造天与地以及其他一切事物,这"天[日子]"(day)不可能是寻常意义上的日子,因为寻常意义上的日子为太阳的运行所定,而太阳仅在第四个创造日被造。简言之,所有这些困难,我们还可加上其他一些,造成一种为当今许多人所共有的印象:这是一个所谓神话的叙述(mythical account)。事实上,正如大多数人所理解的那样,这意味着,我们放弃了理解上的尝试。

我相信,我们必须采纳一条多少有些不同的路径。幸运的是,并不是所有东西在这个叙述中都是奇怪的,其中提及的有些事物是我们已然知道的。或许我们可以从《创世记》第一章中我们能够理解的那部分开始。第一章中用来指"创造"的希伯来词在《圣经》中

---

① 见《创世记》1:1–2。[中译按]《圣经》中译据和合本(上帝版),略有改动。文中所引《圣经》章节除有特别说明,皆为《创世记》中的章节,下同。

② [中译按]此处和合本中译为"空虚混沌",颠倒了原文次序。

仅适用于上帝。不过,这个词(bara')至少明显地与意为"做"或"制造"(do or make)的希伯来词('asah)作为同义词来使用。在某一处,有两次,"做"或"制造"被用在不是上帝的事物上:"果树制造果实"——如果按字面来翻译。因而在此我们有另一种情形的创造。bara'一词仅适用于上帝;《圣经》没有解释其用意何在,但有一个创造的同义词('asah)——制造——同样适用于其他存在物,例如,它适用于树,更不用说[它还适用于]人类了。① 因此,让我们来看一看,"制造"这个词出现于《创世记》第一章的各种情形中是什么意思。果树制造果实,这是什么样的制造呢? 果实几乎全然来源于(be originated)树,宛如[来源于]树的内部;其次,果实并不具有树的外观;第三,果实是一个完整并且完成的(complete and finished)产品;最后,果实可与树相分离(be separated from)。或许[上帝]创造与这一类的制造具有某种亲缘,这一类的制造不同于下面各类制造:首先,某物的制造不是全然来源于制造者,人造物品需要泥土以及其他种种制造者以外的东西;其次,某物的制造看上去与制造者一样,[如]动物的生殖(generation);第三,某物的制造并不完整,还需另外的制造或加工,[比如]蛋;最后,某物的制造不能与制造者相分离,比如,行为(deeds)——人类的行为——不能与如此行事的人相分离(行为与制造[makings]在希伯来文中应是相同的字,ma'asim)。我们只要记住一件事:创造似乎是可分离事务的制造,就如果实可与树相分离;创造似乎与分离(separation)有某种关联。《圣经》的第一章多次提及分离。我指的是措辞。有5次明确地提到[分离],还有10次隐含于诸如"各从其类"(after its kind)这样的表达中,"各从其类"当然意味着,从其他的种类中区别或分

---

① 有关神的"创造"(bara'),见 1:1,21,27(及 2:3,4);有关"制造"('asah),既适用于造物主,又适用于受造物,见 1:7,11,12,16,25,26,31(及 2:2;3:4);特别有关树"制造"果实,见 1:11,12。

离出来。① 创造是制造分离的事物,制造植物、动物,以及其他事物的物种(species);创造甚至意味着制造进行分离的事物——天将水与水相分离,天体将日与夜相分离。

现在让我们来考虑最显著的困难,即,《圣经》在创造太阳之前论及"天[日子]"(days)这样一个事实所造成的困难。太阳仅在第四个创造日被造。对于承认太阳的产生(come into being)如此晚这一点,我们不会为难,每一个自然科学家如今都会这样说,但《圣经》告诉我们,太阳的被造晚于植物和树木,晚于植物世界的被造。植物世界在第三天被造,而太阳则在第四天。② 这是《圣经》第一章所作的叙述中最为巨大的困难。植物世界应当先于太阳,从怎样的观点看这才是可理解的呢?一方面是植物世界,另一方面是太阳,要如何去理解它们才能使植物世界先于太阳讲得通?植物世界的创造在第三天发生,在同一天内,地与海(the earth and the sea)首先被造。③ 植物世界明确地被说成是由地所"产出的[发生的](bring forth)"。④ 植物世界属于地。因而,《圣经》在植物世界的创造中没有提及任何神的制造(divine making)。上帝说,地要产生植物,地就产生了植物,而上帝则制造(make)了天(heaven)以及太阳、月亮、星辰的世界,最首要的是,上帝命令地"生出(bring forth)"动物,但上帝自己制造(make)了动物,⑤地没有生出它们。植物世界属于地。我们可以说,它是地的覆盖物,宛如地的皮肤——倘若它能够产出皮肤的话,它不可与地相分离。植物世界的创造在地与海被造的同一天,第三个创造日是个具有双重创造(double creation)的

---

① 关于分离或分开(separation or division),见 1:4,6,7,14,18;关于"各从其类"(*l-mino*,*l-mineihu*,*l-mineihem*,及 *l-mina*),见 1:11,12,21,24,25。

② 对勘 1:14-19(在第四天所造的)以及 1:11-13(在第三天所造的)。

③ 见 1:9-10。

④ [中译按]参和合本译文"地要发生青草"(1:11)。

⑤ 对勘 1:11-12 与 1:7,16 及 24,25。

日子。① 在六天的大多数情形下,一个事物或一组事物被造。只有在第三天与第六天具有双重的创造。② 在第六天被造的是陆地上的兽(terrestrial brutes)与人。在《圣经》的叙述中,这里似乎具有一种平行对应(parallelism):有两个序列的创造,每一序列三天。第一个序列始于光的创造,第二个序列始于太阳的创造,③每个序列都结束于一个双重创造。前半序列结束于植物世界,后半序列结束于人。植物世界以它不能与地相分离的事实为特征。会不会在不可分离的事物与可分离的事物之间的差异就是[两个序列]划分(division)的原则呢?这一点还不够充分。植物的种类彼此可分(separable),尽管它们无法与地相分离,而创造总的来说是一种分离。创造是制造分离的事物,制造彼此分离、彼此相异(distinguished)、可区分(distinguishable)又可辨识的(discernible)各种事物或多组事物(groups of things)。然而,使差异与辨识得以可能的是光。因而,第一个被造物是光。光是开端,是区分或分离的(distinction or separation)原则。④ 光是[上帝]第一天的工作。我们知道光,首要地是作为太阳光的光。对我们而言,太阳光是最重要的光源。太阳属于第四天的工作。在光与太阳之间有一种特殊的密切亲缘。这一亲缘体现在如许的事实中:光是前半序列创造的开端,而太阳是后半序列创造的开端。⑤

倘若果真如此,我们不得不提出这样的问题:后半序列的创造会不会具有一个自身的原则,一个不同于光的原则,或者不同于分离或者区分的原则?这一点必须正确地加以理解。分离或区分显

---

① [中译按]此处,施特劳斯所谓"双重创造"应指上帝在第三日进行了两次创造,而非被造物的数量为二。参 1:9–13。以下第六日上帝的创造亦由两次行动构成,故亦被称为"双重创造",参 1:24–31。
② 对勘 1:9–13 与 1:24–30。
③ 对勘 1:3–5 与 1:14–19。
④ 见 1:4。
⑤ 见 1:3–5 及 1:14–19。

然保留在后半序列中,比如,人与兽相分离。因而,不同于光的一个原则,或者不同于分离或区分的一个原则,就必得是分离或区分的基础或预设,但它本身却不会约简为分离或区分。太阳预设了光,而它不是光。现在让我们来看看第四至第六天的创造——第四天,太阳、月亮和星辰;第五天,水生动物和飞鸟;第六天,陆地动物和人。那么,什么是后半序列创造中的共同点?我会说是局部位移(local motion),我还将提出,前半序列的原则仅仅是分离或区分,而后半序列——第四至第六天——的原则是局部位移。出于这个理由,出于这个极为重要的理由,植物世界先于太阳,[因]植物世界缺乏局部位移。太阳因其升起降落、因其来来往往、因其局部位移而是其所是。一旦人们意识到,创造的叙述由两个主要的部分相互平行(parallel)而组成,我起初所说的困难就解决了,或接近于解决。前半部分始于光,后半部分始于太阳。类似地,在两个部分的结束处也有一种平行对应(parallelism)。仅在第三天与第六天才有两个创造行动。重复一下:第三天,地与海,以及植物世界;第六天,陆地动物以及人。我已经说过,前半序列创造的原则是分离或区分,而后半序列创造的原则则是局部位移,但在这一方式中,分离或区分保留在支撑后半部分的观念——局部位移之中。换言之,局部位移必须作为更高形式的分离来理解。局部位移是一种更高秩序(higher order)的分离,因为局部位移不仅仅意味着一事物与其他事物的分离;一棵橡树与一棵苹果树相分离或区别。局部位移是一种更高秩序的分离,因为它不仅仅意味着一事物与其他事物的分离,它还意味着该事物能够从它的位置分离自身,能够与其背景(background)分开,这背景通过该事物的移动显现为其背景。天体在第四天的创造之后紧跟着水生动物与飞鸟的创造。这些动物是受到上帝祝福的最初造物(the first creatures),他通过向它们讲话(address them)来祝福它们:"滋生繁多。"①它们是最初得到称呼(be addressed)的造物,以第二人称受到称呼;而当地与水得到称呼(be addressed)的时候,它们不是以第二人称受到称呼的。② 水生动物与飞鸟属于生物[活物](living beings)的类(the class)或属(the genus)(我试图以 living beings 翻译希伯来文 nefesh ḥaya)。③ 在第四天,我们有了能够进行局部位移的最初存在物,天体。而在第五天我们有了动物,这意味着什么呢?局部位移之后紧跟着生命。生命同样必须被理解为一种分离的形式。首先,生命以其得以受称呼的能力(the capacity of being addressed)、聆听的能力,以及感受(sense perception)的能力为特征。《圣经》挑出听——而非看或触摸——为生物的特征,这一点具有无与伦比的重要性。④ 但就我们当前的目的而言,更为重要的是指出,动物生命在全章的语境中作为比天体更高级的分离的代表而出现。动物不仅能改变其位置,而且能改变其[位移]路线(course)。太阳、月亮或星辰不能改变其[位移]路线,除非以奇迹的方式。但比如说,正像你从每个狗身上看到的,当它奔跑的时候,它能改变它的路线,事实上,它并没有这样一条路线。动物并不受限于改变它们的位置。由此可知,最后被造的存在物,即人,是在最高程度上得以分离的造物,这一事实是人的特征。人是惟一以上帝的形象被造的存在物。如果我们考虑到人与植物的平行对应,以及植物是惟

---

① 见 1:22。[中译按]此句中译为:"上帝就赐福给这一切,说'滋生繁多,充满海中的水;雀鸟也要多生在地上'。"该句中上帝的话用的是第二人称祈使句式:"[你们要]滋生繁多。"

② 见 1:11,20。[中译按]1:11 中译:"上帝说:'地要发生青草和结种子的菜蔬……";1:20 中译:"[上帝说]水要多多滋生有生命的物……"此两句中上帝的话用的都是第三人称祈使句式。

③ 有关 nefesh ḥaya(living being),见 1:20,21,24,28,30。另 1:28 中仅出现了 ḥaya(复数 ḥayot),该词传统上就译成 living beings(活物[中译按]有生命的存在物)。

④ 见 1:22,28 - 30。

一明确地被赋予制造这个措辞的(the term making)造物,我们就同样可以识别出,在所有造物的最高程度上,人有能力做［事］、制造事端［行为］(capable of doing, making deeds)。①

因此,《圣经》第一章中的创造次序似乎能陈述如下:从分离的原则——光;到凭借某物进行分离的——天;到某些被分离的事物——地与海;到被分离事物的产品,比如,树;然后是那些能够将自身与其路线相分离的东西,兽;而最后,则是能够将自身与其道路——正确的道路(the right way)——相分离的存在物。我重复一遍:第一章的线索似乎在创造的叙述由两个主要的部分构成这一事实中。这隐含着被造世界的特征被构想为(be conceived)一种根本的二元性(dualism)——不具有局部位移能力的彼此相异的事物;以及另外那些具有局部位移能力的彼此相异的事物。这意味着第一章似乎立足于这样的假设之上:这种根本的二元性是有关区别性(distinctness)、差异性(otherness)的二元性——如同柏拉图会说的,以及有关局部位移的二元性。要理解这种二元性、差异性和局部位移的特性,让我们将它与本章中惟一涉及根本二元性的另一处文字遭遇一下,我引用的是第26节:"上帝按他自己的形像造人;以他自己的形像——以上帝的形像——上帝造了人;上帝造男造女(male and female)。"②那是一个非

---

① 对勘 1:12 与 1:27,28。［原注 16］

② 在出版于 L' Homme (页 12)的施特劳斯演讲文本上,《创世记》1:26(事实上,被引述的小节是 1:27)被错误地引用了,in And God created man in His image 之后,即,施特劳斯所引述的前半部分经文中,短语"in His image"在演讲的印刷版中重复出现,但《圣经》没有这样重复。这两处错误显然并非打字者偶然所为,而很可能是施特劳斯刻意所为,对演讲的原打印稿的核查证实了这一点。in His image 的重复,以及被错引的小节号,本版均未予以更正。［中译按］此句原文为 And God created man in His image, in His image, in the image of God, did God create him, male and female did He create them. 此两节《创世记》引文如下,"上帝说:'我们要照着我们的形像、按着我们的样式造人,使他们管理海里的鱼、空中的鸟、地上的牲畜,和全地,并地上所爬的一切昆虫。'"(1:26)"上帝就照着自己的形像造人,乃是照着他的形像造男造女。"(1:27)

常难解的句子。阳性与阴性(male and female)的二元性能很好地用于对世界的根本表述,它也确实以如此的方式为许多宇宙起源说(cosmogeny)所用——名词的阳性与阴性似乎对应于所有事物的阳性与阴性,而这似乎会导向两种原则的假设:一男一女(a male and a female),[或]一个最高的男神与一个最高的女神。《圣经》好似把男与女[阳与阴]的二元性归咎于上帝自身,好似将其二元性的根源置入上帝之内,如此,就打发(dispose)了这种阴阳二元的可能性。上帝按他自己的形象造人,从而,他将之造为男人女人。与此同时,《圣经》仅在人的情形中论及阳性与阴性的差别,于是乎,好似阳性与阴性不是普遍的特性。有许多事物既非阳性亦非阴性,但所有事物都因其与其他事物的区别而是其所是,且所有事物要么固定于一个位置,要么能够局部位移。因而,阳性与阴性的根本二元性就为区别性或差异性的根本二元性所取代。这后一种区别性及局部位移的二元性,并无助于[存在着]两位神祇的假设——好似有一个区别神还有一个移动神(a distinguishing god and a moving god)。进而,它也排除了这种可能性,即构想世界的产生是一个生殖行动,其父母是两位神祇——一位男神和一位女神;它还打发了将世界自身的产生构想为一位男神和一位女神的后裔这种可能性。《圣经》所选择的二元性——不同于阴阳二元性的那种二元性——不是感性的,而是智性的(intellectual, noetic),而这可能有助于解说植物先于太阳的悖论。我曾提及的另一点还须加以利用:《圣经》所提到的所有被造物在该词的凡俗意义上都是非神话事物(nonmythical beings),它们全都是我们从日常感知中知道的存在物。得到这一结论后,我们重新考虑一下创造的秩序:第一个被造之物是光,某种不占有位置的东西;所有此后的造物占有一个位置。占有位置的东西要么不由异质的部分组成——天、地、海;要么由异质的部分——即物种或个体(species or individuals)——组成。或者,我们可能更愿意这样说:占有位置的东西要么没有一个确定的位置,而是填满整个区域,要么是被填充的东西——天、地、海;否则,它就由异质的部分——物种与个体——所构成,或者,它们并不填满整个区域而是在一个区域中占有一个位置——在海中,在天上,在地上。在一个区域内占有一个位置的东西,要么缺乏局部位移——植物;要么它们拥有局部位移。拥有局部位移的那些东西,要么缺乏生命——天体;要么它们拥有生命。生物要么是非陆地的——水生动物和飞鸟;要么它们是陆地的。陆地的生物要么不按上帝的形象所造——兽;要么按上帝的形象所造——人。简言之,《创世记》的第一章立足于一种二分(a division by two),或柏拉图所谓的 diairesis(二分,division by two)。①

在我看来,这些考虑显示了,去谈论圣经思想的神话的或前逻辑的特性(the mythical or prelogical character)有多么不合情理(unreasonable)。《圣经》第一章就世界给出的叙述与哲学的叙述没有什么根本差异,那个叙述立足于明显的区分(evident distinction)之上,我们就像圣经作者一样能够通达(accessible)这种区分。因而,我们能够理解那个叙述。这些区分是人之为人可以通达的。我们能够容易地理解为什么我们应当在《圣经》中找到这类东西。一个关于世界创造的叙述,或者更一般地说,一种宇宙起源说(a cosmogony),必然预设一种关于世界的解释(explanation)——关于完整的世界,关于宇宙——或者说,一种宇宙论(a cosmology)。《圣经》的创造叙述立足于一种宇宙论。所有《圣经》中提到的被造物都是人之为人——无论[其]气候、出身、宗教,或任何其他事物的差异——可以通达的东西。有人或许会说:很好,我们都知道太阳、月亮、星辰、果实与植物是什么,但区别于太阳的光是怎么回事呢?谁知道这个?但难道我们不是通过经验、从日常生活中都知道一种并

---

① 施特劳斯有关柏拉图的 diairesis[二分,分离]及其神学的进一步论述,参《论僭政》(*On Tyranny*, Victor Gourevitch 及 Michael S. Roth 编, New York: Free Press,1991),页 278 - 79。[中译按]中译参施特劳斯,《论僭政:色诺芬〈希耶罗〉义疏》,彭磊译,华夏出版社,2016,页 319 - 322。

非源自太阳的光？我说的是——闪电。或许，在《圣经》说到的光与《圣经》对闪电的理解之间有一种关联。由此，《圣经》从我们所知道的世界开始，从人曾经一直知道且今后也将知道的世界开始，它先于一切神话的或科学的解释（explanation）。我仅对"世界"（world）一词作这样的评注。"世界"一词并未出现于《圣经》中。在我们通常称为"世界"的地方，《希伯来圣经》（the Hebrew Bible）说的是"天与地"（heaven and earth）。最常被译成"世界"的希伯来词'olam，指的是某种不同的东西。首先，它指最遥远的过去，"那时"意义上的"曾经"（once），指过往时代（the early time）或自过往时代以来。其次，它指未来的"一旦"（once）或"那时"。而最后，它指"曾经并且永远"（once and for all），指所有的时代，无休无止、亘古恒久（permanent）。从而，它指的是恒久的东西。换言之，希伯来文"世界"一词首要地意指与时间相关联的东西，它具有时间的特性，而非我们所见到的东西。倘若在其他各种提到所谓的神秘存在物的宇宙起源说中出现了其他存在物（other beings）——比如，在巴比伦传奇故事中——我们就必须回到这些龙或其他什么东西背后，至少对这些东西是否存在惊异（wonder）一番。而我们也必须回到《圣经》第一章提到的那些东西背后，[它们]如今为我们所有人所熟悉，也为所有时代的所有人所熟悉。也是在这个意义上，《圣经》确实始于开端。

但你会相当正确地说，我所讨论的东西是第一章中最不重要的部分或方面。圣经作者所使用的宇宙论不是圣经作者的主题（theme）。那种宇宙论，那种对可见宇宙的表述，是圣经作者的非主题性预设（unthematic presupposition）。他的主题毋宁是：世界由上帝在如此这般的阶段所造。我们准备通过考虑迄今所忽略的这些叙述中的另一个特征来反思这个主题。在第一章中，《圣经》在由上帝所命名的事物与不由上帝所命名的事物之间作出区分，也在被上帝称为"好的"以及未被上帝称为"好的"的那些事物之间作出区分。由上帝所命名的事物是日（day）——作为光的名称，以及夜——作为暗的名称,其他还有天(heaven)、地及海。① 其他所有事物不由上帝命名。恰切地说,只有这些缺乏特殊性的一般事物,这些不占有位置的事物,才由上帝命名。其余一切都由人来命名。几乎所有事物都被上帝称为"好的",惟有的例外是天与人。但有人会说,明确地称人为"好的"没有必要,因为人是惟一按上帝的形象被造的存在物,也因为人受到了上帝的祝福。无论如何,惟一没有得到上帝的赐福、也未以上帝的形象被造,从而没有被称为"好"、没有得到救赎的是天。② 我们可以说,第一章的作者关注的是对天的贬抑或降格。与此相应,似乎一种混沌未开的地(rudimentary earth)在创造之先,"起初上帝创造天地,地……"。根据第一章,没有一种混沌未开的天;根据第一章,天体——太阳、月亮、星辰——无非是向地提供光的工具、器具;而最重要的是,这些天体是无生命的;它们不是神祇。天受到贬抑而地、地上的生命、人——则获得青睐。这意味着什么?对于严格被理解的宇宙论——希腊宇宙论而言,天是远比地以及地上的生命更为重要的主题,对希腊思想家而言,天意味着与世界、与宇宙的等同。天意味着一个整全(a whole),天穹包容了一切其余之物。地上的生命需要天,需要雨水,而不是相反。如果更为精深的(more sophisticated)希腊宇宙论者意识到人不能保留天的至尊地位,他们就超逾天——如同柏拉图所说——到达一个超越于天的位置(a superheavenly place)。在希腊哲学中,人类事物(human thing)是一个贬义词(a word of depreciation)。

因而,在《圣经》与严格意义上的宇宙论之间具有一种深刻的对立,同时,既然所有哲学最终都是宇宙论,这种深刻的对立就存在于《圣经》与哲学之间。《圣经》宣称宇宙论是创造故事的非主题性

---

① 见 1:5,8,10。
② 对勘第二天有关天的创造 1:6 - 8,以及第六天有关人的创造 1:26 - 31。另参后面两段中施特劳斯对这些问题的进一步讨论与阐明。

涵义。仅仅为了说可见的宇宙——世界——由上帝所造,就有必要表述可见的宇宙并理解其特性。《圣经》与一切哲学相区别,因为它简单地断言(assert)世界由上帝所造。没有任何论证的痕迹支持这一论断。我们如何得知世界为上帝所造?《圣经》如此宣告。我们经由纯粹、简单的宣称——最终经由神的言说(divine utterance)——而知道。因此,有关世界受造性的所有知识跟我们有关世界的结构或表述(articulation)的知识相比,具有全然不同的特性。世界的表述——在植物、兽类以及其他东西之间的本质区分——是人之为人可以通达的;但我们有关世界受造性的知识则不是显见的知识。我要给你们读几节《申命记》第四章15-19节的经文:

> 所以你们要分外谨慎,因为耶和华在何烈山(Horeb)从火中对你们说话的那日,你们没有看见什么形像。惟恐你们败坏自己,雕刻偶像,仿佛什么男像女像,或地上走兽的像,或空中飞鸟的像,或地上爬物的像,或地底下水中鱼的像。又恐怕你向天举目观看,见耶和华你的上帝为天下万民所摆列的日、月、星,就是天上的万象,自己便被勾引敬拜事奉它。

这意味着,耶和华你们的上帝(the Lord thy God)将[天上万物]分派或分配给了整个天底下所有的民族。所有民族、人之为人的全部,如果他们没有超逾被造的世界,都会情不自禁地被引向这一宇宙宗教。"(但)耶和华将你们从埃及领出来脱离铁炉,要特作自己产业的子民,像今日一样。"(《申命记》4:20)换言之,世界具有某种结构的事实是人之为人所[皆]知的。而世界是被造的则通过上帝在何烈山向以色列人讲话的事实为人所知。这就是为什么以色列人知道太阳、月亮、星辰不值得崇拜的理由,也是天必须被贬抑以便地上的人类生命获得青睐的理由,最终,这也是世界的起源是神的创造(divine creation)的理由。除了上帝向以色列人说话这一点以外,没有什么论证有利于创造。不曾听到那次讲话的人,要么直接地、要么出于传统,将会崇拜天体——或者说,将停留在宇宙论的视界(horizon)中。

  我还想就第二章说几句,因为《圣经》开端的一个重大困难在于——有一个关于创造的双重叙述(a twofold account of creation),其一在第一章,另一在第二章和第三章。《圣经》的第一章包涵了一种宇宙论,拱盖其上的是一个有关世界的创造的叙述(an account of the creation of the world),该宇宙论被整合于有关世界的创造的叙述中。这种宇宙论与创造叙述的整合(integration)暗含了对天的贬抑。天不是神圣的;天在等级上低于地,低于地上的生命。但这种为《圣经》所采用的宇宙论,区别于有关创造的断言——我指的是可见世界的表述,这种宇宙论立足于人之为人可以通达的证据(evidence)之上,而有关世界受造性的断言则并不立足于如此的证据。由此引发的问题是:宇宙论——有关我们看到、描述和理解的事物——的视界以怎样的正当性被超越? 或者,换一种说法,宇宙论究竟错在何处? 人依据对人之为人显见之物力图找到他的方位(bearing)究竟错在何处? 什么是人类生活(human life)的真正特性? 什么是人的正确生活(the right life of man)? 这个问题是第二章中第二个创造叙述的出发点。第一个叙述结束于人,第二个叙述则从人开始。一个结束于人的叙述似乎是不充分的。为什么呢? 在第一个叙述中,人与陆地动物在同一天被造,他被视为整全中的部分——即便作为其中最崇高的部分。在这个视域中,人与其他所有造物之间的绝对差异无法被恰当地看到。在第一个叙述中,看上去人被分离到最高等级(the highest degree),他能够移动或改变他的位置——在一个颇为隐喻性的意义(metaphorical sense)上甚至——达到最高等级。但这一特权,这一解放——自由——同样是一种巨大的危险。人是最为模棱两可的造物,因而人没有被称为"好的",正如天没有被称为"好的"。这是人的模棱两可性——人本质上被赋予的危险——与天、天所代表的东西——依据对人之为人显见之物试图找到他的方位,试图像诸神一样拥有善与恶的知识——之间的关联。那么,如果人是最为模棱两可的造物——事实上惟一模棱两可的造物,我们就需要对那一叙述的补充,在其中,人同样作为整全中的部分而出现。我们需要一个纯然聚焦于人的叙述,更准确地说,既然模棱两可指的是有关善与恶的模棱两可,我们需要一个附加的叙述,在其中,人的位置不仅像第一个叙述中那样通过一个命令"生养众多"来界定,同样也通过一个否定的命名——一个禁令(prohibition)来界定。因为禁令明确地设置了人的限制(limitations)——到此为止,不得逾越!——将恶与善相分离的界限(the limit)。《圣经》的第二章回答的不是有关世界如何产生的问题,而是人类生活——如我们所知的人类生活——如何产生的问题。正如"作为整全的世界"这个问题的回答需要一个关于世界的表述(articulation),有关"人类生活"这个问题的回答也需要一个事关人类生活的表述。人类生活——绝大多数人的生活——是土地耕种者的生活,或至少立足于那一生活。倘若你不相信《圣经》,你可能会相信亚里士多德的《政治学》。① 人类生活因而最明显地以对雨水以及辛勤劳作的需要为特征。不过,这还不是人类生活开端处的特性。倘若人在最初并本质上就是穷匮的,他就会被迫,或至少当真会被诱向严酷(harsh)、无情(uncharitable)、不义;他就为他的穷匮(neediness)而无需对他的不仁不义(lack of charity and justice)而负上全责。但某种程度上我们知道,人得对他的不仁不义负责。因而,他的原初状态(original state)就必须是一个在其中他不会被迫或当真被诱向不仁不义的场所。因而,人的原初条件是一个环绕着河水的乐园。起初,人既不需要雨水也无需辛勤的劳作,那是一个充裕而闲适的状态。人的当前状态归咎于人的错失(fault),归咎于他对那易于遵守的禁令的僭越(transgression)。但人按上帝的形象所造,某种程度上他像上帝。那么,他难道不是先

---

① 如,参见亚里士多德《政治学》1264a12 – 15,1290b40 – 41,1318b7 – 14,1319a20。

天地就倾向于僭越任何禁令、任何限制？这种与上帝的相似难道不是一个要丝丝入扣地与他[上帝]相似的持续的诱惑？要处理这个难题,委派给第二个创造叙述的是与第一个叙述不同的重点。在此,人没有被说成是按上帝的形象所造,而是出于地上的尘土。进而,在第一个叙述中,人作为兽类的统治者(the ruler of the beasts)而被造,可在第二个叙述中,兽类反作为人的助手或同伴出现(helpers or companions)。① 人在低微(lowliness)中被造,从而,他没有要么出于需要、要么出于其高级地位(high estate)而被诱以不服从。进而,在第一个叙述中,男人与女人是在同一个行动中被造的,在第二个叙述中,男人首先被造,随后是兽们(the brutes),仅到最后才是取自男人肋骨的女人。那个预设是:女人低微于男人。这个低微的造物(抱歉这样说)——女人,比男人更低微的造物——引发了僭越之举。不服从(disobedience)是如此令人震惊地站不住脚(ill-founded)。进一步注意:即便有这些不同,第二个叙述在两点上根本地推衍了第一个叙述的趋势。其一,起初没有对雨水的需求,这仍意味着对天——雨水的来源——的贬抑;其二,女人的衍生特征暗含着对阴阳二元论的进一步贬抑——这一点在第一个叙述中颇为关键。对第二章还有一句话要说。人的原罪(original sin)——他的原初的僭越——在于他吃了[分别]善恶的知识树上的果子(the fruit of the tree of knowledge of good and evil)。不同于后世的解说,我们没有理由在圣经叙述的基础上假设,对善恶知识的渴望引导了人,因为,为了具有这样的渴望,他将不得不[已然]具备某种善恶的知识。要说人渴望僭越(transgress)神圣的命令就更困难了。它的出现毋宁是偶然的。人的僭越是一个神秘,但他确实僭越了,他也知道自己僭越了。人当然是选择了不服从。与此相随,他选择了不服从的原则。这个原则被称为[分别]善恶的知识。我们可以说,不服从意味着有关善恶的自主的(autonomous)知识,

---

① [中译按]参2:18以下。和合本将'ēzer(helper[助手])译作"配偶"。

一种人通过自身就能拥有的知识,其隐含之意是:真正的知识并非自主的。按照后世的神学发展,人们会说真正有关善恶的知识只能经由启示而获得。

  我所提出的因而就是:如果我们从一般的西方思想的观点来接近它,第一章的关键主题是对天的贬抑。天是宇宙论和哲学的一个首要主题。第二章包涵了这种对善恶知识的明确的贬抑,它仅是第一章所表达的思想的另一个方面。禁止善恶的知识究竟意味着什么呢?它最终意味着,就如哲人的说法那样,这种善恶的知识立足于对事物的自然[本性,nature]的理解。不过,简单说来,那也意味着善恶的知识立足于对天的沉思(contemplation of heaven)。换言之,第一章疑了哲学的首要主题;而第二章则置疑了哲学的意图(the intention of philosophy)。就我们所知,《圣经》的作者对严格意义上所谓的哲学一无所知。但我们一定不要忘了,他们很可能熟悉一些东西——当然他们熟悉某些东西——比如,在巴比伦,①而这些东西是哲学的原始形式——对天的沉思以及通过对天的沉思而使人的举止变得明智,其根本观念与原初意义上哲学的根本观念如出一辙。《创世记》第二章和第三章与第一章受到的是同一种精神的激发。《圣经》所呈现的是对某种诱惑(the temptation)的替代方案,根据我们恰好所知的某些事物,我们可称这种诱惑为哲学。因而,《圣经》比任何其他书本更清楚地使我们面对这一根本的替代方案:服从于启示的生活、服从中的生活,抑或人类自由中的生活,后者以希腊的哲人们为代表。这一替代方案从未被取消,尽管有许多人相信,在两种独立的因素——一方是《圣经》,另一方是哲学——之上,能够有一种愉快的综合。这是不可能的。综合总是会牺牲掉两种因素其中之一的决定性主张。如果在讨论中我们能够

---

  ① [中译按]公元前587—前586年,巴比伦帝国攻陷耶路撒冷,将犹大王国众精英掳往巴比伦,史称"巴比伦囚掳"。

采纳这一点,我会很高兴。①

我还愿意再做一个总结性的评注,因为我理解,在这个群体中,你们特别地对书本(the books)感兴趣。因此,我愿意就书本的问题(the problem of books)再说几句——就它一方面对《圣经》的影响,另一方面对哲学的影响来说。希腊的哲学观有一个简单的概念作为其首要的基础:对天的沉思———一种对天的理解——是将我们导向正当行为(right conduct)的根据。希腊哲人说,真正的知识是有关始终如是者的知识(knowledge of what is always),并非始终如是者的知识,尤其是有关过去发生的事情的知识,是具有全然次要特性的知识。特别地,事关遥远过去的知识,会被视为特别地不确定。当希罗多德论及各种技艺的首位发明者,他不会像《圣经》上那样说,X 是这项或那项技艺的首位发明者。希罗多德说,就我们所知,他是首位发明者。② 如此而言,这种思想——它支撑了一切的希腊思想——创造了作为其媒介的书本——在该词的严格意义上,[创造了]作为技艺之作品的书本(the book as a work of art)。书本在这个意义上是对生命事物(the living beings)的有意识的摹仿(imitation),其中没有任何部分——无论其多么微小而看上去微不足道——是不必要的,以致整体(the whole)能很好地实现其功能。当

---

① 编者未曾见到任何有关这次演讲后讨论的记录、磁带或手稿。然而,有关施特劳斯对哲学上的综合的简明批判,可参见《进步抑或回归》(Progress or Return),本书([中译按]《犹太哲学与现代性危机》,前揭),页 104 – 105,116 – 117;另参《自然正当与历史》(Natural Right and History,Chicago:University of Chicago Press,1971),页 70 – 77;及《论僭政》(On Tyranny,Victor Gourevitch 及 Michael S. Roth 编,New York:Free Press,1991),页 191 – 192。[中译按]"自然正当与历史"中译参《自然权利与历史》,彭刚译,生活·读书·新知三联书店,2003,页 71 – 79;《论僭政》中译参《论僭政:色诺芬〈希耶罗〉义疏》,前揭,页 224 – 226。

② 有关《创世记》中的发明者,例见 4:17,20 – 22,10:8 – 9;希罗多德作品中的发明者,例见《原史》1. 68,94,171;2. 4,82,167。

工匠或艺术家不在甚或死去时,某种意义上,书本总是活着。它的职能是召唤那些才干之士去思考,去独立地思考。书本的作者在这个最高的意义上是主权者(sovereign)。他决定什么应当是开端、终局和中心。他拒绝承认对书本的意图或功能(the purpose or the function)显然不必要的每一种思想、每一种形象、每一种情感。除非作为智慧的侍女,才华与典雅(aptness and graces)一无是处。完美的作品是包罗万象之物(that all-comprehensiveness)的一个形象或一次摹仿(an image or an imitation),是激发而非企及知识的完美的证据。因而,完美的作品担当起绝望的魔咒(the charm of despair)的反魔咒,那种绝望是对完美知识的永不满足的探询必然引致的。正因如此,希腊哲学与希腊诗歌是不可分的。另一方面,现在让我们再来看《圣经》。《圣经》拒绝有关自主知识的原则以及与此相随的一切东西。神秘的上帝是《圣经》的最后主题,亦是其最高主题。鉴于《圣经》的前提,不可能有一本希腊意义上的书,因为不会有人类作者以主权者的方式(in the sovereign fashion)决定什么是开端、什么是终局,也不会有人类作者拒绝承认对此书的意图显然不必要的一切东西。换言之,作为一本书,《圣经》的意图分担了神的意图(the divine purpose)的神秘特性。人不是如何起始的大师(master)。在他开始写作之前,他已经面对众多著述(writings)、面对神圣的著述,它们将其法则(law)强加给他。他可以修改这些神圣的著述,编纂这些神圣的著述,以便从中制造出一部单一的作品,就如《旧约》的编纂者们可能做的那样,但他只能以一种谦卑和尊崇的精神如此行事。他的极度虔敬可能迫使他更改流传至他的神圣著作的文本,他可能为了虔敬的缘故如此行事,因为某些出于一个更古老的典源(an older source)的篇章可能会遭到严重的误解。因而,他可能会改,但他的原则将永远是尽可能少改。他将排除的不是对一个明显的意图显然不必要的一切东西,而只是那些与隐匿了其根据的意图显然不相容的东西。神圣的书本——《圣经》——因而可能充满了并非刻意所为的矛盾和重复(repetitions),而一本希腊书——其最高典范乃柏拉图对话——反映了哲人热切渴求的完美证据;[在柏拉图对话里,]没有任何事物缺乏可知的根据,因为柏拉图有[关于每一事物的]根据。《圣经》在其字面形式上反映了上帝之道莫测高深的神秘,尝试去理解它甚至也将是不敬的。①

---

① 施特劳斯有关作为一部著作的《圣经》(the Bible as a book)的其他重要评注,见《耶路撒冷与雅典》(Jerusalem and Athens),页380-382;《进步抑或回归》(Progress or Return),页120。[中译按]此处两文页码指本文在《犹太哲学与现代性危机》(前揭)中的页码。

致编者的信:以色列国家①

(1957)

张缨 译

一段时间以来,我一直收到《国家评论》(*National Review*),大多数时候我赞同这本杂志上的文章的观点。不过,该杂志的有个特征我彻底搞不懂。我搞不懂的是,那些涉及"以色列国家"这个主题的作者们全都无条件地反对这个国家。

那些作者并不给出何以采取这种立场的理由,只是发出憎恶的声音。由于我不能够说:如此论证的理由是基于重大的事实错误,或是基于对紧要之事的不理解,因而,我禁不住要相信,那些作者受一种反犹敌意(anti-Jewish animus)的驱使。但我学着抵抗这种诱惑。1954—1955年的整个学年,我在耶路撒冷的希伯来大学教书,我将要说的毫无例外基于我自己的眼睛所看到的东西。

在以色列,冲击人们的第一件事情是:这个国家是个西方国家,它以西方的方式教育来自东方的大量移民:作为一个国家,以色列在东方是惟一的西方前哨(outpost)。其次,以色列这个国家被势不可挡、数量占优势的世间诸敌(mortal enemies)包围,在这个国家,单单一本书绝对地支配了小学教育和中学教育,那就是《希伯来圣经》(the Hebrew Bible)。无论这个国家的个人有怎样的不足,整个国家的精神能正当地用如下这些措辞来描述:靠接近圣经描绘的古

---

① [中译按]本文原题 Letter to the Editor: The State of Israel, 译自 Kenneth Hart Green 编《犹太哲学与现代性危机》(前揭,页413-414)。

代(biblical antiquity)来支撑的英雄般的节俭(heroic austerity)。我以为,一个保守派意味着,相信"一切好东西都是传承物"。据我所知,这个信念如今在以色列比在其他任何国家都更强烈、更少暮气(less lethargic)。

但这个国家贫穷,缺少石油和其他诸多能换取钱财的东西。这个国家赖以生存的冒险看上去很可能有点堂吉诃德式(quixotic)。大学和政府建筑在约旦人步枪射程内。灾难般战败和衰弱的可能性显而易见,并常常来袭。我认为,一个保守派意味着蔑视庸俗(vulgarity),但凡事对胜利斤斤计较、对努力的高贵视而不见,这样的论证是庸俗的。

我听到这样的论证:这个国家由工会(labor union)在运行。我相信,说这个国家由工会运行是严重的夸张。但即便这种说法是真的,我认为,一个保守派意味着,懂得同样的安排(arrangement)在不同境况下具有不同的意义。

当今在以色列治理的人们,本世纪初来自俄罗斯。更恰当地说,应该将他们描述为先驱者(pioneers),而非工会主义者(labor unionists)。在无望的困境中,他们[为这个国家]奠定了基础。一切非教条主义者正当地把这些治理者当作这个国家的自然的优秀阶层(natural aristocracy)来景仰,正是出于同样的理由,美国人景仰自己的清教国父们。这些以色列国家的治理者们来自俄罗斯,来自尼古拉二世(Nicolai II)和拉斯普钦(Rasputin)①的国家,因而,他们不可能具有任何宪政生活的经验和真正的自由主义经验,他们出身的

---

① [中译按]尼古拉二世(1868—1918),末代沙皇,1917年因二月革命宣布退位,十月革命后,于1918年7月和其全家遭苏维埃政府处决。拉斯普钦(Grigori Yefimovich Rasputin,1869—1916)是尼古拉二世时期的神秘主义者,据称有预言和治疗恶疾的能力。拉斯普钦因成功缓解皇太储阿列克谢的血友病而深受尼古拉二世及其皇后的信任,不仅成为宫廷宠儿,还对当时的政治施加巨大的影响力,因此受到其他贵族的嫉恨,于1916年12月遭尤素波夫亲王(Prince Felix Yusupov)为首的小集团暗杀。

地方,正是由司法制度装饰的宪政民主制的反面。

在《国家评论》11 月 17 日那期的第 16 页上,以色列被称为一个法西斯国家。作者并未指出,什么是他所理解的"法西斯国家",也没有为他的断言——以色列是个法西斯国家——提供任何证据。是不是有丝毫可能,这位作者脑子里想到的是如下事实:以色列国家没有民事婚姻(civil marriage),只有犹太婚姻、基督教婚姻和伊斯兰婚姻,因此,非种族主义意义上的混合婚姻(mixed marriage)在以色列不可能?我不太确定,民事婚姻是否在一切环境下都是彻头彻尾的福祉,以致可以因此反对以色列国家的这种特殊特征。

最后,我想说的是,犹太复国主义的奠基人赫尔茨(Theodor Herzl)根本上是个保守派,赫尔茨的复国主义行动受保守考量的指引。犹太人的道德支撑(moral spine)曾因所谓的解放而岌岌可危,这种所谓解放曾在许多情况下使犹太人疏离自己的传承,没有给予他们任何多过仅仅形式上平等的东西。所谓的解放,带来的不过是被称为"外在自由和内心奴役"的状况;政治犹太复国主义正是要尝试恢复犹太人内心的那种自由、那种朴素的尊严,只有记得自己的传承、忠于自己命运的人,才能获得那种自由和尊严。

出于各种明显的理由,政治犹太复国主义也有问题。但我不会忘记,作为一种道德力量,政治犹太复国主义在一个彻底分崩离析的时代所取得的成就。政治犹太复国主义有效地遏制了"进步"潮流对值得敬重的古老差异的抹平,它实现了一种保守的职能。

弗洛伊德论摩西与一神教

(1958)

李致远 译

[题解]本文原题Freud on Moses and Monotheism,是施特劳斯1958年春(3月-6月,确切哪一天已无从查考)在芝加哥大学的希勒尔会馆(Hillel House)所作的一次讲演的录音整理稿。施特劳斯讲演时用的显然是先前准备好的笔记,可惜迄今尚未能找到这些笔记,这个据演讲录音誊录而成的稿子,施特劳斯也未能审定过。英文编者为本文所加的脚注表明,整理Leo Strauss讲稿的人是严肃认真的(原刊Kenneth Hart Green编,*Jewish Philosophy and the Crisis of Modernity: Essays and Lectures in Modern Jewish Thought*, State Uni. of New York, 1997,页285-309)。

几年前,我很荣幸在希勒尔会馆(Hillel House)作过一次演讲,在那次演讲中,我不得不辩解说,我们应当倾听一种对我而言全然陌生的哲学,但这么一来,我不可避免地引得人们的注意。① 而今晚,我的任务完全不同。作为学者,甚或一个人,要把不妥协的态度与开放的心灵结合起来,这是我们的义务。我们必须抵制得住种种

---

① 这里提及的一个辩解,即"我们应当倾听一种对我而言全然陌生的哲学,但这么一来,我不可避免地引得人们的注意",可能暗指"与马丁·布伯的一次谈话"。这次谈话是由施特劳斯提出来的,谈话的时间是1951年12月3日,地点在芝加哥大学的希勒尔会馆。

诱惑;比如,有一种诱惑就是把想象的与迷人的东西当成是真实的东西。为了拒斥荒谬之物,我们大可不必毫不妥协,而且,我们也不可能总是无视荒谬之物。从前,有一位伟大的学者说过:"我几乎不鄙视任何东西(I despise almost nothing)。"① 这意味着,在其他事物之中,通过考察荒谬之物,我们还能学到一些东西,我们只能这样说:我们再一次为矛盾原则的超验之美所征服。

我之所以计划做目前这个演讲,因为在去年逾越节的餐桌上,一位青年朋友曾告诉我说,我的一位同事——一位非常著名的教育家——曾就同一主题做过一次演讲。我再次阅读了有关逾越节的哈噶达(Passover Haggada),再次温习了几千年前在埃及发生的那些大事,之后,对于弗洛伊德书中的论述或者我的同事的观点,我就感到有点儿震惊。② 因此,我当时就说,我必须就这同一主题做一个演讲,以便展示这一图景的另一个方面。当然,我之前并没有听过那次演讲,我现在也记不得当时那位青年朋友还给我讲了些什么,但当时我说过,我会展示这枚硬币的另一面,可以设想——这在货币学上大概是容许的——有些硬币的两面看起来确实很相似。大家知道,这是因为我那天晚上在餐桌上听到弗洛伊德对摩西的理解,它使我想起我当时正在做的事情,即专门地考察马基雅维利关

---

① [中译按]拙译初刊于《经典与解释14:政治哲学中的摩西》,曾误译该句,经网友指出,在此深表感谢,并向读者致歉。

② 施特劳斯在演讲中所引的英译本,据其页码,似指下面这个译本:Sigmund Freud, *Moses and Monotheism*, Katherine Jones 英译, New York: Alfred Knopf,1949。其德文原版为:*Der Mann Moses und die monotheistische Religion: Drei Abhandlungen*, Amsterdam: Allert de Lange,1939。亦见于《弗洛伊德全集》(1950),卷16,页101-246。James Strachey 的"权威"英译本(London:The Hogarth Press,1974)也很合用。[中译按]《摩西与一神教》的中译本有:李展开译本(北京:三联书店,1988);张敦福译本,见《图腾与塔布;摩西与一神教》(北京:国际文化出版公司,2001);本文所引《摩西与一神教》中的段落参考李译本,有所改动。

于摩西的观点和一般地考察他关于《圣经》的观点。① 可是,就在不久前,当我开始阅读弗洛伊德的著作时,我立即注意到,我无论如何也不可能处理这一个我已拟允诺的课题。因此,我今晚的演讲只限于讨论弗洛伊德的论题并作出解释。如果有谁对有关马基雅维利的问题感兴趣,我们或许可以在随后的讨论中加以探讨。②

从一开始,我就知道,有两个主题必然与今晚的主题联系在一起,这两个主题我并不打算处理。第一个是精神分析学,第二个是弗洛伊德的犹太人身份。至于说第二个主题,很幸运,我可以告诉大家,有一篇文章——"犹太人弗洛伊德"——论述了这一主题,作者是希伯来大学的西蒙(Ernst Simon),该文收录在德国犹太人创办

---

① 见施特劳斯,《思考马基雅维利》(*Thoughts on Machiavelli*, Glencoe, Ill.:Free Press,1958)。1953 年,施特劳斯在芝加哥大学做过一次瓦尔格林系列讲座(Walgreen Lectures),本书就是那次讲座的增订版。施特劳斯关于马基雅维利与《圣经》的一些一般性反思,参见此书页 174 - 232;关于马基雅维利与摩西的专门论述,参见此书页 70 - 84,204 - 205;关于马基雅维利是否"听到过神的呼召"或"感受到神的临在",参见此书页 203。[中译按]《关于马基雅维利的思考》有申彤的中译本(译林出版社,2003 年)。

② 这次演讲之后有一段时间的讨论,这个讨论的录音或抄本没有保存下来。施特劳斯为此次演讲"拟允诺"但没有处理的主题是什么? 有点不明不白。这个主题似乎是:马基雅维利与弗洛伊德关于摩西的观点之比较。施特劳斯暗示,他认为马氏与弗氏的观点在最重要的诸方面基本相似(一枚硬币的"两面看起来确实很相似")。而这致使施特劳斯要公正地指出二者重要的不同之处,这些不同之处取决于他们批判对象的不同:弗洛伊德驳斥的是反犹论调,而马基雅维利解构的则是西方宗教。鉴于上述一番澄清,本编者认为,口语表达的自相矛盾使得施特劳斯这篇演讲抄件中的这段话充满紧张,这种矛盾只能通过修订文本才能解决。因此,编者已做了某些补充和校正,以便使施特劳斯在此段表达的意思变得前后一致。但是,为了使读者能够自己判断,根据抄录本中的话,我仿制了下面三句:

……当然,我没有听过那次演讲,……但是,我将展示硬币的另一面,可以设想,……那天晚上,我在餐桌上听到的是……

的《拜克学院年鉴》第二卷(1957)。① 西蒙好像读过弗洛伊德的所有作品,此外,他还读了许多论述弗洛伊德生平与性格的文章。弗洛伊德似乎自认为是一位好的犹太人。他这样做的意图可作如下说明:现如今,不信教的犹太人可以分为两类:一类希望自己不曾被生为犹太人,认为自己的犹太出身是一场不幸;另一类则不希望自己没有被生为犹太人,甚或可能乐意被生为犹太人。他们觉得他们身上最好的东西应该归于他们的犹太血统,或者至少他们与这一血统连在一起,无法摆脱。第二类不信教的犹太人以一种奇怪方式仍然在某种程度上相信犹太人就是选民。在欧洲大陆,他们经常显示自己的身份,因为,他们事实上把自己看作犹太人而非德国人、奥地利人或其他什么人。在这种意义上,弗洛伊德无疑是一位好的犹太人。让我作进一步的申述。我相信,第二类犹太人比第一类犹太人更好而且更幸福,我还认为,这种偏爱可以在理性的基础上予以辩护,而非仅仅基于犹太人身份。有一句古谚说得好:"为斯巴达增光添彩吧,因你生于斯长于斯!"(Adorn the Sparta which was given to you at birth!)一个人不可能逃离自己的位置,不可能摆脱自己的命运,而只能接受它,甚至爱它,赞美它。确实,要是人们特别是犹太人,因为出身不幸而逃离他们自己的出生地,想必没有人可以谴责他们。但这一谴责不能合理地加诸作为犹太人的犹太人身上,从人的角度讲,这一群人依然存在,这是由于我们的祖先在三千年前就曾作出过无与伦比的英雄般的献身与决定,并在此后重复过无数次。一代又一代的犹太人不得不呈奉最高等级的牺牲,不能有半点儿不明确的轻慢之举。但我们总是高昂着我们的头颅,因为我们在骨子里知道,只有那种人——他们的自尊依赖于别人的尊重——是可鄙的。在这种意义上,我并不十分确定弗洛伊德是否也是一个好的犹太人。我不确定的原因在于,弗洛伊德有点儿过于关心他称之

---

① 见 Ernst Simon,"犹太人弗洛伊德"(Sigmund Freud, the Jew),载《拜克学院年鉴》第二卷(*Leo Baeck Institute Yearbook* 2,1957),页 270 – 305。

为"反犹主义"的东西。这种过度关心不仅表现在弗洛伊德本人身上,也出现在与他同时代的相当一部分犹太人身上,甚至包括他的后一代犹太人;这种过度关心源于一种期望,即期待一个真正的、无条件的自由社会,在这个社会中,人作为人的种种权利将不仅在法律上,而且在私人生活上得到每一个无罪的社会成员的承认。这种期望预先假定,所有人实际上都可能习惯于理性地行动。弗洛伊德对这一假定提出了质疑,但是他并没有从这种质疑中导出必然的结论。面对"反犹主义",弗洛伊德仍然是脆弱的。

我将给大家读一读西蒙的几段分析,我觉得这是适宜的。西蒙援引了《摩西与一神教》中的几段话,之后,他说:

> 这些话弥漫着深深的悲怆,一个为自己祖先的生命力而感到自豪的犹太人的悲怆。这是此书采取的第一个正面立场:它是弗洛伊德犹太民族主义的一个直接继续,犹太民族主义以前曾披着一种模糊而矛盾的外衣,而现在则得到了更清晰、更少犹豫的表达。当弗洛伊德谈到犹太人遭受的苦难悲怆时,我们就发现了此书的第二个正面调子……老弗洛伊德的犹太人自豪感是多么强烈啊!根据弗洛伊德自己的观点,我们可以希望他会补充说,以色列人民的整个前景尽管顽固地依赖于犹太人的宗教,却基于一个根本的误解——一个没有任何"未来"的神圣"幻觉"。在任何一场理性的论争中,弗洛伊德大概都没有否认过其论证的真理性,不过在这里,论证的真理性并没有影响到他的措词与风格,确实,他在写这些话和类似的话的时候似乎忘记了论证的真理性……在这里,弗洛伊德说话的口吻像一个精神上的爱国主义者,这对他的正面影响如此之大,以至于他使用了一些相互抵消的论证。我们可以假设:弗洛伊德也认识到了这些不一致,但他并不觉得有什么要紧,而认为可以凭借一种更高层次的综合以解决这些不一致。但是,还有一个矛盾几乎摧毁了他书中的主要理论。在第二篇论文开篇伊始,弗

洛伊德就声称,犹太人的一神教借自于埃及。但就在稍后的第三篇论文中,他又宣称,摩西的老师埃赫那顿王(King Ikhnaton)"可能沿袭了某些暗示,这些暗示通过他的母亲或其他方式,从近东或远东影响到他本人",故此,"一神教的观念必定(!)像澳洲人的回飞棒一样(!),又返回到其初生之地"。(注意,从"可能是近东或远东"到一个令人信服的结论———一神教的故乡好像就是巴勒斯坦,这之间有一个逻辑上的跳跃!)①

西蒙试图给出一种精神分析学上的解释,而我没有能力这么做。

我宁愿提出另一种关于好犹太人的定义,亦即不信教的好犹太人的定义。不信教的好犹太人是这样一种人——他知道自己是一个犹太人,知道自己属于犹太民族,并且知道自身问题的根子在于他事实上不可能相信其祖先们相信的东西。这导致了一种对犹太传统之真理性的热诚关怀。我相信,有人会说,即使不在这种意义上进行限定,弗洛伊德也还是一个好犹太人。但问题是,关于这一

---

① 见 Ernst Simon,"犹太人弗洛伊德",前揭,页 287 – 289。施特劳斯援引了西蒙文章中的几句话,在这几句话中,他还提到了摘自弗洛伊德《摩西与一神教》中的几段话的篇码,他这样做就好像这些话是从西蒙文章的脚注中引出来的。西蒙用的也是 Katherine Jones 的英译本(见前注)。西蒙引自第三篇论文("论埃赫那顿王和'一神教观念'的起源")的那几段话见于《摩西与一神教》,前揭,页 141。弗洛伊德在第二篇论文讨论了摩西一神教的埃及起源,西蒙也提到这些新奇的见解,见于《摩西与一神教》,前揭,页 16 – 38。此外,关于这些论题,还应该注意,Yosef H. Yerushalmi 在他的《弗洛伊德的摩西:有期的犹太教与无期的犹太教》(*Freud's Moses: Judaism Terminable and Interminable*, New Haven: Yale University Press, 1991)一书中观察到,托马斯·曼(Thomas Mann)在其小说《约瑟夫和他的兄弟们》中大胆地超过了弗洛伊德,并让约瑟夫担负了向埃赫那顿王传授一神教的责任。《耶路撒冷塔木德》(*Yerushalmi*)提到的章节见《约瑟夫和他的兄弟们》(*Joseph and His Brothers*, H. T. Lowe-Porter 英译, New York: Alfred A. Knopf, 1948),第 4 章,"供养人约瑟夫","一切都有福了",页 962 – 970(见《弗洛伊德的摩西》,页 89)。

庄严主题,弗洛伊德是不是一个好的思想者。

读过这本书之后,我发现,不仅有必要作一个适当的演讲,而且必须对许多文段作一番评论。自然,我从开端开始。开篇之词是"要否定"(To deny),弗洛伊德随即解释说——我不知道他是不是完全故意地——他正在做的是一些否定的(negative)事情、一些破坏性的事情、一些颠覆性的事情、对一些事情的谴责。有趣的是,我们在犹太文学中发现了一个类似的例子,尽管弗洛伊德很可能不知道这个例子。哈列维(Yehuda Halevi)的《库萨里》(Kuzari)是中世纪最伟大的犹太作品之一,在这本书中,一个信奉异教的国王先是与一位哲人、随后与一位基督徒、然后与一位穆斯林分别进行了一场谈话,最后,他又与一位拉比进行了一次交谈并因此皈依了犹太教。在这四个人当中,只有那位哲人是以个人身份并以一个否定式(negation)开始其讲辞的。① 在这里,作者使用了"哲人"一词,这自然表明那位哲人不是犹太人。

第一句话是:

> 要否定一个民族所赞誉的最伟大儿子,这的确不是一件轻松愉快的事——尤其是当否定者本人也是这个民族的一员时,更是如此。②

弗洛伊德的否定导向了他自身,这是一种自我否定,是一种道德行为、一种要求自我牺牲的行为。

---

① 见 Yehuda Halevi,《库萨里》(Kuzari),第一章第 1-4 节和第 10-14 节;Leo Strauss,"《库萨里》中的理性法则"(The Law of Reason in the Kuzari),载《迫害与写作艺术》(Persecution and the Art of Writing, Glencoe, Ill.: The Free Press, 1952),页 95-141。

② 见 Sigmund Freud,《摩西与一神教》(Moses and Monotheism, Katherine Jones 英译, New York: Alfred Knopf, 1949),页 3;李展开中译本,页 1。

然而,任何维护假想中的民族利益的考虑都不能使我将真理置于不顾。此外,我将仅仅从事实的角度来说明问题,这样,我们或许有望更深入地洞察这些事实所关涉的情境。

弗洛伊德的行动是一种自我否定的行动,而且看起来还像是一种背叛民族利益的行动。其正当理由就在于:这样做是为了真理。于是,问题就出现了:真理是民族利益的一部分吗? 真正的民族利益必然通向真理吗? 这可以应用于所有民族尤其是犹太民族吗? 无论如何,弗洛伊德似乎暗示了什么东西最重要——即真理比社会更重要。真理意味着,知道真理首先要区别于宣明真理。然而,弗洛伊德却暗中把知道真理与宣明真理等同起来。只有当真理本质上是有益的时候,这种等同才是合理的。如果关于真理的知识且仅仅关于真理的知识就能使我们成为好人与好公民,这种等同就是实情。但是,如果真理本质上是教化性的(edifying)——我相信它是——一个人就不应该以"要否定"开始。而且,如果真是这样,关于真理的知识、对真理的追求、真理的传布就将是理解人的关键,分析人的关键,分析灵魂的关键,精神分析学的关键。让我们看看弗洛伊德如何展开论证。

人们普遍坚持,摩西是一个埃及人的名字。

> 人们可能曾经期望,既然有那么多作家都承认摩西是一个埃及人的名字,在这些作家当中,总会有人曾得出过这一结论,即一个拥有埃及人名字的人本身就是一个埃及人;或者人们至少曾考虑过这种可能性。(页 5-6;中译本页 3)

对这段话,我不作评论,因为跟大家一样,对于犹太人的名字,我也只知道一点点儿。弗洛伊德暗示的结论是:摩西是一个埃及人。人们为什么没有得出过这种结论,这不难理解。弗洛伊德说明了个中原因。

> ……除了《圣经》和犹太人的书面传统之外，我们没有关于他（摩西——施注）的只言片字。尽管上述判断缺乏最终的历史确定性，绝大多数历史学家还是认为，摩西确有其人，以色列人在他的领导下出离埃及，这也确实发生过。我们有充分的理由坚信，如果不承认上述这一点，以色列后来的历史将无法理解。与过去的历史研究相比，今天的科学已经变得更加小心，对待传统也更为宽容。(页3-4；中译本，页1)

弗洛伊德提到《圣经》批判([中译按]或考据)的早期历史，当时盛行对传统进行无条件的怀疑，而现在看来这种态度是经不起推敲的。这说明了人们为什么没有得出这一结论——即摩西的埃及名字预示了其埃及血统。摩西是埃及人这一结论不是从摩西的名字上得出来的，而是从精神分析学这一出发点上得出来的。因此，弗洛伊德说："由此进行的种种思考将只能打动那些熟悉分析推理并能正确判断其结论的少数读者。对于他们，我希望本文显得有些意义。"(页7；中译本页4)

当然，这引起了一个极大的问题，这个问题就是科学对待传统的谨慎态度与精神分析学之间的关系问题。法老的女儿奇迹般地拯救了摩西，这个故事让我们想起一些类似的故事，如传说中的居鲁士(Cyrus)、罗穆路斯(Romulus)、叙拉古的希耶罗(Hiero of Syracuse)、俄狄浦斯(Oedipus)等等。这些故事现在被看作一种典型的神话，关于这类故事，有一种精神分析学上的解释。

> 所谓英雄，乃是大丈夫般地挺身而起反抗自己的父亲并最终取得胜利的人。上述这类神话将这种斗争追溯到英雄刚刚降生的那一刻，让他违背他父亲的意志而降生，并且不顾父亲的邪

> 恶意图而得到拯救。(页9;中译本页5)

这种意图表现在弃婴行为中。但摩西的故事在某些方面明显不同。例如,居鲁士曾被一个邪恶的父亲遗弃,而摩西却没有。在其他故事中,英雄具有高贵的血统,被高贵的父母所遗弃,而由卑贱的父母救下来并抚养成人。然而,摩西却由卑贱的父母所生,他们由于害怕一个残暴的异族统治者而将其藏匿起来,后来被统治者的女儿发现并由王室抚养成人。为什么会有这种变化?一些学者某种程度上倾向于附和弗洛伊德对这些故事的解释,他们说:原始的说法是,摩西本是法老女儿的孩子,犹太人救了他并视如己出,把他抚养大。但弗洛伊德却拒绝这种说法,其根据如下:埃及人完全没有理由制造这样的神话,因为对他们来说,摩西并不是一个英雄;犹太人也没有任何理由把他们的英雄塑造成一个异族人。因此,这个观点必定有待讨论。

> 我们今天所知的摩西神话可悲地未能顺应它的秘密动机。如果摩西不是王室血统,我们的传说就不能把他塑造成一位英雄;如果他保持一个犹太人的身份,又无法提高他的社会地位。(页12;中译本页7-8)

那么,故事的意图必定是要提高摩西的社会地位,要把他塑造成一位英雄,要赞美他。弗洛伊德是怎么知道的?要想尽量理解一本书中发生的一个故事——就拿摩西诞生的故事或任何其他故事来说吧——要是明智的话,我们就要考虑故事的语境,既包括直接的语境也包括更广阔的背景。这意味着,要把一本书作为一个整体来考虑。关于荣耀(glorification),《圣经》说了些什么?一个人在智慧和勇气等等方面是不值得称耀的,但这一事实——他敬畏上帝——则是值得称耀的。① 这就是《圣经》的荣耀观。《圣经》说,"摩西此人极其谦卑(humble[中译按]见《民》12:3;和合本作'谦和')"。伟大的立法者竟由一个异族人授以伟大的行政科学,这无助于他的荣耀。他不得不从一个异方人那里学来行政技艺。《圣经》并不想称耀摩西,只是想称耀上帝。摩西被遗弃又被拯救的故事表明,婴儿摩西极不可能存活下来,犹太民族极不可能出现,因为犹太民族的出现与摩西的被拯救紧密相连。这与《创世记》中的那则故事——就是那则捆绑以撒(Isaac)的故事——完全一致,在这则故事中,亚

---

① 施特劳斯在此提到《圣经》文本,其核心部分似乎就是《耶利米书》9:23-24:

> 耶和华如此说:"智慧人不要因他的智慧夸口[得称耀],勇士不要因他的勇力夸口[得称耀],财主不要因他的财物夸口[得称耀]。夸口[得称耀]的却因他有聪明,认识我是耶和华,又知道我在世上施行慈爱公平和公义,这些是我所喜悦的。这是耶和华说的。"(Thus saith the Lord:"Let not the wise man glory in his wisdom, neither let the mighty man glory in his might, let not the rich man glory in his riches; But let him that glorieth glory in this, that he understandeth, and knoweth Me, that I am the Lord who exercise mercy, justice, and righteousness, in the earth; for in this things I delight. Saith the Lord.")([中译按]中译文据和合本有改动。以下有关《圣经》的引文皆从和合本译文,个别有出入的地方据原文译出并附原文。)

这几行诗似乎是以下几行诗的综合或完善:"敬畏耶和华是知识的开端"(《箴》1:7);"敬畏耶和华是智慧的开端"(《箴》9:10 和《诗》111:10);"谦卑的奖赏是敬畏耶和华"(《箴》22:4。[中译按]此句意思与和合本有出入。原文为 The reward of humility is the fear of Lord。原编者所引《圣经》英译文依据的版本是:*The Holy Scriptures*, Philadelphia: The Jewish Publication Society of America, 1995。)有关摩西的谦卑,见《民》12:3。施特劳斯在下文中提到,有一个"异族人"或"外国人"曾教给"伟大的立法者……伟大的行政科学",这里暗指摩西的米甸人岳父叶忒罗(Jethro)和《出埃及记》18:13-27 中叙述的事件。亦参见《民》11:10-30 和《申》1:9-18。另外,施特劳斯还提到迈蒙尼德关于《耶利米书》这两节的论述,见《迷途指津》卷三 54 章,其中论述了荣耀、智慧和人的完善。

伯拉罕（Abraham）本来没有任何可能生一个儿子，但儿子还是生下来，上帝也通过这个独生子为亚伯拉罕的种族许诺了一个伟大的未来，但在这之后，上帝又命令亚伯拉罕杀掉他的儿子。尽管这则命令看起来非常荒谬，但亚伯拉罕还是心甘情愿地服从。一个民族没有武器与土地，没有任何可见的支持手段——只有上帝，这个民族极不可能生存下来。这若不是每一个孩子都能看懂的《圣经》所表达的一个主要信息，我不知道它还能是什么。而且，如果这有助于充分地理解一个特殊的《圣经》故事，那么，把它留在那里就是明智的。弗洛伊德根本没有理解摩西所具有的那种独特品质——这种品质在英语中称为谦卑（humility），而同时，弗洛伊德关心的却是羞辱人（humiliating man）。

通过追溯所有类似故事的一个共同特征，弗洛伊德阐明了摩西故事的独特性。在所有这类故事中，包含着一个历史的核心，就此而言，那种抚养过所谓的弃婴的家庭是真实的家庭。而那种据说曾遗弃过婴儿的家庭则是瞎编的。一个卑贱牧羊人和他老婆抚养大了一个婴儿，并且，这个婴儿证明了自己是一个极其能干的男人并成了统治者。作为一个明智的人，亦即一个有政治判断力的人，他将会做什么？他会说，那个牧羊人及其老婆不是他的父母，他们只不过是把他抚养大而已。如果我们接受这种对此类故事的解释原则，那就意味着，摩西是一个由犹太人养大的埃及人。

> 摩西的传说与所有其他同类传说有所不同，这种分歧可以追溯到摩西生平故事的独特开端。在所有其他传说中，英雄都出身卑贱，并随着生活的进展而步步高升；而摩西的英雄生涯则始于一种下降：从高贵显赫下降到以色列人子孙的水平。（页13；中译本页9）

换句话说，居鲁士确实是穷牧人的儿子，而一旦成了波斯帝国的缔造者，便声称自己曾是某个王室的弃儿，然而，摩西的情况正好相反：摩西出生于一个王室家庭，却被卑贱的父母收养。弗洛伊德解释说，这完全是一个猜想。更准确地说，人们事实上可以认为弗洛伊德的论点毫无证据。并且，弗洛伊德还说：

> 这种解释——把摩西放在一种弃婴神话中——必然得出下述结论（即，不仅"得出"而且"必然得出"——施注），即摩西是一个埃及人，但有一个民族需要把他说成是犹太人。（页16；中译本页11）

指出某种理论完全没有根据，这还远远不够，因为作为一种理论，它打算解释一个困难。那个困难就在这里：为什么必须把摩西描绘成一个完全在埃及人的智慧中成长起来的人呢？你们瞧，我现在要作一个临时性的假定，即假定各种《圣经》故事在字面上并不是必然真实的。那个人要想把犹太人从埃及人的统治下解放出来，就必须有能力在埃及人自己的水平上对付埃及人与法老，必须对埃及人有几分了解。为了在技巧或技能上建立起摩西相对于埃及人的优越性，《圣经》对摩西所行的奇迹和埃及法术师所行的奇迹或邪术进行了一番比较。这意味着，从人的角度来说，从政治的角度来说，一个人若想把一个民族从一个压迫它的帝国中解放出来，就必须非常了解这个帝国。我们有一些当代例证，有一些人在牛津和剑桥学习之后，就在大英帝国的附属国造成了一些改变。

我们现在已经"建立了"摩西是一个埃及人的事实。但是，如果摩西是一个埃及人，就会出现两个巨大的困难：其一，如果摩西是一个埃及人，他的宗教就是埃及人的宗教，然而，埃及人是多神教徒与偶像崇拜者，众所周知，摩西却是一神教的创始人，一神教最强烈反对的就是多神教与偶像崇拜；其二，是什么东西有可能诱使一个埃及王子自愿去充当"一群文化低劣的移民"（页18；中译本，页12）的领袖呢？对于第一个问题，弗洛伊德有一个简单的答案。摩西时代之前不久（弗洛伊德没有解决这些年代上的难点，我也不能解决),埃及人的宗教发生了一场巨变——弗洛伊德称之为埃赫那顿(Ikhnaton)伟大的异端学说。埃赫那顿是一个埃及王,他创立了一个严格的一神论宗教:只有一个宇宙神,即太阳神阿顿(Aton)。这个神本身并不是太阳,他只是在太阳中显现自身。而且,埃赫那顿的异端学说还有一个特征,那就是对多神教与偶像崇拜非常不宽容。结论:有一个一神论的埃及宗教,这恰好适合摩西及其宗教的需要。至于第二个问题,是什么东西诱使一个埃及王子自愿下台并与"一群文化低劣的移民"厮混在一起?弗洛伊德提供的答案如下。埃赫那顿的宗教出现之后不久,很快就被反动的多神教祭司们消灭了。摩西是一个阿顿崇拜的信徒,而阿顿崇拜是一种异教并遭到了迫害,因此,摩西宗教的惟一希望就在于寻找一个愿意献身于阿顿崇拜的新民族。

这个论证的基础仅仅是一个假设——即假设摩西是一个埃及人。关于这一论点,弗洛伊德给出了另一个他所谓的证据。

> ……据说,摩西本是"笨口拙舌的"——也就是说,他肯定有口吃或发音障碍——以至于,他在同法老进行所谓的讨论时,不得不请亚伦(Aaron,他被称为摩西的兄弟)相助。这也许又是一个历史事实,并且作为一个值得欢迎的补充,可以为这位伟大人物的形象刻画增色不少。然而,它可能还具有另一种更重要的意义。从某种可能被讹传的情况来看,这个记载可以使人想起这一事实,即摩西说的是另一种语言,如果没有一位翻译(就是所谓的兄弟亚伦——施注)的帮助,摩西就无法同他的闪米特人组成的新埃及民(我们的祖先——施注)进行语言交流,至少在开始阶段情况是这样。由此(这句话肯定值得重印在一本好的逻辑学教科书里——施注),又有一条新的证据证明了这一论点:摩西是一个埃及人。(页37–38;中译本,页25)

我不得不给大家读一读另外一段话。关于《圣经》宗教的阿顿起源,弗洛伊德说:

> 除了神的名字不同之外,两者之间最本质的区别就在于,犹太教完全抛弃了对太阳的崇拜,而埃及一神教却仍然坚持这一点。(页 28;中译本,页 19)

这是一个令人惊异的轻描淡写。为了剥夺一切可能的宗教形式视为神圣的所有天体,人们曾经作过最伟大的努力,《圣经》就是明证。但是,摩西宗教竟起源于埃及,这究竟是怎么一回事呢?

我们在此勾勒的这些考量,可能在相当程度上会打动一些读者,但却没有给弗洛伊德留下任何印象,因为他比谁都清楚这些考量。困扰他的是一种根本不同的困难。某些现代学者或明或暗地否认说,摩西创立一种新宗教的活动与埃及一点儿关系都没有。另一些高级考据家则有不同的关注对象:他们说,有一些《圣经》证据表明,具有决定性意义的那个事件发生在西奈(Sinai)旷野的某个地方;而且他们还说,新的神不是太阳神阿顿,而是一个"怪诞的、嗜血成性的恶魔,它避开白昼的阳光而在黑夜里出没"(页 28;中译本页 26)。他就是《旧约》中的上帝,这些人称之为耶和华(Jahve)。旷野中的摩西我们都很熟悉,他和那个神、那个火山神联系在一起,这个摩西与弗洛伊德"推导出"的"威严的埃及人摩西"没有任何共同之处。这样,我们就有了两个摩西——弗洛伊德推导出的埃及人摩西和其他一些《旧约》学者推导出的那个旷野中的摩西。这时,弗洛伊德发现了另一个更高级考据家,这位批评家极大地帮助了弗洛伊德。

> 1922 年,塞林(Ernst Selling)获得了一个具有决定性意义的发现。他在先知何西阿(Hosea,公元前 8 世纪中叶)的书中找到了关于一个传说的一些不容置疑的线索,这个传说大意是说,

> 犹太教的创立者摩西在其倔强而顽劣的臣民的一次反叛中遭了厄运。他所创立的宗教也同时被抛弃……让我们接受塞林的猜测,即认为埃及人摩西是被犹太人所杀,他所创立的宗教也被犹太人抛弃了。(页 42–43;中译本,页 28–29)

埃及人摩西被谋杀,他的宗教也被抛弃,但是,他还有一帮埃及人扈从,这就是最初的利未人。他们中的相当一部分人从大屠杀和对阿顿崇拜的镇压中幸存下来。利未人成了犹太民族的精英。犹太各部落在摩西的领导下离开埃及,并与其他一些从未去过埃及的部落发生了融合,犹太民族由此形成。那些从未去过埃及的部落在旷野中已经接受了火山神崇拜,并且他们的领袖就是一位米甸(Midianite)祭司,我们权且称他为叶忒罗。决定性的事件就是一次妥协。利未人接受了火山神,但坚持要以割礼为代价,而割礼是埃及人的一个习俗。除了割礼之外,其他一切都遭到抛弃。稍后发生的事情可以用简单的几句话来加以说明,人们从一种火山神信仰的角度重写了出埃及的故事,就像太阳神被火山神掩盖了一样。而且,摩西被米甸祭司——火山神最初的崇拜者——掩盖了。然而,我们对另一个摩西一无所知。他完全被第一个摩西即埃及人摩西给弄模糊了。惟一的缺口大概就是在《圣经》中发现的关于摩西的特征种种自相矛盾的暗示。"他经常被描绘为有支配力、性情暴躁甚至狂暴,但他又被说成是所有男人中最有耐心、'最谦和的'(meek)"(页 49;中译本页 33)。这是一种自相矛盾。我提出这样一个问题:我们知道,埃及人摩西是有支配力、性情暴躁的,但是,为什么野蛮的恶魔神的野蛮祭司要比文雅的埃及人更谦和呢?一个人无需对精神分析学有精深的研究,就能认识到,有些民族既暴躁又谦和。我就曾见过这种民族。

这时,发生了一件大事。这件大事并不是一神教的引入。这件大事当然就是摩西被谋杀。

> 在后世的诗人、祭司与历史学家们着意描绘的犹太人史前史的所有事件中,有一件事情最为突出,人们煞费苦心地竭力掩盖这件事……在埃赫那顿的祭司学校里受过训练的摩西采用了与那位国王一样的手法。他发布命令,把他的宗教强加到他的臣民头上。……但是,当温顺的埃及人等待着命运除去他们神圣的法老时,野蛮的闪米特人却把命运操在自己手中,除掉了他们的暴君。(页57–58;中译本,页38–39)

稍后,这个民族就懊悔谋杀了摩西并想方设法忘掉这件事。这是因为利未人的影响力渐渐地增强了。埃及人摩西的灵性的和人道的概念反对米甸人摩西所具有的那种关于火山神的野蛮概念,并渐渐表现出了自己的权威。

> 耶和华坚持说他已经是这些族长们(亚伯拉罕、以撒和雅各——施注)的上帝;但事实上——耶和华自己也不得不承认这一点——他们并没有在耶和华这个名字之下来崇拜他。(页53–54;中译本,页36–37)
> 耶和华也没有说清他曾经在其他什么名字之下受到崇拜。(如果大家查阅一下经文,就会看到,他出现在全能的上帝[God Almighty]这个名字下——施注)……将那些先辈族长带入新的耶和华宗教还有另一个目的。他们曾经居住在迦南(Canaan),他们的记忆与这个国家的某些地区联系在一起。那些族长们自己可能就曾是迦南人的英雄或本地神祇,迁徙中的以色列人把他们纳入了自己的早期历史,通过追忆他们,人们就可以证明自己诞生并生活于这个国家,就可以驳斥那种非难——即指责他们依附于外来征服者。这不愧是一个聪明的改变:上帝耶和华给予他们的只不过是他们的祖先曾经拥有过的东西。(页54–56;中译本页37–38。关于上帝之名 Almighty [*El Shaddai*],见《创》17:1;28:3;35:11;43:14;48:3;

49:25；另见《出》6:3）

我注意到,这里缺乏一种同情,这很奇怪。从一种极端怀疑的观点出发,人们可以说,我们根本不知道发生了什么事情,就像弗洛伊德在另一个场合所说的那样,科学（指[《圣经》]高级考据式批判）现在已经变得对传统更加宽容,那么,为什么不可以认为,亚伯拉罕确有其人并且确是一个诚实而虔敬的人（正如《圣经》所描绘的那样）呢? 为什么不可以呢? ——如果一个人不是对自己的血统充满憎恨或忘恩负义的话。

在这一节,最有趣的评论是:

> 谁也无法怀疑,就是由于这位别神的观念（the idea of this other god）,才使以色列民族能够克服所有的艰难而生存到我们现时代。……犹太民族一直保持了这样一个传统,并且培养了为之献身的人,即使这种动力最初来自外界,来自一个伟大的异方人,对于犹太民族来说,这也足以称得上是一种荣耀。（页62－63；中译本,页42－43）

简而言之,即便犹太教的创始人是一个异族人,这一证据也不会影响犹太民族的自豪感。

鉴于这些证据的脆弱性,人们有权利说,这个论证的合理性不在于其证据而只在于其结论。弗洛伊德的这一结论发表于1937年。他是想确定1933年的大灾难没有把他带回到被叫做犹太教的社会神经症吗? 通过向德国人展示一个犹太人如何应对其宗教创始人的异族血统,他是想给信仰基督教的德国人上一课吗? 有一件事情是确定的:根据弗洛伊德的设想,犹太人事关摩西的情形同异教徒（the Gentiles[中译按]指相对犹太教而言的异教徒）（并由此尤其是德国人）事关耶稣的情形是一样的。正当犹太人向德国人的同化运动彻底失败之时,弗洛伊德搞了一个极端的同化行动:他把犹太人事关摩西的情形同化为德国人事关耶稣的情形。

弗洛伊德此书的第三部分相比之下是最长的。它专门致力于一些心理学上的讨论。这些心理学上的讨论预设了弗氏历史发现的真实性,依据这些历史发现,摩西是一个埃及人并且有两个摩西。我们可以有把握地说,这些心理学上的讨论,其目的在于试图阐明弗洛伊德自己凭想象虚构出来的一些东西。这种心理学解释不是在对魔法信仰而是在对魔法本身的解释上具有一种科学身份。问题究竟是什么?人们可以争辩说,既然对于伟大博学的先知们的生活与教诲,我们拥有可靠资料,那么,摩西的血统问题甚至他的宗教问题基本上就无关紧要。在这里,我们具有高度灵性(high spirituality)的独特发展,不管其谦卑而含混的出身是什么。我们能做且必须做的是设法理解那些可理解的教诲或信息。一旦有可能,一个人就必须设法查明它是否真实。弗洛伊德的进路不同。我们需要的是一个有关原因的解释:一神教为什么出现在犹太人中间?犹太人为什么会达到这样的信仰——即相信他们是选民?严格说来,问题并不在于一神教出现在犹太人中间,因为我们都知道,一神教出现在埃及,而埃及人摩西只是将它移植到犹太人中间。因此,问题就在于,犹太人为什么花了那么长的时间,才全部变成彻底的一神论者?

> 因此,我相信,一个惟一神的观念以及以这个神的名义所强调的伦理要求和对所有巫术仪式的排斥,的确都是摩西的教义。这些教义在开始时无声无息,但经过一段漫长的时期之后便奠定了自己的地位,并最终取得了优势。如何解释这种延迟的影响呢?我们在什么地方遇见过类似的现象呢?(页82;中译本,页56)

根据弗洛伊德的假定,我想提出如下设想。犹太人在埃及接受摩西的领导并不是因为他们确信摩西的极端灵性宗教的真理(因为据说,他们还是驽钝的、未开化的移民),而是因为摩西曾许诺他们以自由。头脑简单的民族能很容易地理解这个许诺。这些犹太人完全没有为摩西的崇高信息做准备,尤其是在他们与他们那些崇拜火山神的完全未开化的同胞在旷野联合之后,更是如此。让这些人理解摩西的任何信息都是根本不可能的。但是,另一方面,这些犹太人之所以追随一个高贵的埃及人并接受他的领导,是出于一个合理而实际的动机,这个动机就是希望得到解放。如果一个人生活在被征服、受奴役之中,而这个帝国的统治者中有某些人走过来并告诉他,"我将解放你",这时,谁不会像那些犹太人那样做呢?在这些情况下,他们如果不追随摩西才真是愚蠢之极哩。征服迦南地之后,他们自然地沦为形形色色的地方性生殖崇拜的牺牲品。利未人当然是以一种极为残损的形式或版本保存了摩西宗教的一些模糊迹象。如果摩西及其宗教的埃及起源,还有这一宗教的原初特征没曾得到成功的抑制,甚至连这种原始的版本也不可能保存下来。如果没有得到抑制,他们自然就会喋喋不休:"我们才不想听从这个外国佬哩!"尽管如此,关于起初真正发生的事情的传说在某些方面仍然长久地保存了下来。只是在极度的危机到来之时,犹太人才开始接受那些经过先知们复元的摩西信息。他们再也不会信任任何政治支持——武器或联盟。对于这些设想,弗洛伊德实际上回应道:这种解释并没有恰当地认识这一事实——即对原初一神教的记忆被压抑了,随着岁月的推移,这种记忆变得更强而不是更弱了。此外,我要再度说,对崇高的一神教的抵抗之所以变得越来越弱,原因应该归于犹太人受到——通过他们所遭受的经验——的教育越来越多。如果说,对纯粹的民族神的信仰会在(例如)本来应由民族神保护的这个民族被毁灭时被驳倒,那么崇高的一神教是没有以同样方式被这种事件驳倒的仅有的教义。弗洛伊德始终都在使用一个假定,因为他始终都在谈论这种信仰的高度灵性(high spirituality),借助于一神教的崇高性这个弗洛伊德的假定,我们说明了一神教在早期犹太人中间的命运。

但是，很显然，我已经完全误解了弗洛伊德。关于弗氏对我的论辩的回应，我应该试着"生动地描绘"如下：灵性嘛，我不信！"宗教现象当然必须被看成是大众心理学的一个部分"（页91；中译本页62）。你们瞧，尽管使用了一种粗糙而通俗的表达，但我并没有夸大其实喔，如果高度灵性是大众心理学的一部分，那它意味着什么？从弗洛伊德那里，我们听说了一些有关埃赫那顿的革命性异端学说的种种事情，尽管这些事情并不代表一种大众心理学现象，让我们还是权且从高处接受弗洛伊德的这种声明吧。那么，让我们忘掉灵性而转向大众心理学吧，因为，否则我们就不能在弗洛伊德研究上取得任何进展。

要想在大众心理学的语境下去理解宗教，我们就不得不根据我们对神经症的认识去理解这一对象。摩西的一神教曾消失了很长一段时间，必须得把这事实理解为摩西一神教的"潜伏期"。潜伏是神经症的一个基本部分。神经症是一种强迫性格的延迟结果，这种性格源于精神创伤。例如，源于某种与性有关的早期童年经历。弗洛伊德有一个公式：早年的精神创伤——防护——潜伏——神经症发作——被压抑材料的部分重现。弗洛伊德把这种观察应用于宗教，其理由有二：其一，在个体经验（也就是弗洛伊德所观察的神经症患者）与人类种族经验（弗洛伊德不可能观察过）之间存在着根本的一致性。其二，各种宗教都是神经症，而且宗教信仰的强迫性特征很容易证明这一点。宗教关乎这样一种信仰——"任何合乎逻辑的反驳对它都无能为力"（页107；中译本，页74），这种信仰是一种迷念（obsession）。

人类种族的创伤经验引发了一神教的神经症，那么，那种创伤经验是什么呢？原始部落（primeval horde）被一个父亲以铁腕政策统治着，这个父亲独占了所有能搞到手的女人——这是第一步。儿子们联合起来，杀死了父亲，并吃掉了他——这是第二步。杀死父亲是由于憎恨，而吃掉父亲则是由于敬畏或爱。儿子们希望像父亲一样，希望成为父亲，因此，他们吃掉了父亲。过些时间之后，儿子们放弃了成为父亲的渴望,并承认彼此之间如同兄弟。这样,就形成了一种社会契约,法律与道德也随之开始。这种契约有一个本质部分,即不会有任何妇女社区,尽管会有某种限制(禁止乱伦等等)。但是,想做父亲这一想法仍一直存在着:父亲的替代者成了崇拜对象。这就是宗教的开端,这就是宗教。从第一个、最初的父亲替代者到各种形式的多神教,弗洛伊德设想了一个复杂的发展过程。在这些多神教中,人们很难辨认出父亲替代者的最初形式。但这时,突然出现了一个全能的惟一神,也就是那个被谋杀后又被神化的父亲,他的重现与一种罪疚感和畏惧行为联系在一起。由此,我们就理解了下述事实,即古希腊人不像犹太人或基督徒那样,他们没有深深的罪疚感,因为古希腊人是多神论者,因此,在他们的思想中,惟一的父亲没有显著的位置,古希腊人也就没有那种与谋杀父亲相关的罪疚感。

由此,我们就理解了,一神教为什么抓住了犹太人,尽管它没有在埃及出现于犹太人中间。在埃及,一神教一直是一个无关紧要的小教派。埃及人并不具有精神分析学上的动机,因为他们没有谋杀过父亲般的存在者。然而,犹太人谋杀了摩西——一个卓越的父亲替代者;他们不仅记得这桩原初罪行(original crime),而且还曾再次上演它;因此,就产生了一种特别强烈的罪疚感、固恋感等等。犹太人变成了惟一的像上帝者(God-likers),他们不得不压抑这种行为。在下述条件下,弗洛伊德的理论值得考虑:(a)如果宗教是一种神经症;(b)如果像弗氏所描绘的那样,人的原初状态是部落;(c)如果像弗氏所描绘的那样,原初的部落转变成了兄弟般的部族;(d)如果只要宗教象征延续下来了,宗教象征的理由就会被人记住,或者,如果真的有所谓的种族记忆这种东西;(e)如果在多神教的内部,没有任何理由可以说明那种从多神教到一神教的转变,并且,(f)如果犹太人谋杀了摩西。

弗洛伊德讨论了一些困难。首先,他提到这一事实,即关于这种神经症的发展,他本人只知道一个例证,而科学的理论单单基于

一个例证是不充分的。在这种情况下,弗洛伊德指出了以下观察:

> ……精神分析工作中有一个很好的规则,就是只满足于解释存在的事物,而不试图去解释尚未发生的事情。(页 118 – 119;中译本,页 83)

其次,关于个体的神经症,在无意识中存在着对过去的记忆迹象。至于说群体的神经症,这种对等的记忆迹象是什么呢? 传说(或传统),"有活力的传统"。但是,如果兄弟们最初曾谋杀了父亲,有没有关于这次谋杀的"有活力的传统"呢? 让我们再读几段话。

> 然而,一旦我们意识到,在个体的精神生活中可能不仅存在着他自己所经验过的东西,而且可能存在着一些与生俱来的东西、发生学上的原初碎片、一种原始的遗产,这时,就会产生一个新的问题。……第一个而且最确切的回答就是,它存在于所有生物都具有的某些秉性之中。……然而,精神分析学研究已经发现了另一些东西,其意义超出我们迄今所讨论过的任何东西。在研究对早期创伤的反应时,我们常常惊奇地发现这些反应并没有严格地保持在个体本身所经验过的东西里面,而是脱离这些经验过的东西,在某种程度上,这更符合他们对遗传事件的反应,并且,总的说来,我们只有通过这种影响才能解释那些反应。在恋母情结和阉割情结影响下,这类反应在患神经症的儿童的行为中表现得非常丰富,这类反应在个体中看起来是不合理的,而且只能从发生学的角度,在这些反应与上一代经验的关系中加以理解。……经过深思熟虑之后,我必须承认,我已经无可争辩地证明,存在一种记忆的遗传——这就是我们祖先经历过的事情的痕迹,它不受我们的直接交往与实例教育的影响。当我谈及某个古老传统仍然活在某一民族心中,谈及某一民族性格的形成,我心中所指的就是这样一种经遗传继承

的传统,而不是由口头传承的传统。或者至少,我没有在这二者之间加以区别,我也不清楚,由于无视这种区别,我迈出了多么大胆的一步。确实,目前生物学界否定人类习得性的素质可以遗传给后代的观点,因此,上述设想就变得更难成立。尽管如此,我还是毫无自夸地认为,若不把这个因素纳入考虑之中,我无法想象生物学的继续发展。(页 125 – 128;中译本,页 88 – 90)

这里有一个巨大的困难,这个困难决没有得到解决,而只是被提及。说得委婉且客气一些,我们不具有那种——不同于通过传统而实现的——群体记忆的可能性的知识。

我转向一个相关的论题。

我们现在遵循的程序,是从传统中选取看来有用的材料并排除不适用的东西,然后按照心理学上的可能性将这些个别的碎片拼合起来,这种方式根本不能保证会发现真相,如果我们对此心知肚明,那么,人们就有权利问,既然如此,为什么还要进行这种努力呢?为了回答这个问题,我必须列举出结果。如果我们从根本上降低通常对历史学与心理学研究提出的苛刻要求,我们就有可能澄清那些似乎总是值得注意的问题,并因此迫使他们接受我们的观察。(页 133;中译本页 93 – 94)

这也就是说,如果我们不是过分地拘泥于证据和真相,许多问题就可能轻而易举地加以解决。在这里,弗洛伊德承认,他所提供的至多只是一个似是而非的假设而已。事实上,它是一个胡乱的猜想。就其所关心的宗教而言,弗洛伊德的工作——正如他任何时候都承认的——基于司密斯(Robertson Smith)的工作。

我仍然坚持这种思维顺序(司密斯的理论——施注)。由于我在该书(《图腾与禁忌》)再版时没有改变我的意见,我已经频频遭到攻击,因为现在越来越多的人种学家已经放弃了司密斯的理论,并且在某种程度上用其他很不相同的理论来取代它。我要说明的是,对于科学领域中这些尚未证实的进步,我非常了解。到底是这些理论正确呢,还是司密斯的理论正确?我看尚不能定论。矛盾的东西并不总是互相排斥。一种新理论也并不必然标志着进步。不过,总而言之,我不是一个人种学家,而是一个精神分析学者。(页169;中译本,页120)

但是,弗洛伊德用的理论始终都是人种学理论,尽管他自己也乐意承认,人种学是一个超出其能力范围之外的领域,并且,他甚至都没有尝试讨论一下某些人种学理论,就决定拒绝它们。弗洛伊德试图解决的问题是:尽管或者因为犹太民族是一个极其令人讨厌的民族,犹太民族具有令人惊异的生存能力。弗洛伊德首先把这种现象归溯于犹太人的坚定信仰——即相信他们是被拣选的这一点很合理;但是,他随即把这种对拣选的信仰解释成一种非凡的自豪或自信。弗洛伊德把这种极端的自信归溯于犹太人非凡的灵性,并且纳闷,这种灵性为什么竟能提升一个民族的自信。这对他而言是一个问题,因为他相信,灵性并不属于人的基本素质。灵性是原始冲动(primary urges)的派生物。

我不能深入研究这一包罗万象的问题,而必须把自己限制在与宗教灵性相关的问题上。宗教灵性意味着各种神圣的禁令(sacred prohibitions),这些禁令带有一种非常强烈的情感标记(我试着使用弗氏的术语),而非某种理性的动机。弗洛伊德在这里举了这样一个有关禁令的例子,即禁止与女儿或姐妹乱伦。弗洛伊德没有考虑这一事实,即若没有一套异族通婚法,家庭就不可能扩展成政治社会,并且,异族通婚规则必须从它本身所导致的结果上来理解。不过,只有当上帝不存在是确定的,宗教上的精神分析学问题才可能会出现。对上帝存在的否定仅仅是弗洛伊德分析的消极条件,这个条件是弗洛伊德与许多人在许多时代共有的。但是,他的前辈们对宗教起源的解释有所不同,例如,他们会从政治上解释,或者认为无知与恐惧一起导致了宗教。权且把心理学问题当成一个必要而正当的问题,那么,在宗教中首先吸引我们的就是尊敬(reverence)现象。对于尊敬,我们最初就很熟悉,比如,我们从童年起就尊敬我们的父母、我们的起源。我们暗自认为我们的起源比我们自己更伟大,这意味着我们有一种缺陷感。这种缺陷感是病理学意义上的吗?

> 我们竭尽全力尝试作出的解释是艰难的、可怜的、拼凑的;与此相比,那些信徒们的教义是多么全面、详尽而终极啊!(页157;中译本页111)

看起来,所有严肃的人似乎都意识到他们的缺陷,并且对他们的缺陷有一个认识、一种非病理学意义上的认识。无论如何,这都意味着对一些可能比我们自己更伟大的人或存在物的某种尊敬之情。每一个严肃的人都会意识到自己在理解上的缺陷,意识到这个事实——即这些缺陷部分地是由于努力不够、由于罪疚。绝大多数人都认识比他们高明的人,那些他们对之合理地仰望的人。当然,他们不必相信这些[高明]人所说的一切。他们有批判能力。但是,还有一种情况就是,有些人很有才智并且在其他方面也有判断力,但他们的仰望却不带任何批判的可能性,这似乎是一种决定性的情形。这种决定性的情形就是奠基人—立法者(the founder-legislator)。我们不知道远古时代最有才智的人脑袋里想的是什么,但是,有一种现象,我们还能略知一二,这就是所谓的古代法,人们认为它是不可改变的。这种不可改变的特性归结为被法的完美性——以及立法者的完美性。也就是说,这种特性被归结为某些如今不再被承认的东西。于是,我们就遇到一种无批判的尊敬现象。这种现象在犹太教中是出了名的,就像在其他那些只有通过法律拟制等等程序才能改变法的法律系统中一样。古代社会的这种表面看来是非理性的保守主义,其底下潜在的东西是什么呢?法的改变意味着人类的改变,这就取消了所有的法的神圣性。法的神圣性只有借助于法的神性起源才能被理解。这背后存在一种观念,即法与秩序出现之前是一种混沌,它不仅是极度的不和谐,而且完全缺乏任何意义上的安全。秩序产生意义;秩序之外没有意义、只有混乱。因此,应当固守法。弗洛伊德把这种固守称为一种迷念(obsession)。他的意思是,这种固守没有任何理性基础。但是,对一些人来说没有理性的行为,对其他人而言却可能是理性的。对现代共和国的一个公民来说,把国会去年制定的法律当作某种不可改变的东西加以固守,这种行为会是无理性的,尽管对宪法的固守可能会另当别论。

弗洛伊德的理性标准取自于现代人。他暗中用一种适用于现代人的理性标准来衡量古代人的行为。如果一个人遭遇海难时使尽全身力气固守住一块木板,或者,如果一个人疯狂地逃避一只老虎的追逐,我们决不会说这个人受到了迷惑(obsessed)。现在,让我们假定,他疯狂地逃避的不是一只老虎,而是某种他误认为是老虎的东西。这种误会并不必然是病理学上的。即便这种误会是由于对老虎的习惯性恐惧激起的,有人很可能会说,一个人与老虎打交道就预示了夸张的警告。现在,让我们假定,早先的人比现代人更无知,并且更难区别真正危险的东西和仅仅看起来危险的东西。他可能合理地害怕许多我们合理地不害怕的东西。他不由自主地考虑到整全。太阳是不是总会升起?去年发生了前所未有的洪灾,下一年会不会接着发生一场更厉害的洪水?他设想,他所依靠的东西比他自己更有力量、更伟大,并且,任何比他伟大的东西必定在任何方面都比他伟大。因此,他倾向于相信,他依靠着种种超人的力量,这些力量会思考、有意志,因此能知道他的思想和行动。鉴于这些前提,他的畏惧难道不是出于理性吗?并且,如果一个超人出现并且说,"如果你这么这么办,并且只有这么这么办,你就不必害怕啦",他难道就不会理性地固守那种行为方式而不带任何迷念吗？就好像当一个人逃避老虎时,没人会说他带有迷念。甚至完全不同类型的民族都知道这种一切颠转的感觉。柏拉图是如何经常论及我们的觉醒的——当我们不再把显见之物视为理所当然的,当我们意识到显见之物的谜一般的特征时？弗洛伊德争辩说,早期立法者们所坚持的一切主张都已经从经验上被驳倒了。此话当真？让我们拣一个最简单的例子。害怕老虎的人害怕的是被老虎吃掉。他害怕的是死亡。现在,奠基人的许诺中的一部分可能就是：如果你按照他所指出的方式行动,并且只有那样做,那么,你死后就会有一个完美的受祝福的生活。这个主张有没有从经验上被驳倒呢？然而,弗洛伊德并没有提及经验上的反对理由,而只谈到逻辑上的反对理由。宗教信念是大众的神经症,因为所有的逻辑论证仍然无力反驳这些信念的荒谬性。我敢说,弗洛伊德预先假定了矛盾原则的有效性。但是,这种原则的核心是什么？我只找到以下答案：

> ……自我（Ego）通过观察、批评和抑制来反对自我的其他组成部分,并在自我中创立出一种标准。我们把这种新标准称为超我（Superego）。（页149；中译本页105）

现在,批评的标准很可能就以自相矛盾为特征,因为"超我是父母的继承者与代表……它监督着个体幼年时期的行为；它永远行使着自己的功能、一成不变"（页149；中译本页105）。① 既然我们不能假定所有的父母都没有自相矛盾,超我本身似乎就包含着自相矛盾。但最重要的是,这些逻辑上的反对理由是什么？这些内在于宗教主张中的大量的自相矛盾是什么？为了简化讨论,我只谈一谈自由派宗教。不可否认的是,有些人信宗教却不正统,否认这一点将是荒

---

① 施特劳斯的引用漏掉了"和教师",这在弗洛伊德的原文中紧接着"父母的继承者和代表"。

谬的。自由派宗教在宗教传统的内核与外围之间作了一种区分。弗洛伊德暗中拒绝这种区分内核与外围的做法，却没有证明这种拒绝的正当性。他没有考虑这种可能性，即宗教教义可能是对一种基本经验的不充分的表达，并且这种基本经验有许许多多不同的层次。有人可以证明，这种基本经验的某些表达自相矛盾，甚或这种经验的某些形式本身就自相矛盾，尽管如此，他还是没有从整体上证伪(disprove)这种经验本身，他根本没有证伪这一点，即这种经验在其最高层次上并不自相矛盾。弗洛伊德为什么会失败，原因很简单：他对自己正在讨论的经验一无所知。弗洛伊德从来没有经验过有些人称之为临在(Presence)或呼召(Call)的东西，因为，他筑了一道墙、一道非常脆弱的墙来踢走那种经验。

让我们试着看看，这种基本经验如何以一种前宗教甚或宗教的方式进入到弗洛伊德的工作视野里。只有当我们确信绝对没有上帝存在时，关于宗教起源的心理学问题才会出现。如果有一个上帝存在，那么，就人们关于上帝的经验作出的心理学上的解释就无关紧要。一个人倘若仅仅是一个不可知论者而非无神论者，那么，他就不能排除这种可能性，即宗教的基础是上帝的临在与呼召。绝对没有上帝存在——这种确信将预先假定，在整全之中，绝对不可能有上帝的地盘，换言之，整全之中绝对没有任何神秘之物。对弗洛伊德来说，各种神秘之物只是尚未解决的各种问题而已。所有的问题在原则上都可以解决。因为，如果存在真正的神秘之物，宗教就可能是经验与表达这些神秘之物的一种方式，也许是惟一的方式。我必须纠正刚才的话，弗洛伊德的确还承认神秘之物。

> 我们清楚，天才是不可理解而且无法解释的。因此，除非其他解决办法都不能奏效，我们不宜把它当作一种解答。（页81；中译本页55）

犹太人如何能够存活到今天，这个问题并不是那种已经证明可以轻易解决的问题。"然而,人们不能指望、也没有理由要求对这种谜一样的问题作出详尽彻底的回答"(页176;中译本页125)。① 也就是说,神秘之物基本上依然存在。但弗洛伊德并没有由此得出任何结论。他似乎生活在科学的无限进步的视野之中,而没有认识到,科学的无限进步恰恰意味着那些尚未解决的问题的永恒性,因为,那些尚未解决的问题若非永恒,进步就不会是无限的。但是,那些一直未获解决的问题很难与神秘之物区别开来。一般来说,对宗教起源的科学解释、并因此对宗教本身的科学解释并不能比科学本身更真。如果科学的基本前提只是假设性的(hypothetical),那么,对宗教的任何科学解释即便摆脱了弗洛伊德博士的解释的严重缺陷,也必然只是假设性的。弗洛伊德认为因果原则理所当然地有效。但是,那条原则的状况(status)是什么?在弗洛伊德的人的学说基础上,这条原则的状况可能是什么?如果对宗教的科学解释必然只是

---

① 关于施特劳斯论存在的"神秘",见"我们为什么仍然是犹太人"(Why We Remain Jews),收于《犹太哲学与现代性危机》,前揭,页328 – 329。关于追求惟一真理的重要性,见"进步抑或回归?"(Progress or Return?),同前,页116 – 117;"序胡熙克《哲学论著集》"(Preface to Isaac Husik, *Philosophical Essays*),同前,页254 – 279;"对好社会的几点观察"(Perspectives on the Good Society),同前,页444。关于对现代"独断的无神论"的一个批判,见《政治哲学导言》(*An Introduction to Political Philosophy*, Detroit: Wayne State University Press,1989),后记,页148 – 149。弗洛伊德戏谑而自豪地将自己描绘成一个"不信神的犹太人",对此,普菲斯特(Oskar Pfister)从神学上作了一个简单的回应,他评论道,"为真理而生活的人活在上帝之中"。见《心理分析与信仰:弗洛伊德与普菲斯特通信集》(*Psychoanalysis and Faith: The Letters of Sigmund Freud and Oskar Pfister*, Heinrich Meng, Ernst L. Freud 编, Eric Mosbacher 英译, London: The Hogarth Press, 1963),页64;施特劳斯无疑会对普菲斯特的回应抱有适当的同情。出于一个相反的意图,尼采也拒斥现代科学家们连同现代"自由精神"所假想的无神论,这正是因为他们两个人都仍然"信仰"惟一真理。见《道德的谱系》(*On the Genealogy of Morals*, Walter Kaufmann 英译, New York: Vintage,1969),第三篇论文,第24 – 25节,页148 – 56。

假设性的，那么，其替代性的解释，即对宗教的一种宗教解释就不可能是荒谬的。我们必须再进一步。如果科学的基本前提不具有这种特征，即它们不能被当作荒谬的东西加以否定，那么，这样的科学就是彻底假设性的。此外，科学没有能力证明科学是好的，因为科学不可能进行价值判断。这么一来，科学本身就基于一种非理性的选择。但我们不会因此得出结论说，那些完全献身于科学的人——更不用说那些完全献身于其多少有些薄弱的理论的人——受到了神经症强迫症的驱动。相反，我们会说，如果他们的前提正确，人就必须在科学与非科学之间——例如在科学与宗教之间——作出非理性的选择，除此之外别无选择，除非他想做一个无所谓的流浪汉或赚钱家。这种被迫性的选择大概是最基本的现象，我们无法进一步探究其背后的东西，也不可能借助于科学来解释这种现象，因为，任何科学解释都已经预先假定了对科学的无根基的选择。

弗洛伊德的书完全缺乏一种哲学上的基础。我所谓的一种哲学上的基础，也是指对哲学本身的一种反思，或者也是一种借助哲学之光对人的理解——把人理解为一种卓越的人类可能性，这种可能性不是派生的，而属于人之为人本身。作为结语，我将对弗洛伊德的一个随意的评论作一个评论。在谈到基督教的起源时，弗洛伊德说：

> 在这里，我们也能找到关于戏剧英雄的"悲剧性罪疚"(tragic guilty)的真实来源，这种罪疚很难用其他东西来加以证明。我们也很难怀疑，古希腊悲剧中的英雄和合唱队就代表着这同一位造反英雄和兄弟部落……(页 111；中译本，页 77)

这句话的含义是——不可能有悲剧冲突。例如，一个人对城邦的忠诚与对自己信念的忠诚之间的冲突就不可能是一种悲剧冲突。在一台大型的机器中，所有人都能成为功能良好的齿轮。有一个人早已极其出色地、令人难忘地提出了这种观点，据说，弗洛伊德就曾从这个人那里学到了某些东西，这个人就是——尼采。我给大家读一读《扎拉图斯特拉如是说》中关于末人的几段话。

"什么是爱？什么是创造？什么是渴望？什么是星辰？"末人如是问道，眨巴着眼。

大地在他眼里变小了，末人在上面跳跃，他把一切都变小了。他的族类像跳蚤一样，不会灭绝；末人活得最长。

"我们发明了幸福。"末人们说，眨巴着眼。他们离开了难以生活的地方，因为人需要温暖。人还爱着邻人，并与邻人相互抚摩，因为人需要温暖。

生病和耽于怀疑对他们来说是有罪的：人小心翼翼地前进。傻瓜！还绊倒在石头和人类身上！偶尔来一点点毒药：这制造了安逸的梦。但毒药过多又造成安逸的死。

人还在工作，因为工作是一种消遣。但人很小心，使消遣不致伤害自己。人不再变得贫穷或者富有：两者都过于操心。谁还想统治？谁服从？两者都过于操心。

没有牧人、只有畜群！人人想要相同的东西，人人也都一样：谁若感觉不同，谁就自觉点儿，去进疯人院。

"从前，全世界都疯了。"他们中最优雅的人如是说，并眨巴着眼。

人很聪明，知道曾经发生的一切，所以嘲笑个没完。人依旧相互争吵，但不一会儿就和好了——否则会败坏肠胃。

人白天有白天的欢乐、夜里有夜里的欢乐，但人崇尚健康。

"我们已经发明了幸福。"末人们说，并眨巴着眼。[1]

---

[1] "扎拉图斯特拉的开场白"，见《扎拉图斯特拉如是说》(*Thus Spoke Zarathustra*, Walter Kaufmann 英译，收录于 *The Portable Nietzsche*, New York: Viking Press, 1954)，页129-130；[中译按]中译文据黄明嘉译本(华东师范大学出版社, 2009年)，页43-44。

一段未宣读的开场白

(1959)

张缨 译

[题解]1959年克莱因(Jacob Klein,1899—1878)六十岁生日之际,施特劳斯在圣约翰学院(St. John's College)作了一次学术报告,向他最好的老朋友克莱因贺寿。施特劳斯写下这篇贺辞,打算作为学术报告的开场白。然而,临到作学术报告时,施特劳斯并未宣读这段贺辞。从开场白的第一段可以看到,施特劳斯临时没有宣读,可能是因为克莱因坚持所致,他极端厌恶"公开曝光"。不过,施特劳斯在这篇开场白中说的主要内容,后来借和克莱因与学生们一起座谈的机会得以表达(参见《剖白》[中译按]中译见刘小枫编,《苏格拉底问题与现代性》增订本,刘振、彭磊等译,华夏出版社,2016,页489-499)。

[中译按]本文原题 An Unspoken Prologue,译自《解释》(Interpretation)学刊(卷7,第3期,页1-3),亦吸纳了 Kenneth Hart Green 编《犹太哲学与现代性危机》(*Jewish Philosophy and the Crisis of Modernity*,页449-452)对 Interpretation 的注释的少许修订和增补。

人类的常识容许老人们有某种特权,以便为老龄的衰弱(infirmities)做出补偿,或令他们更轻易地耽溺于那些衰弱。比起年轻人以恰当的方式来做事,这些特权绝不是允许老人们更随意地在公共场合谈论他们自己。我一直都把来圣约翰[学院]作学术报告和与这里的师生见面视为荣誉和愉悦。但我还有个私人的理由享受我的圣约翰之行。圣约翰庇护了我的老朋友克莱因（Jacob Klein）——对克莱因而言,这里是个完美的庇护所。请允许我为这个场合——他六十岁生日后的第一个场合——向克莱因先生致以敬意。我把自己有意要做的视为一个责任之举——虽然这是个让人愉快的责任。不过,无论我们的行动就意图而言多么无辜,施行它们的环境可能用一个蓄意的外表掩盖这些行动。在这样的处境中,人一定不能过于神经质（squeamish）,还要依然履行责任。此外——这正是心灵事物的复杂性——即便我们是有德行的人,倘若我们持守某种规矩,我们还是可以使蓄意的外表产生一些愉悦。在当下的情况中,蓄意的外表来自克莱因先生对公开曝光（publicity）——对任何甚至只是遥远地使他想起聚光灯的东西——特异的厌恶（idiosyncratic abhorrence）。我总是发现,克莱因先生在这一点上做得有点儿过火,但这厌恶实在有理。我们二十来岁时,每天数小时之久地在柏林普鲁士邦立图书馆（Prussian State Library）用功,用功之余,我们在图书馆旁边的一个咖啡馆里休息。我们和好多其他年轻人一起,坐在咖啡馆里度过许多时光,我们想到哪儿谈到哪儿——像年轻人可能混合它们的样子,按比例混合着轻盈与沉重。至于克莱因先生所关心的,只有——我忍不住要说——一个限制：作为正在修养心智的年轻人,我们一定不能抛头露面,让我们不惜一切代价避免——这是他无声的格言——这样的外表：我们不过是游手好闲又毫无长进的年轻生意人或赚钱教授,或是任何种类的寄生虫。在这样一个场合,我尽可能突然大呼一声"尼采！"——看着预料中克莱因先生受惊的样子,我便乐不可支。

　　在我们的心智逐渐形成持久方向的那些年里,没有什么比海德格尔思想对我们的影响更为深远。这里不是谈论那种思想及其一般意义上影响的地方。能说的只是这些：海德格尔在思辨理智（speculative intelligence）方面超越了所有他的同时代人,与此同时,海德格尔是希特勒在政治领域所作所为的智识领域的对应者,他试图开辟一条从未有任何人踏足的道路,或者说,他思考的方式是哲人们此前无论如何从未曾思考过的。可以确定的是,没人曾像海德格尔那样彻底地质疑过哲学的前提。尽管年轻一代中有能力倾听(who had ears to hear)①的其他人,要么彻底被海德格尔倾倒、要么在被他倾倒的同时,出于良好意愿却徒劳地尽力反对他,只有克莱因看到何以海德格尔真有那么重要:通过将哲学的传统连根拔起、但又不只是拒绝这个传统,在许多世纪——很难说究竟有多少世纪——以后,海德格尔第一次开启了这样的可能性:使人得以看到如其所是的传统的根基(the roots of the tradition as they are),由此,或许使人得以知道(to know),那些根基是惟一自然而健康的根基,对此,许多人只是相信罢了。从肤浅的或社会学的角度看,海德格尔是第一位出身并受教于大公教(Catholic)的伟大的德国哲人。他因此从一开始就熟稔前现代的亚里士多德。他因此得以保护自己,不做使亚里士多德现代化的尝试。但作为一个哲人,海德格尔并非基督徒:他因此避免按托马斯·阿奎那(Thomas Aquinas)的方式去理解亚里士多德。最重要的是,他的意图是将亚里士多德连根拔起:他因此不得已要掘出根基,将这些根基曝光,并带着惊异观看它们。克莱因第一个理解了海德格尔无意中敞开的可能性:真正回归古典哲学,回归亚里士多德和柏拉图哲学,这是带着睁开的眼睛、充分明了其所包含的无限困难的一次回归。克莱因转向对古典哲学的研究,全心投入、不辞辛劳,带着穿透力和才智,带着同代人中无与伦比的智性正直和严肃清醒。那一研究的结果是他题为"希腊逻辑学与代数学的起源"(Greek Logistics and the Genesis of Alge-

---

① [中译按]直译:"有耳可听的人。"语出《旧约》(=《希伯来圣经》)的《申命记》(4:29)、《耶利米书》(25:4)、《以西结书》(10:2),以及《新约》的《马可福音》(4:9,23)、《路加福音》(8:8;14:35)等。有意思的是,在《旧约》各书中,这个短语均出现在否定形式中(有耳可听,但听不见),而在《新约》中,则均用于祈使句,出于耶稣之口:"有耳可听的都要听见。"

bra)的著作。① 没有什么标题能比这个标题更少地表达一个人的个人品质甚至一个人的意图。但若是有人认识克莱因,会了解这个标题恰恰完美地表达了他的个人品质,完美地表达了前面所说的他的特异性(idiosyncrasy)。这本书远不止是一种历史研究。但即便我们当它是纯粹的历史著作,在我看来,在哲学史、科学史或一般而言的"思想史"领域,还没有同时代的作品在内在价值上、在可见的范围内能与之媲美。这么说的一个标志(实在并非证据)是如下事实:似乎还不到半打人读过这本书——若是这推论的有效性来自此书参考书目的数量的话。倘若写作此书的人并不关心这一点:对每个碰巧没有遇到《希腊数学、天文学和自然学的起源和历史研究》(*Quellen und Studien zur Geschichte der Mathematik, Astronomie, und Physik*)这本书的第 2 部分卷 3 的人,②此外对每个不能流利地阅读德文的人,这样一部作品并不止让这些人不可接近,这样的漠不关心发生在任何其他人身上,都可能因为其遁世避俗(misanthropy)而受到责备。但不能责备克莱因,因为他的特异性使他情有可原。我希望你们,圣约翰的师生们,不要为我这样冒犯的说法而指责我:当你们为此书安排一个合宜的英译本并付诸出版时,③你们中的有些人或有些人的身体,应当强迫克莱因——如果有必要的话饿到他屈

---

① Jacob Klein,"希腊逻辑学与代数学的起源"(Die griechische Logistik und die Entstehung der Algebra),刊《希腊数学、天文学和自然学的起源和历史研究》(*Quellen und Studien zur Geschichte der Mathematik, Astronomie, und Physik*),第 2 部分(Abteilung B),卷 3,第 1 期(1934),页 18 – 105;卷 3,第 2 期(1936),页 122 –235。

② [中译按]"第 2 部分卷 3"原文为 volume 3 of section B,此即克莱因作品第一部分,参上注。

③ Jacob Klein,《希腊数学思想和代数学的起源》(*Greek Mathematical Thought and the Origin of Algebra*),Eva Brann 英译,Cambridge: M. I. T. Press,1968。此书附录包括:维埃塔(Franciscus Vieta),《解析艺术导言》(*Introduction to the Analytical Art*),J. Winnfree Smith 英译,页 315 – 353。

服为止——闭上眼睛。这样做的必要性并不为如下的事实所削弱：克莱因先生据说正在准备一本新书，其中可能包括一个很长的脚注，这个脚注会提供有关柏拉图对话的首个睿智的解说(the first intelligent account)，这本书很可能题为《高尔吉亚学派课程中的数学》(*Mathematics in the Curriculum of the School of Gorgias*)。① 但我做这些开场白，并不是为了给你们前述建议：我请你们抬起手来，和我一起热烈地为克莱因先生鼓掌喝彩。

---

① Jacob Klein,《柏拉图〈美诺〉义疏》(*A Commentary on Plato's Meno*, Chapel Hill: University of North Carolina Press, 1965)。另见,《柏拉图的三部曲：泰阿泰德、智术师和治邦者》(*Plato's Trilogy—Theaetetus, The Sophist, and the Statesman*, Chicago: University of Chicago Press, 1977)。

六十年代

追忆阿容松点滴

(1961)

张缨 译

　　[题解]①阿容松(Jason Aronson)是犹太人,芝加哥大学研究生,师从施特劳斯,英年早逝,时年32岁。1961年12月6日,施特劳斯在阿容松葬礼上为自己的这位犹太学生作了下面这篇致辞。阿容松的同学们在芝大印了一个小册子——"阿容松:三份葬礼致辞"(Jason Marvin Aronson: Three Funeral Addresses,20页),收入三位老师阿纳斯塔普罗(Geoege Anastaplo)、施特劳斯和麦克唐纳德(Thomas McDonald)的致辞,追述他的生平,附有阿容松以沙夫茨伯里(Shaftesbury)为题的博士论文开题报告书。阿纳斯塔普罗后来写过一篇动人的文章"论施特劳斯:周年忌辰追忆"(On Leo Strauss: A Yahrzeit Remembrance②)。阿纳斯塔普罗并非犹太人,但他非常善于细致观察,作为施特劳斯的学生和同事,他认为,犹太教对施特劳斯的有益影响是双重的,而施特劳斯本人则将这影响传递

---

　　①　[中译按]本文译自 Kenneth Hart Green 编《犹太哲学与现代性危机》(Jewish Philosophy and the Crisis of Modernity, New York: State University of New York,1997,页475-476),原题 Memorial Remarks for Jason Aronson,题解编译自此书。

　　②　《芝大学刊》(University of Chicago Maganize)67,1974年冬,页30-38;添加注释和修正的版本重刊于阿纳斯塔普罗文集《作为思想家的艺术家:从莎士比亚到乔伊斯》(The Artist as Thinker: From Shakespeare to Joyce), Athens, Ohio: Ohio University Press,1983,页249-272,473-485。

给了自己的学生们，无论他们是否是犹太人。阿纳斯塔普罗在其文章中敏锐地表达了对这种有益影响的激赏：首先，某种程度上讲，犹太教既有益于施特劳斯成为一个思想家，又有益于他成为一个细心的读者，使他善于接纳前现代的哲学观念并抵抗某些现代观念；其次，作为犹太思想家和学者，他对待犹太教的智性的严肃使他成为投身犹太教的人品典范，通过这种典范，施特劳斯身上充溢的犹太教[影响]传给了那些与他相遇的人，使得他们对犹太教留下了深刻和生动的印象。阿纳斯塔普罗说过："在这些[施特劳斯的]追忆中，可以看到……面对死亡尤其面对一种终极死亡时，犹太教能带给人类的慰藉。"施特劳斯追忆中的希伯来措辞 'am 'olam 可以译作"永恒的民族"（the eternal people）。

我们遭到令人敬畏、深不可测的死亡经验的打击，遭到与我们极亲密的人的死亡经验的打击。我们感到悲痛，尤其因为我们的朋友死得如此年轻——正当他将要获得应有的声誉、将要进入职业生涯，这生涯本来能使他获得在这里和别处的朋友圈以及在博雅教育课程（the Liberal Arts Program）的学生们之外的尊敬。需要我做的不是说些安慰我自己的话。我只能试着说些我相信阿容松已然渐渐明白的东西。大约三周前，在我的办公室，我最后一次见到他。他知道自己站在哪儿（He knew where he stood［中译按］此话似带双关）。他玩笑般地提醒我一个古老的笑话：所有人都有一死，但有些人比别人死得更早。他决定勇敢而明智地继续他的沙夫茨伯里研究。根据他的建议，我们一致同意一起研读《圣经》，从头开始。

死亡是可怕的（terrible）、让人害怕（terrifying），但若是让这种恐惧攫住我们直至腐蚀我们的内心，我们就无法像人一样活着。阿容松有两种经验保护他免受这种腐蚀以及其他同类腐蚀。一是认真对待这些腐蚀，直面它们、把它们想透，理解无可回避的必然性，并理解这样一点：没有这种必然就不可能有生命，不可能有人的生命、美好的生命。慢慢地、一步一步地，但随着逐渐增强的确定和醒悟，他开始成为一个哲人。我不知道他是否知道这样一句古人的话（the word of a man of old）：愿我的灵魂逝如哲人之死（may my soul die the death of philosophers），①但年轻如他确实逝如哲人之死。

另一种给他带来力量和深度的经验是，他逐渐更为清晰和深刻地意识到：作为犹太民族——永恒民族（the 'am 'olam）的一个后裔意味着什么，拥有自己深植于最悠久过去的根源，献身于一切未来之外的未来意味着什么。

他不允许自己的头脑窒息他心灵的声音，也不允许他的心灵指使（give commands to）自己的头脑。

courte et bonne［短暂而美好的一生］——我将这一勇敢、欢快、高贵的格言献给他，他的生命短暂然而美好。我们将永远不会忘记他和他所代表的一切。

我向他的妻子、母亲和兄弟姐妹致以传统的犹太问候："愿上帝安慰你们中那些为锡安和耶路撒冷哭泣的人们。"

---

① ［中译编者按］这是中古阿拉伯哲人阿威罗伊的一句话，以拉丁语流传：Moriatur anima mea mortem philosophorum。这话施特劳斯在别处多次引用。

我们为什么仍然是犹太人

——犹太信仰和犹太历史仍然能够向我们言说吗？

(1962)

李春长　译

[原编者按] 1962 年 2 月 4 日，施特劳斯在芝加哥大学希勒尔会馆（Hillel House）做了这个演讲。当时他似乎采用了事先准备好的稿子，但原稿一直没有找到。这里的文本是丹豪瑟（Werner Dannhauser）和莱恩（James Lane）根据录音整理出来的。正如整理者所说，录音中的演讲"基本上是口述材料，很多是即兴而发，所有内容都没想到会发表"。整理者还强调，施特劳斯既没有校订也没有正式同意发表这篇录音整理稿。整理出全文是为了纪念佩卡斯基拉比（Rabbi Pekarsky, 1905—1962），他曾任芝加哥大学希勒尔联谊会（B'nai B'rith Hillel House [中译按] 希勒尔为犹太学生联谊会组织，遍及全美各大学校园）主任，安排过施特劳斯等人的演讲。这里刊用的文本基本上完全依据上述整理过的稿子。为了清晰明了，编者只在语法方面做了少许修改。本编者如果认为修改过的地方比较重要，会给予适当说明。演讲稿的注释均为本编者所加。①

[主持人] 克罗普西（Joseph Cropsey）：这个题目有些奇怪，

---

① [中译按] 本文原题 Why We Remain Jews: Can Jewish Faith and History Still Speak to Us? 译自《犹太哲学与现代性危机》(*Jewish Philosophy and the Crisis of Modernity: Essays and Lectures in Modern Jewish Thought by Leo Strauss*, Kenneth Hart Green 编，前揭，页 311 - 356）。若无特别说明，文中注释均出自原编者。

因为它同时具备两个特征，既显得有点儿狭隘（narrow）又显得醒目（bold）。① 看似狭隘是因为，此题诉诸的对象显得是犹太人："我们为什么仍然是犹太人"。为何听起来宽泛，我想也不必解释，因为它表明，为什么犹太人应该继续保持犹太身份，这个问题仍然悬而未决。作为犹太人，你们或许从来都没想过把这一点当问题提出来。现在，这个根本问题的醒目性（boldness）正好涉及其宽广度（breadth）。我们将看到，这不是个狭隘的问题，因为这问题似乎是由于现代科学与现代政治向纵深极度发展而出现的。在犹太人思考自己的犹太身份时，现代政治发展的某些成果似乎使他们陷入非同寻常的困境。在犹太人思考自己的宗教流派问题时，也使得该问题不仅仅是狭隘那么简单。我认为，这个问题既然与现代科学和现代政治的发展密不可分，那么，它不仅可能发生在犹太人身上，还可能发生在其他宗教信徒身上。我绝对未受委托支持随后的这些演讲者，我也绝不希望自己看起来仿佛参与了他们的演讲。然而，如果大家认为下述观点不正确，那将让我非常吃惊：这些演讲以某种方式谈到了每个人思考的问题，不仅仅是犹太人问题，这个问题稍作修改，就会轻而易举地变成：为什么每个人都应该保持自己一开始偶然具备的身份？还有一点值得一提。让诸位感到有点惊讶的不仅在于这一系列演讲的总题目看起来有些醒目，可能还在于政治学系跟这个问题的讨论有广泛联系。这是不是造成醒目的另一个因素，请诸位在听过演讲之后自己做出判断。

　　与其他一些场合一样，今天这个场合基本上用不着介绍演讲人。将给我们带来精彩演讲的先生闻名遐迩，我想大家对他已有所了解。我只想说，我个人很高兴，也跟大家一样感到很荣幸，能够请来政治学系的哈钦斯杰出教授（Robert Maynard Hutchins Distinguished Service Professor）施特劳斯博士。

---

① ［中译校按］bold 这个词亦有"大胆的"、"勇敢的"之意。

施特劳斯：主持人先生、女士们、先生们，我首先要说明两点。一点跟题目有关，克罗普西博士已谈了一些。拉比佩卡斯基（Rabbi Pekarsky）当初与我联系时，建议讲这个题目。对这个题目，我有点排斥，不用说也有点震惊。不过随后，经再三考虑，我发现还是可以对此讲点什么。无论如何，我要说，在准备这篇稿子时，我有个前提：我要讲的话题是"我们为什么仍然是犹太人"。我在前几天才得知这个副标题，当时，幸亏希勒尔基金会文印部出了差错，使我第一次有机会看到这个副标题。我可能不适合谈副标题包含的内容，毕竟，每个人都是专家，我的专业是（用一个宽泛和非专业的名称）社会科学，而非神学（divinity）。我们知道，当前社会科学要求我们，或至少可以说，社会科学的特点就是，从普通而可靠的事实出发，尽可能以此为基础——我看到，在座诸位有来自社会科学学科的学者，一些人的观点与我不同，但我们在这点上还是一致的。毫无疑问，任何天马行空的想像、科幻（science fiction）和形而上学都不得入内。

我演讲前要说的第二点具有私人性质，很遗憾，我不得不说出来：完全由于私人理由，我不能按自己的本来意愿准备这次演讲。然而，我没有取消这次演讲，因为我认为，我自己即便没真正准备好这次演讲，也准备好了这个主题。我相信自己可以毫不夸张地说，长久以来，我思考的主要论题就是"犹太人问题"（Jewish question）。请容我只提一提很早以前——童年时期发生的一件事。我相信，我那时大概有五六岁，住在德国一座小镇。俄国发生针对犹太人的大屠杀之后，我在父亲家里看到许多来自俄国的难民，有妇女、儿童和老人，他们从那里前往澳大利亚。德国当时不可能发生这样的事。我们犹太人与非犹太邻居相处得非常融洽。政府虽然并不是方方面面都受到人们的敬仰，却使得全国各地有良好秩序。诸如针对犹太人的大屠杀之类的事件根本不可能发生。然而，那时听到的关于俄国大屠杀的故事给我留下了深刻印象，直到今天我都没有忘记。① 那是一段让人不能忘记的时期。我曾感觉到，它也可能会发生在德国。不久，其他一些愉快的经历把它掩盖了，但我可以说，它仍然侵入到了我骨子里。这件事，再加上许多其他重提起来让人感到极其乏味和不当的经历是我演讲的基础。因此，你们不要期望会有清晰明了的报告（a lucid presentation）。另一方面，我刚才表明自己是社会科学家，因此，我会允诺给予一场人们称之为实事求是的报告（a hard-boiled presentation）。我宁愿称其为坦率的（frank）报告。我不会在任何方面绕圈子。同时，我希望自己可以使用并非所有社会科学家都使用的方法：用我们称为 be-kavod——或可译作"可敬的"（honorable）——（的）处理法来避免绕圈子。我想这可以做得到。现在言归正传。

主标题本身表明，我们可以不再是犹太人，也有充分的理由不再是犹太人。它甚至表明了这种可能性。著名诗人海涅（Heinrich Heine）曾最为清楚地表达了这种假设和观点："犹太教不是一种宗教，而是一种不幸。"② 从这个假设出发得出的结论不言而喻：让我们尽快、尽可能轻松地摆脱犹太教。若可以用一个基本上属于专业的词汇，完全的"同化"（assimilation）是惟一出路。解决这种问题的方案过去一直是可行的，一直有人或多或少地暗

---

① "那时……关于俄国大屠杀的故事"为编者所加，以表明什么样的故事给施特劳斯留下了如此深刻的印象。

② 海涅（Heinrich Heine, 1797—1856），犹太人，德国伟大的现代诗人、散文家之一，1825 年接受洗礼。他称洗礼为"进入欧洲文明的入场券"。他对犹太教的态度极为自相矛盾。施特劳斯引用的诗行似乎来自海涅的"汉堡的新以色列医院"（The New Israelite Hospital in Hamburg, 1844）。在这首诗中，诗人认为犹太教不是宗教，而是"深深的不幸"（das dunkle Weh）以及"千年的家族苦难"（das tausandjährige Familienübel）。见 Das neue Israelitsche Hospital zu Hamburg, 收于《考订版海涅全集》（Heinrich Heine: Historisch-kritische Gesamtausgabe der Werke），Manfred Windfuhr 主编，卷 2，《新诗》（Neue Gedichte），Elisabeth Genton 编（Hamburg: Hoffmann und Campe, 1983），页 117 – 118。

示出来，因为做一个犹太人无论在什么时候都异常艰难。想想中世纪，再想想宗教改革时代，更不消说其他时期。从某种意义上讲，那种方案（[中译按]指"同化"）在过去甚至比现在更容易。过去，一个犹太人在基督教国家改宗基督教就可以了，于是他就不再是犹太人了。我们不知道，统计学家也永远无法调查出，到底有多少犹太人通过这种简便易行的方法脱离了海涅所说的"不幸"。然而，即使是在那时候，也不是极其容易。我不再谈论诸如与亲戚朋友不再来往等显而易见的事实。1492年之后，西班牙驱逐犹太人时，这种方案曾有过一次大型尝试。当然，我说的这些事情全部源于自己阅读的权威材料。

西班牙是第一个让犹太人觉得安然自在的国家，尽管犹太人知道自己是在流亡中（in exile）。因此，相对于法国在1340年（如果我记得不错的话）和英国大约在1290年的驱逐活动，西班牙的驱逐活动对当地犹太人则是更大的不幸。很多犹太人不忍离开西班牙。有些犹太人非常富有，拥有大量财产，尤其不动产，这更是雪上加霜。他们中的一些人——一些犹太组织的领导人——改宗了基督教。于是，他们就留在西班牙。但这次情况不同，特别是1492年西班牙的犹太人遭到驱逐之后，因为涌现了大批同时改宗基督教的犹太人，而非零零星星几个。① 结果，针对

---

① "特别是1492年西班牙的犹太人遭到驱逐之后"这句话为编者所加，以说明施特劳斯提到的"非常不同的这次"。从施特劳斯在前段末使用的短语可以得出这句话。施特劳斯提到现代以前一个史无前例的历史事实：在1391年及以后的岁月，西班牙的反犹骚乱和大屠杀使大批犹太人被迫或自愿皈依了基督教。当然，1492年，西班牙的犹太人驱逐法又进一步迫使数目庞大的犹太人被迫或自愿皈依了基督教。另外，我们还应注意到，施特劳斯根据记忆谈到"法国在1340年（如果我记得不错的话）和英国大约在1290年的驱逐活动"，对英国，他记得不错，但对法国，这个事件实际上发生在1306年（固然，法国在同一世纪还有两次驱逐犹太人事件，一次在1322年，另一次在1394年）。不过，施特劳斯演讲时有可能想到了1348—1349年间法国对犹太人的大屠杀，其原因是法国把当时的黑死病归咎于犹太人。

这些新基督徒产生了一股反对浪潮，具体体现在不信任他们。许多基督徒认为，这些改宗基督教的人并非真诚地信仰基督教，而仅仅把自己的世俗财富看得比信仰更重要。于是，宗教法庭介入，做出各式各样极其耸人听闻的事情。当然，在有些情况下，宗教法庭即便用尽卑劣手段，也不能从法律上证明，一些以前的犹太人曾从事过犹太活动或其他事情，不少犹太人因此幸存下来。有件事虽然超出法律之外，但并不违法：西班牙人区分了"新"、"老"基督徒。他们开始有纯种西班牙人即老西班牙人的说法，由此暗示有杂种西班牙人，即 conversos［改宗者］。从某种程度上讲，改宗基督教的犹太人仍然被迫保持犹太人身份。

这是古代历史。我们知道，同化当前并不意味着改宗基督教，因为现在的同化是指同化到一个世俗社会，这个社会在法律上并非基督教社会，没有犹太教与基督教的区分，并且，若每种宗教都总是一个特殊的宗教（犹太教和基督教），这个社会就是一个无宗教的社会、自由的社会。在这样的社会里，犹太人作为犹太人再也没有任何法律上的羁绊。但自由社会的成与毁取决于政治（或国家）与社会之间的区分，取决于公私之间的区分。自由社会必然有一片国家立法机构一定不可侵犯的私人领域。自由社会从根本上区分了公与私，其基本要素之一就是，宗教作为特殊宗教而非普遍宗教而言是私人的。每个公民都自由选择他自己认为合适的宗教。假如此类私人领域必须存在，自由社会必然会允许，甚至滋生许多人所说的"歧视"。如此一来，在这个众所周知的事实里再次出现了"犹太人问题"（如果我可以这样表述的话）。有些受控制的地区，以各种各样的方式……我不必要在这一点上多费口舌，如果你对此事实有所怀疑的话，稍微看看社会学杂志或犹太期刊，你就会心悦诚服。

因此，在低矮坚实的根基上（on the low and solid ground），犹太个体的实际问题是：我如何才能免受"歧视"？（我请求大家明白,我用这个词时总是加引号。我不会凭我自己的自由意志使用它。)答案很简单:不再被别人认作犹太人。这里有一些每个人都可以猜到的规则(rules),我称其为先验的(a priori)[规则]。若有一位兰德斯(Ann Landers),① 或其他作家列出一长串此类技巧(techniques),我并不感到诧异。这类技巧中最为人熟悉的是与异族通婚(mixed marriages)、更名和不要孩子的婚姻。对社会学研究而言,这是一个值得详细探讨的课题,如果可能,还值得把这个课题的方方面面都研究透彻。我没有必要深究它,因为它并不十分重要。这种办法至多只适用于零星的个体,而不适用于大群体。我曾听说过这样一个故事:洛杉矶一些犹太人试图解决"歧视"问题,因而[皈依]成为基督教科学派(Christian Scientists)。最初有四个人,然后有十个人,再以后,越来越多的人跟了进来。后来有次,那位主席(我不清楚他们是不是称他为"主席")说:"噢,这很好,但你们为什么不另设一个团体,成立你们自己的基督教科学派团体"——他说这话是针对以前的犹太人。我要说的是,通过不再被别人认作犹太人有可能避免"歧视",但非常简单的统计现象即犹太人出生率打破了这种可能性,我只是通过观察而非统计得出这个结论。②

宽泛的解决办法要求:通过立法禁止任何形式的"歧视"。我看到一些犹太人只想得到这一点。必须禁止利益团体挑选自己的人,严格来讲,任何人都不能挑选他自己的朋友。禁止任何形式的"歧视"将意味着取消私人领域,否定国家与社会的区别,一言以蔽之,它将颠覆自由社会。因此,禁止任何形式的"歧

---

① [中译按]兰德斯(Ann Landers,1918—2002),美国专栏作家。
② "通过不再被别人认作犹太人……避免'歧视'"这句话为编者所加,以指明什么"有可能",施特劳斯在上文提到过。在本段中,施特劳斯之前曾使用两个短语来界定或阐明这个可能性,添加这个短语的根据正在于此。

视"不是一个明智的目标或政策。但有些人会问:"若这是我们消除'歧视'(或他们所说的'消除不公')的惟一途径,为什么不摧毁自由社会呢?"现在,关于颠覆自由社会及其对犹太人命运的影响,我们有实验资料。实验者是一个举世闻名的国家,这个国家地域辽阔,不幸的是也非常强大,它就是俄国。……从某种广泛意义上来讲,西方的革命的无产者已不复存在,这为此问题画上了圆满的句号。苏联革命幸存下来要归功于斯大林。斯大林只要求在一个国家内部实现社会主义,从这点上看,斯大林作为政治家比托洛茨基更有智慧,在某种程度上甚至比列宁更有智慧。苏联革命能经历希特勒幸存下来,要归功于斯大林。

……

我得出一个结论:不可能不保持犹太身份。人不可能脱离自己的出身,也不可能通过希望过去不存在来消除过去。自由社会提供的方案虽然令人不舒服,却是最好的方案,它意味着法律上的平等和私人的"歧视"。我们必须直接认识到大家都熟知的一个事实:犹太人这个少数民族并非处处受人欢迎,我们必须认识到由此引发的后果。我们都知道,这个国家有我们称之为"种族等级"的东西,它完全不受法律支配,又不违法,这个等级最上层是盎格鲁—撒克逊人,最下层是黑人,我们仅位于黑人之上。我们必须正视这点。并且,我们必须看到犹太人问题与黑人问题有相似之处。很多犹太组织对此有非常清醒的认识。当然,为让问题清晰起见,我们必定不能忘记它们的区别所在。我们犹太人在争取我们自己完全可以称之为正义的东西时,我们诉诸的最高原则(如果我可以这么说的话)是我们自己独有的。黑人在争取正义时,他们的原则不是他们自己的,不是他们非洲祖先的,而是从他们的压迫者那里学到的。这点差异完全不能受到忽视,任何不想绕圈子的人都应该指明这点。

我重新开始。犹太人问题没有解决方案。期望有那么一种解决方案是由于我们有一个预设:每个问题都可以得到解决。有位著名的作家,也是位伟大的数学家,名叫维埃特(Franciscus Vieta),他的确说过,没有解决不了的问题。① 在十九和二十世纪,这是许多善意的西方人在处理社会问题时都怀有的预设。我完全不同意他们的观点。并非每个问题都显而易见地可以解决,因此,若犹太人问题无法解决,我们完全不应当感到惊讶。

让我们简要考察一下刚才提出的几种解决办法。第一种是个体同化,这我刚才已讨论过。第二种是另一种形式的同化:把犹太教看作与其他宗派一样,把犹太教看作一个"宗派"而非一种"宗教",我这样说经过了慎重思考。宗派是指成员在完全自愿的基础上加入的团体,因此,你今天属于甲派,如果你改变了主意,就可以离开甲派,加入乙派。当然,你家庭的所有成员也可以如此。从这个角度看,此人出生于犹太父母这个事实将完全无关紧要。我不相信这种意见能与任何被理解为犹太的宗派相协调,无论那是正统派、保守派、还是革新派。

还有第三种方法,跟目前为止提到的两个相反,是惟一值得我们认真讨论的方法:作为一个民族(a nation)的同化。这里,犹太人作为一个族群(ethnical group)的事实得到诚实的面对。但这同时也暗示出,犹太教是个不幸,因此,我们必须做些什么来解决这个问题,但要解决它,只有发动整个民族。我们犹太人作为一个民族和其他民族一样,正因为与其他民族一样,我们才

---

① 关于维埃特(原名François Viète,1540—1603 [中译按] 法国数学家,被称为"现代代数学之父"),参见克莱恩(Jacob Klein),《希腊数学思想和代数学起源》(*Greek Mathematical Thought and the Origin of Algebra*, Eva Brann 英译, Cambridge, 1968),页 150 – 185。克莱恩引用韦达《解析艺术导言》(*Isagoge = Introduction to the Analytical Art*, J. Winfree 英译,参见该书附录,页 315 – 353;[中译按] 该书原名:*In artem analyticam isagoge*)一书的结尾说:"解析艺术自身有权回答那个令人自豪的问题之问题,即:让所有问题都得到解决。"参见《希腊数学思想和代数学起源》,页 185, 353。

有权要求自决（self-determination）。这必然促使人们要求建立一个犹太国家（a Jewish state）。严格意义上的政治犹太复国主义者持有的正是这种观点。我强调"严格意义上的"（strictly）这个词，是因为各种各样组合（combinations）的存在实际上决非出于偶然，而是出于人性最深刻的原则之一，即人是希望鱼与熊掌兼得（have the cake and eat it）的动物。为让大家明白我的意思，我让大家回想一下平斯克（Leo Pinsker）《自我解放》①的题词。这本书写于上个世纪八十年代，是最令人瞩目的犹太复国主义宣言。平斯克的题词是："如果我不为自己，那我为了谁？如果不是现在，那又是何时？"也就是说，不要指望别人的帮助，不要迟迟不采取行动。这句话援引自著名的犹太经典《祖辈训言》（*The Sayings of the Fathers*）；但是，平斯克略去了原文中的另外一部分："然而，如果我仅仅为了自己，我又是谁？"② 略去这些词就界定了什么是纯粹的政治犹太复国主义。远在平斯克之前，有个人就勾勒出政治犹太复国主义的原则。他是个伟人，但不是个好犹太人，这个人就是斯宾诺莎（Spinoza）。他在《神学—政治论》第三章末尾说（我记得是这样）："若他们（［中译按］犹太人）的宗教原则没有弱化（effeminate）犹太人，我认为，在政治环境适

---

① 平斯克（Leon Pinsker, 1821—1891），《自我解放：一位俄国犹太人对同胞的呼吁》（*Autoemancipation: An Appeal to His People by a Russian Jew*, Berlin, 1882）。平斯克是个内科医生，是沙皇俄国一个同化了的犹太人。他在上述小册子中对十九世纪欧洲的"犹太人问题"进行了纯政治分析，还提出了纯政治的解决方案，这比赫尔茨（Herzl）还要早十四年。

② 《祖辈训言》（*Pirkei Avot = Sayings of the Fathers*）1:14。这句话出自老希勒尔（Hillel, the Elder, 约公元前60—公元后10），他居住在犹大（Judea今巴勒斯坦南部），是犹太教圣人和学者，大约生活在大希律王（Herod the Great）统治时期。按原文顺序，整段话可以直译如下："我如果不为自己，谁又会为我？而如果我只为自己，我又是谁？如果不是现在，那又是何时？"

合的时候，他们可能成功地重建自己的国家。"① 我认为，他不是说"在巴勒斯坦"重建国家，因为按照他的观点，乌干达与巴勒斯坦没什么两样。我刚才没有解释他所说的犹太教的弱化特征意指什么。他指的是：信任上帝而不是自己的力量和"硬件"。无可否认的事实是，只有与犹太传统原则彻底决裂，才会产生纯粹的政治犹太复国主义，尽管如此，我离开这个话题时仍然要对它表示敬意。相比其他派别，政治犹太复国主义更激情洋溢地，也更清醒地关心犹太人的人性尊严。它的终极设想是，犹太人应该昂首返回自己的家园，他们依赖的不是神的行动，而是政治和军事行动——斗争。

然而，那么小一块土地不可能安置所有犹太人。政治犹太复国主义曾是极为可敬的（honorable）提议，但我们也必须进一步看到，它也仅仅是个形式，缺乏实质内容。我希望对这点做出解释。（正如你们可能猜到了）我本人年轻时也是政治犹太复国主义者，属于复国主义的一个学生团体。由此，我偶尔会遇到复国

---

① 斯宾诺莎（Benedict［né Baruch］Spinoza），《神学—政治论》（*Theological-Political Treatise*），第 3 章，"论希伯来人的天职"（On the Vocation of the Hebrews）直至结尾。这段话可以直译为："……除非他们的宗教根基削弱了他们的精神，我会完全相信，正如人事变幻无常，一旦时机成熟，某日他们会重新建立自己的国家，上帝也将重新把他们当作选民。"（... nisi fundamenta suae religionis eorum animos effoeminarent, absolute crederem eos aliquando, data occasione—ut sunt res humanae mutabiles—suum imperium iterum erecturos, Deumque eos de novo electurum.）感谢雅斐（Martin D. Yaffe）惠借其译文，参见他的 "希伯来人的历史和成就：斯宾诺莎《神学—政治论》中圣经政体的终结"（The Histories and Successes of the Hebrews': The Demise of the Biblical Polity in Spinoza's *Theologico-Political Treatise*），载《犹太政治研究评论》（*Jewish Political Studies Review*，卷 7，1 - 2 期，1995，页 57 - 75），页 75，注 65。

主义修正派领导人亚博廷斯基（Vladimir Ze'ev Jabotinsky）。① 他问我："你们都在做些什么？"我说："做什么？我们读《圣经》，学习犹太历史和犹太复国主义理论，当然，我们还要与时俱进等等。"他又问："有没有练习射击？"我只能回答说"没有"。

在这个学生团体中，我在跟朋友们——他们有些人现在是以色列的高官——交谈时做过观察。他们是真正的激情洋溢的复国主义者，工作勤奋，充满热情。然而，你毕竟不能总搞政治演讲，总搞政治讨论和行政工作。可以说，你也应该有自己的生活。在令人敬佩的青年当中，有些人的智识生活的内容让我颇感惊讶，他们的智识生活的内容——不只是学术的，就这个意义上说，因而在学术礼堂外就没有特别的兴趣——由对巴尔扎克这样的人的关注组成。

但关键问题是，这种复国主义严格局限于政治行动。人的头脑甚至人的心灵都没有用到犹太事务中去。因此，这在早期导致有人以文化复国主义反对政治复国主义。文化复国主义无非就是，建立犹太国不够，这个国家还必须具有"犹太文化"。换句话说，国家必须有自己的生命。犹太文化是指不同于其他民族心智的犹太心智所生产的产品。然而，如果详加考察，我们会发现，任何

---

① 犹太复国主义修正派由亚博廷斯基（Vladimir Ze'ev Jabotinsky，1880—1940）在1925年正式建立。施特劳斯把他早年（起始于1916年）开始追随的派别直接称为"政治犹太复国主义"，并将它等同于亚博廷斯基领导的派别。实际上，在1925年之前，亚博廷斯基只是犹太复国主义一个派别的领导人。不过，在1925年之前数年间，他大力宣扬的东西基本上都成了后来犹太复国主义修正派的基本原则和政策。按照亚博廷斯基的说法，他的思想源于现代犹太复国主义之父赫尔茨（Theodor Herzl，1869—1904）的政治理论和实践。然而，从某种程度上讲，亚博廷斯基毫无疑问使赫尔茨的思想更加激进。亚博廷斯基最初能够吸引施特劳斯就是因为他实践的是真正的赫尔茨主义。施特劳斯在以后的生涯中认同的正是这种赫尔茨主义。参见"致编者的信：以色列国"（Letter to the Editor: The State of Israel）。

犹太文化的基石都是《圣经》、《塔木德》(Talmud)和《米德拉什》(Midrash)。如果你不以起码的敬重或严肃的态度对待这些典籍，你必然会说，人们并不把它们当作犹太心智的产物。追根究底，人们认为，它们"来自于天上"，这就是问题的关键：不能把犹太教理解为一种文化。我们还有民间舞蹈、陶瓷艺术，但你不能指望靠那些东西生存。实质性的东西不是文化，而是神的启示。因此，惟一可靠的、也是惟一畅通无阻的解决方法是，抛弃或超越文化复国主义，明确采用宗教复国主义。这就意味着回归犹太信仰，回归我们祖先的信仰。①

然而，我们这里面临着一个困难，本次演讲的题目以及我刚才所说的一切都是以此困难为基础。那些与我们祖先的信仰不一致的犹太人应该做什么？既然宗教复国主义是惟一畅通无阻的解决办法，从人性角度上看，它并不是对所有犹太人都切实可行。我再次说明：不可能摆脱自己的过去。人必须承认自己的过去。这就意味着，人们要把不得已之事当作好事来做。这里的好事就是忠实、坚贞和拉丁意义上的虔敬（pietas）。采取这种方案的必要性出于那种惟一的替代方案——否定自己的出身、过去或传统——的不光彩（disgraceful）特性。如果解决问题必须采取不光彩的行为，那么，该方案就是不光彩的方案。但让我们超然一些，让我们客观地或科学地对待此事。这方案到处都适用吗？要明白这个困难，我们必须把问题想个桶底脱落。对于宣扬某种解决办法，我不感兴趣。我努力做的是，帮助自己——如果可能的话，也帮助你们中的一些人——理解我们的困难。让我们举个例子，有个来自贫民窟（the gutter）的人，各个方面都有极高天赋，无论在心智上，还是在灵魂上。难道他就没有资格脱离贫民窟吗？当然，有人甚至会说，闭口不提贫民窟的出身能使他举止更为体

---

① 参见施特劳斯在"《斯宾诺莎的宗教批判》英译本前言"中对这几点的详细论述。

面,这要比带着臭味显示贫民窟出身并由此让别人恼怒好得多。然而,这种有意思的情况虽然完全值得我们同情,但无论如何也不可能是我们所处的情况。我们的劲敌(worst enemies)也以这样那样的方式承认这点。我们的劲敌叫做(我不知道有多少年了;[中译按]此处施特劳斯用的是一般现在时"are called")"反犹分子"(anti-Semite[中译按]字面意思"反闪族分子")。我认为这个字眼几近下流(obscene),我将永远不再使用它。我认为,我们若是明智,就不要再用它。我以前在这里做演讲时也提到,是某个德国或法国老学究生造了(coined)这个词,我嗅得出来。但是,我几周前了解到,是一个德国学究生造了这个词,一个名叫马尔(Wilhelm Marr)的家伙。① 他生造的原因很简单。"反犹主义"意味着仇恨犹太人。为什么不用犹太人的称呼去称呼它呢?——那就是 rish'us,即"邪恶"。② "仇恨犹太人"完全可以理解。"反犹主义"一词出现的背景是,人们已经不能把犹太人不是基督徒作为他们仇恨犹太人的正当理由。他们必须另寻理由。因为十九世纪和二十世纪一样,都为科学而自豪,因此,这个理

---

① 马尔显然是在1879年生造了这个词。至于"反犹主义"(anti-Semitism;或译"反闪族主义")的现代史或对犹太人的仇恨,参见 Jacob Katz,《从偏见到毁灭:反犹主义,1700—1933》(*From Prejudice to Destruction: Anti-Semitism*, 1700—1933, Cambridge: Harvard University Press, 1980);Bernard Lewis,《闪米特人与反犹分子》(*Semites and Anti-Semites*, New York, 1987)。

② *rish'us*(在现代希伯来文中为 *rish'ut*)可以直译为邪恶、恶或残酷(viciousness, wickedness, or cruelty)。这个词用于指代"反犹主义"(anti-Semitism)或对犹太人的仇视,主要为德国犹太人所用。编者稍微改变了录音整理者记录的句子结构,以使施特劳斯的意思更为清晰明了。录音记录稿是:"为什么不用我们犹太人的称呼 *rish'us*,即邪恶去称呼它呢?"录音中一个句子的两个分句被改写成两个独立的句子,前一个句子是施特劳斯明确无误的问题,后一个句子则是他明确无误的回答。因此,改编后的文本是:"为什么不用犹太人的称呼去称呼它呢?——那就是 rish'us,即邪恶。"

由必须是科学的。科学证明，西方人有两个人种：雅利安人种（the Aryan race）和闪米特人种（the Semitic race）。因此，我们的敌人谈到反犹时声称，他们的行为是出于精神原则，而非纯粹的仇恨。困难在于，阿拉伯人也是闪米特人。我有一位阿拉伯朋友，在芝加哥郊区有人偶尔会问他："你当然也是反犹分子（an anti-Semite）啰。"他会回答说："我不可能是。"

因此，谈到我们的敌人，我想说明的是，他们认识到我们不是来自贫民窟。让我们看看最近、最残暴、也是最直接的例子：纳粹分子。纳粹的制度建立在雅利安这个概念之上。我的意思是，那时，德国不再是基督徒的国家，而是将成为雅利安人的国家。但"雅利安"指的是什么呢？比如，纳粹分子被迫给日本人及其他许多人以雅利安人的地位。总而言之，"雅利安人"就是"非犹太人"，据我所知，纳粹政权是仅有的将消灭犹太人作为其原则基础的政权。只有把犹太人放在中心位置，"雅利安人"才可以界定自己的最高目标。那对我们是极大的恭维，即使纳粹不是有意为之。我举几个更严肃的例子：首先，在古代晚期，信仰异教的罗马人（the pagan Romans）会指控我们犹太人（附带地也指控基督徒）犯了仇恨人类（hatred of the human race）的罪行。我认为，那是极高的恭维，我下面将试着证明这点。

这种指控反映了一个毋庸置疑的事实。人类（the human race）是由许多民族或部族，即希伯来语中的 goyim（各民族）构成。一个民族之所以成为一个民族是因为它所敬奉的东西。在古代，一个民族之所以是一个民族是因为它敬奉自己的神。他们那时没有各种意识形态，他们那时甚至没有各种观念（ideas）。在最上面是众神。而我们的祖先先验地断言——也就是说，不再顾及任何这些神灵——这些神灵是虚无（nothings），是可憎的东西，并且任何民族的最高事物（the highest things）都是虚无，都是可憎的东西（我现在不能对此展开，否则我们将涉及更宽泛的考量[broader considerations]，即那些我一直努力避免的形而上的、科幻式的东西，但我必须点一下）。① 根据以赛亚以自己为例所理解的纯洁："我是嘴唇不洁的人，又住在嘴唇不洁的民中"，② 帕特农神庙（Parthenon）本身就不纯洁。这在犹太教中仍然可以见到。可能不是所有犹太人都这样，但有些犹太人就是如此。我听说，古里安（David Ben-Gurion）为谈判之类的事到泰国去，去了佛教寺庙，这在以色列引起了轩然大波，就因为那些老掉牙的原因。③ 我建议告诉我这故事的人，他应该拍电报给古里安，让古里安说，他在佛教寺庙里所思考的是以色列的外交政策，可以此为借口缓和局势。

我们祖先反罗马人的战争比较独特。我们知道有两个最伟大的例子：犹太人反罗马人的战争和日耳曼人（the German）反罗马人的战争。从军事上看，日耳曼人远比我们成功，因为他们打败了罗马人，而我们遭到失败。然而，成功或失败不是最高标准。比较这两次战争，我们发现，我们祖先不仅是为反抗外来

---

① 此句中的"考量"（considerations）为编者所加，因为施特劳斯在演讲中明显没有说完，因此"更大的"这个形容词后面缺少名词（还有一种可能，施特劳斯在说这个名词时声音比较低，没有录上，或整理人员没听到）。无论怎样，之所以选择"考量"一词，是因为施特劳斯在类似情况下常常喜欢用它。在上个句子的最后一个分句中，编者添加了"事物"（things）一词，并把动词变为复数形式（即把"was"变成"were"），以使分句的主语与宾语保持一致。因此，未经编辑的分句是"that the highest of any nation was nothings and abominations"。

② 《以赛亚书》6：5。

③ 古里安（1886—1973）是现代以色列国的第一任总理，在 1948—1953 年和 1955—1963 年间两次出任政府首脑。施特劳斯提起的国事访问似乎是古里安在 1961 年 12 月访问缅甸，而非泰国。在这次访问中，古里安有八天时间在一座佛教寺庙里沉思、禁食和阅读，该寺庙就位于他的朋友、缅甸总理吴努（U Nu）在仰光的住处。要注意的是，古里安长时间逗留在寺庙里时，的确研究了佛教典籍，但应他的要求，当天的希伯来报纸都会准时送到他手里。

压迫而战,还是为我们暂且可以称之为"观念"(idea)的东西而战。在罗马帝国的战争中,这也是惟一一场以观念的名义而展开的战争。

下一个大的反犹组织是基督教共和国(the Christian republic)。对犹太人的仇恨延续下来,但有所改变,在某些方面,甚至有过之而无不及。这是因为犹太人对神—人(the God-man [中译按]指耶稣基督)的态度跟基督徒反对希腊人和罗马人的似人的诸神(the manlike gods)一模一样。尽管今天许多基督徒已不再信奉三位一体说,犹太教与基督教之间必定仍然存在一个分歧,一个过去一直没有消除的分歧。基督徒断言救世主已经来了,而我们的祖先则总是相反,断言救世主还没有来。有人可能会说——我说这话没有任何敌意——在与基督教的战争中,十字军东征(the Crusades)恰恰进一步证明了犹太教的合理性。要想对自己的犹太身份感到满意,犹太人只要读读那段历史就可以了。纯粹滥杀犹太人构成了十字军东征的一部分。无论十字军走到哪里(最主要是在耶路撒冷),我们的祖先是怎样反应的呢?拜尔(Yitzhak F. Baer)是仍健在的最伟大的犹太历史学家,请允许我读一段他的《流亡》(Galut):

> 在希伯来文献中,我们可以找到第一次十字军东征期间犹太人受迫害最为详细的记录。这些记录由关于各个地方和省份的短小叙述组成,与基督徒散发的具有相反倾向的小册子形成对照。在此期间,宗教—民族性殉教行为达到顶峰。这些殉教者既不是早期基督徒那样的死亡寻求者,也不是挑战命运的英雄。暴力和死亡意外袭来。整个社群——老人和青年,妇女和儿童,情愿的或不情愿的——都饱受痛苦。起初,他们为保存社群而战。只要能抵抗,他们就在主教官邸或城堡的围墙面前阻挡敌人[施特劳斯按:我们这里必须要做一补充,拜尔本人当然也不会否认这一点,那就是,高级教士总

体上比低级教士在行为上更明智。你知道，农民的儿子当上教士之后，会更狂热和野蛮……回想一下，高级教士中有个著名的伯尔纳德（Bernard of Clairvaux），他曾试图阻止这种行为。但他们的意见没有占上风］。① 然而，接下来，当所有安全的希望都破灭时，他们就准备殉教。最令人为之动容的一幕发生在克桑滕（Xanten，1096），当时是安息日，一群虔诚的犹太人正在聚餐。他们刚做完饭前的祈祷，就收到消息说，敌人离他们很近了，他们马上做完最后一部分祈祷仪式，吟诵表示信仰独一上帝的祷语，然后采取了骇人听闻的牺牲行为（act of sacrifice）——这种行为从［施特劳斯按：罗马时期的］马萨达（Masada）开始，一次次重复，一代代重演。殉教史研究者用触目惊心的清晰笔触，描写了这个出于自愿的互相屠杀仪式（不是——被错误地归咎于犹太人的——牺牲敌人［the sacrifice of enemies］），并以［亚伯拉罕］牺牲以撒（the sacrifice of Isaac, *Akeidat Yitzḥak* ［中译按］或译作"捆绑以撒"）的故事为蓝本，用诗歌形式歌颂他们。②

宗教改革废止了血腥迫害。但不流血的迫害仍然存在，在某

---

① 在施特劳斯的这段插话中，"回想一下，高级教士中"是编者根据施特劳斯刚说过的话所加，这样，施特劳斯提到伯尔纳德一事所用的句子就显得完整，且有意义。伯尔纳德是位著名教会人士（churchman）。1146年，他不遗余力地鼓吹第二次十字军东征的必要性。但他无条件地为犹太人辩护，使他们免受肉体上的伤害，并试图阻止暴行的进一步发展。他还否认基督教允许这样的暴行，并让基督徒明白，犹太人与穆斯林在宗教上完全不同。在一封论述这些问题的书信中，他强调，那些骑士在第一次东征中死去，是因为他们迫害了犹太人，遭到神的报复（by divine retribution）。

② Yitzhak F. Baer，《流亡》，(*Galut*, Robert Warshow 英译，New York：Schocken, 1947)，页24-25。克桑滕（Xanten）是德国西部的一个镇，位于莱茵河北部流域。

些方面比中世纪的血腥迫害还要糟糕，因为它无法产生出我们在光荣的十字军东征时期所看到的那种令人震撼的斗争品质。我作一下总结。我们的过去、传统、出身并不是海涅所说的不幸，更不是低贱。但它的确是痛苦，是悲壮，是由于整个民族的英勇行为而产生的痛苦，因为这个民族献身于它认为比自己无限崇高的东西，事实上是献身于它视为无限至上的东西。今天，任何犹太人为自己做的最好的事情，莫过于记住这段历史。

但有人或许会说："若旧信仰已逝，这样就足够了吗？若某个犹太人不能信仰祖先的信仰，难道他一定不能向自己承认，自己的祖先曾献身于幻象（delusion）——即便是所有幻象中最高贵的幻象？难道他一定不能献身于一种生活，这种生活不再属于犹太教世界、出于同样的理由也不再属于基督教世界，而是——像有人会说的那样——属于后犹太—基督教（post-Judaeo-Christian）世界？无论多么厌恶同化思想，任何一位有尊严的人难道一定不会把同化当作一种道德的必需而接受，也一定不会把它当作便利来接受？难道人最高贵之处不是让自己与真理同化的能力吗？"那好，我们就来重新思考一下同化。

有个非犹太人——一个德国人——所说的话有助于我们重新思考。这个人是个德国人，此外，他在许多地方都声名狼藉，此人就是尼采。我想给你们读读《朝霞》第 205 条格言，这条格言可能会让在座的有些人感到不快。①

---

① 经查施特劳斯当时可能使用的英译本，我发现，选自尼采《朝霞》第 205 条的格言是施特劳斯本人所译。实际上，他可能使用的有点价值的译文只有一个：考夫曼（Walter Kaufman）编译《尼采袖珍集》（*The Portable Nietzsche*, New York, 1954）含第 205 条格言，页 88 – 89。然而，考夫曼只从《朝霞》中选了格言第 205 条的一些片段。施特劳斯（或录音整理者）几乎整段引用。至于省略之处，参见接下来三个注释。我们还比较了施特劳斯译文与荷林戴尔（R. J. Hollingdale）的新译本《朝霞：思考诸道德偏见》

关于以色列民族。欧洲犹太人的命运走向，是我们下个世纪有幸目睹的奇观之一。显而易见，他们已经掷下骰子，渡过卢比孔河：惟一悬而未决的是，他们要么成为欧洲的主人，要么像失去埃及一样失去欧洲，因为他们古时在埃及也面临类似的非此即彼（either/or），只不过那时他们失去了埃及。然而，他们在欧洲经历了十八个世纪的磨练，这里其他任何民族都无法如此炫耀。以这样的方式，经过艰难时世的磨练，整个民族都受益匪浅，受益更多的则是个人。结果，今天的犹太人有着卓越的灵魂和精神资源（psychic and spiritual resources）。在欧洲的居民中，他们遇到不幸时最不可能借助酒精或自杀的方式逃避困境，而那些资质不高的人则有此倾向［施特劳斯按：所有社会学家都知道，关于自杀的情况有着巨大的可变性。他所指的仍然是欧洲顽强的老一代犹太人］。每个犹太人都能在他的前辈和祖先的历史中发现大量可贵的实例，表现他们在厄运中镇定自若、坚忍不拔的品质，以及他们在悲惨的屈从外表下的勇敢。他们蔑视受蔑视者（spernere se sperni）时所表现的英雄主义，使所有圣徒的美德相形失色。两千年来，人们用可鄙的手段对待他们，堵住他们通往任何荣誉和尊严的道路，尤其是迫使他们从事更加肮脏的行业，希望这样能使他们显得可鄙——确实，他们在这一过程中没有变得更加洁净。但他们显得可鄙吗？他们从来就没有停止过相信，自己受到最高事物的召唤，[1] 一切受

（*Daybreak*: *Thoughts on the Prejudices of Morality*, Cambridge, 1982），页 124 - 125。相关德语原文，见 Giorgio Colli 和 Mazzino Montinar 编，《考订版尼采文集》（*Nietzsche Werke*: *Kritische Gesamtausgabe*）第 5 部分，卷 1 中的《朝霞》（*Morgenröte*, Berlin: Walter de Gruyter, 1971），页 180 - 183。

[1] 整理者记录的施特劳斯前半句话为："他们自己为最高事务而受拣选（They themselves chosen for the highest things）。"比较忠实的直译应该是，"他们从来就没有停止过相信，自己受到最高事务的召唤（They themselves

苦者具有的美德也从来没有停止过给他们带来光荣。他们荣耀自己先辈和孩子的方式、他们的婚姻和婚姻习俗中的理性，使他们在所有欧洲人中与众不同。此外，他们还理解如何从遗弃给他们的（或者说人们遗弃给他们的）特别行当中创造出一种力量和永恒复仇的情感。人们甚至在为他们的高利贷开脱时也必须说，如果不是那些轻视他们的人时不时地使用这种令人愉快的有效的折磨方式，他们也许不能这么长时间地保持他们的自尊。因为我们的自尊紧系于我们在好事与坏事方面做出回报的能力。尽管如此，他们的复仇没有轻易地使他们特别过分，因为他们拥有极为开阔的心胸（liberality），灵魂亦复如是，居住地、气候、邻人的习俗以及压迫者的频繁变换，对人有教育。他们在一切人际交往方面拥有迄今为止最伟大的经验，① 甚至在激情洋溢时，他们也仍然保持着从这种经验中得来的审慎。他们对运用自己发达的智力和精明如此有把握，以致他们从来不觉得有必要靠体力去当手工劳动者、脚夫或农夫来赚取面包，即使在最为恶劣的情况下也是如此［施特劳斯按：看来他只了解德国］。

---

have never ceased to believe themselves called to the highest things)"，这个译文来自荷林戴尔《朝霞》译本（页124），用来代替整理者的译文。也可参见考夫曼的《尼采袖珍集》，页88，他的译文略有不同，离施特劳斯的译文更远：They themselves have never ceased to believe in their calling to the highest things。德语原文如下：Sie haben selber nie aufgehört, sich zu den höchsten Dingen berufen zu glauben, ... 见 *Morganröte*，页181。

① 施特劳斯此处省去了一部分这句话的中间一个分句，不知是否有意如此（抑或整理者的疏忽？）。不管怎样，现有文本加入了此分句。加入的分句是："甚至在激情洋溢时，他们也仍然保持着从这种经验中得来的审慎。他们对运用自己发达的智力和精明如此有把握……"我采用了荷林戴尔的译文（*Daybreak*，页125）。考夫曼的版本没有翻译这句话。德语原文见 *Morganröte*，页182。

他们的行为举止仍然表明，人们从来没有向他们的灵魂灌输过高贵的骑士情感，也没有教他们在身上佩带漂亮的刀剑：某种突出的东西与那种通常柔弱（tender）又几乎总是痛苦的屈从交替出现。但是现在，他们年年不可避免地与欧洲最高贵的血统联姻，而且越来越多，用不了多久，他们的灵魂和身体就会获得一种良好的遗传，一百年后，他们会显得足够高贵，这样一来，他们就不会唤起那些以他们为主人听从他们的人心里的羞耻感。这一点至为关键！因此，现在要解决他们的问题仍然为时过早！他们自己心里完全清楚，所谓征服欧洲或者任何暴力的行动只是无稽之谈。但是，欧洲在某一天可能像完全成熟的果子一样不经意地落到他们手上。同时，他们有必要在所有欧洲特色的领域中卓尔不凡，出类拔萃，直到他们自己能够决定什么才是卓尔不凡。那时，他们将会被称为欧洲人的发明者和领路人，而不再冒犯欧洲人的羞辱感（offend their shame）。犹太历史为每个犹太家庭所创建和累积起来的大量的卓著印象，将如何发生效力呢，来自各方面的大量的激情、美德、决心、摒弃、斗争和胜利，如果不是最终表现为伟大的人物和伟大的事业，将如何发生效力呢？① 因此，当犹

---

① 施特劳斯此处省去了这句话开头的一个分句，不知是否有意如此（抑或是整理者的疏忽？）。不管怎样，现有文本加入了此分句。加入部分是："犹太历史为每个犹太家庭所创建和累积起来的大量的卓著印象，将如何发生效力呢，来自各方面的大量的激情、美德、决心、摒弃、斗争和胜利，如果不是最终表现为伟大的人物和伟大的事业，将如何发生效力呢？"这句话为本人自译，同时参照了考夫曼的《尼采袖珍集》（页89）和荷林戴尔的《朝霞》译文（页125）。德语原文为：Und wohin soll auch diese Fülle angesammelter grosser Eindrücke, welche die jüdische Geschichte für jede jüdische Familie ausmacht, diese Fülle von Leidenschaften, Tugendenn, Entschlüssen, Entsagungen, Kämpfen, Siegen aller Art—wohin soll sie sich ausströmen, ... 见 *Morganröte*，页 182 – 183。

人有能力展示出那些历史短暂、经验肤浅的欧洲人过去和将来都不能创造的宝石和金器,当以色列能够把它的永恒复仇转变为欧洲的永恒福祉,那么,安息日 (the seventh day) 就会再次光临这里,古老的犹太人的上帝将能够与他自己、他的造物和他的选民一同欢欣鼓舞——而我们大家、我们所有人也都将与他一起欢欣鼓舞!①

这是我读到过的关于同化最为深刻、最为激进的论述。即使尼采写作时不无反讽之意,这段论述也不会丧失其任何重要意义。换句话说,他在这一方面并不抱有希望,他只是把某些问题想透。同化不可能意味着放弃传承,而只是给它另一个方向,使之发生转换。同化不可能是终点,它可能只是走向终点的道路。同化是个中间阶段,它意味着在某种追求中辨别自己,这种追求指向的不是犹太事务本身,而是——按照尼采的说法——欧洲事务,或按我们的说法,是西方事务。弄清楚最高意义的同化概念是什么意思之后(也只有这样,我们才能理解任何一种同化),我们必须看看现实中的同化。听完这段话,人们颤栗着去观看同化的现实情况。有些犹太人对犹太人的任何聪明或壮丽的平庸行为都要唱颂歌,这不仅可怜,而且可笑。它让人觉得,这就像一群村民培养出了第一位自己的物理学家,并因此颂扬他,称其为最伟大的物理学家。我不想举出具体的例子,但我在犹太期刊上读到犹太名人的事迹时,我总是想到此事。我曾经对此非常怀疑,以致不相信爱因斯坦有什么了不起。我不是理论物理学家,因此,我跟其他无知之人一样有资格拥有自己的意见。随后,我就这件事问过一位值得信赖的朋友,他是位物理学家,也是犹太人。我把自己的意见告诉他:我觉得这实际上是爱因斯坦的妻子组织的宣

---

① [中译按] 这段格言的部分译文参照了田立年译文,参见田立年译《朝霞》,华东师大版,2006。

传机器（顺便说一下，我相信的确如此，我听说我们已有了一个例子）。但他对我说："你错了。"他参加了在柏林举办的包括爱因斯坦在内的研讨班，那是物理学界最高级别的研讨班，参加者还有普朗克（Max Planck）等人。简单来讲，事情是这样的：爱因斯坦有个短处，即不懂初等数学——我的意思是，这是他真正的缺陷。但他的奇想、他的发明，超过了其他所有参加者。于是，我的物理学家朋友对我说："你必须相信。爱因斯坦是真正一流的物理学家，当然也是这个时代最伟大的物理学家。这是一个经验事实。"于是，我就接受了。但我必须说，我仍然为自己的抵触行为感到自豪，因为这种自我颂扬的倾向在没有依据时是一种耻辱。今天我们有很多杰出的犹太人，这是因为（在这方面，我们不要自欺欺人）现在处处萧条，平庸赢得了全面胜利。今天，成为伟人是很容易的事儿。正如谚语所说："盲人当中，独眼称王。"

关于同化的可能含义，尼采的陈述（几近酒神颂般狂热 [almost dithyrambic]）建立在一个非常深刻的分析——或许是到那时为止最为深刻的分析——的基础上，尽管如此，他的分析也有一些缺陷。① 尼采的分析最显著的缺陷似乎在于：他设想为整个过

---

① 编者对这句话稍微做了改动，以使本段第一句既独立又清晰地表达施特劳斯的意思。由于演讲的即兴性，这句话本来与第二句话的意思有点纠缠（其中原因之一在于，施特劳斯在下句话 [这句确实构成了完整的意思] 中使用的起首短语在当前这句起首也讲了出来，但不完整）。因此，录音整理者的记录如下："然而，尼采的分析最为独特的缺陷（的确有些缺陷）在于，他的陈述——近乎酒神颂般狂热（almost dithyrambic）——基于一种对同化的可能含义的非常深刻的分析，或许是到那时为止最为深刻的分析。他的分析最为独特的缺陷似乎是……"第一句这样说，表明尼采的观点存在缺陷，是基于他的极为深刻地分析了——即使不是最深刻地分析了——同化的可能含义。我怀疑施特劳斯当初说句话时，是否旨在因尼采分析的深度而批评尼采。施特劳斯在上一段后半部分提到了一些史实，大概了解这些史实会

程的不同阶段的再生或净化（regeneration or cleansing），作为一项个体的职责（a work of individuals）显然不充分，无论这些个体有多少，多么尽职尽责，或有多么高的天赋。同化在过去和现在都需要民族的净化或洁净之举。这在我看来，就是以色列国家的建立。谁只要看到过以色列国，不仅如此，谁只要在纽约见证过这一举动（［中译按］指以色列建国之举）引起的反应，都会理解我的意思。但这个事实打破了尼采的梦想，因为建立以色列国意味着重新断言犹太人与非犹太人之间的区别，尽管它某种程度上可能是（当然也确实是）犹太人的同化之举或一个进步。既然我说到"同化之举"，我可以再讲一个我青年时代的故事吗？我有个不属于犹太复国派的朋友，其父是个老式的自由派犹太人。在德国，他们称自己为"具有犹太信仰的德国公民"。我的朋友是这样说的：他去犹太会堂接父亲，看到父亲跟其他主张同化的朋友在一起，也看到年轻一代的犹太复国主义者，随后他必须承认，老一代人拒绝任何犹太教的民族特征，非常不像犹太人，但相对于正在接受犹太民族特征的年轻一代，他们还是更加像犹太

有助于读者理解。爱因斯坦（Albert Einstein，1879—1955）是二十世纪伟大的物理学家之一，他最有名的发现是运动的相对论，他还在1921年因"光电效应"设想而获得诺贝尔物理学奖。普朗克（Max Planck，1858—1947）是二十世纪另一位伟大的物理学家，1900年首先提出能量的"量子"假设（the hypothesis of "quanta" of energy），然后继续从事这方面的研究，这为他赢得了1918年的诺贝尔物理学奖，并掀起了现代物理学的"量子"革命（"quantum" revolution）。1914年，普朗克帮助他的朋友爱因斯坦在柏林的普鲁士科学院获得教授席位。爱因斯坦在接下来的十九年间一直与普朗克一起在普鲁士科学院工作。在此期间，爱因斯坦又做出了对现代物理学有着重大意义的一些发现。施特劳斯提到的正是这个研究院。（他称之为"研讨班"，或许指它的"物理学研讨班"？）1933年1月，希特勒在德国上台，使爱因斯坦不仅放弃德国国籍，还几乎当即辞去普鲁士科学院的职位，同时接受位于新泽西州普林斯顿的高级研究院的邀请，在那里继续自己的研究。

人。这点无可否认。①

犹太教不是不幸（我又回到了开头），而是——我们可以说——一种"英雄般的幻象（heroic delusion）"。这个幻象又包含什么内容呢？不可少的一样东西是正义或仁慈（The one thing needful is righteousness or charity），② 它们在犹太教里是同一个东西。若世界不是由正义和慈爱的上帝、神圣的上帝所创造，不可少的一样东西这个概念就站不住脚。大量存在的不义不仁（injustice and uncaritableness），其根源不在上帝那里，而是在上帝造物的自由行动中，在罪（sin）中。犹太人和他们的命运活生生地见证了救赎的缺席。有人会说，这就是选民的意义。犹太人被选中去证明救赎的缺席。有篇伟大的犹太祈祷文最深刻地表达了这个观点，其深刻程度超过了当今任何人所写的任何著述，你们有些人可能知道它，对很多人而言，它是个绊脚石，那就是《阿莱努》（*Aleinu leshabeiah* = 我们的责任乃是去赞美）。我现在朗读它绝不会是明智之举。

［原编者按：下面是《阿莱努》祈祷文的译文，施特劳斯在演讲中实际上没有读出来。原整理人曾添加了一个类似于此，却不相同的译文。］

---

① 录音整理人显然没有听清施特劳斯在本句最后一个分句中间所用的词，因此，该分句被整理成结束于"那是……犹太人（which was...Jews）"。鉴于施特劳斯在上几句中一直在讨论德国新老犹太人之间的差别，编者冒昧在最后的分句中添加了"接受……的民族特征"（accepting of the national character of the）这个短语。编者尽量利用施特劳斯自己表意时所用的词语或它们的反义词，这句尤其如此，因为施特劳斯在上句使用了"拒绝任何……的民族特征"（refusing any national character of），编者则反其道而用之。

② ［中译校按］"the one thing needful"［不可少的一样东西］很可能典出《路加福音》12章42节。这个不可少的东西在基督教尤其新教语境下通常被解读为"信"。熟悉马丁·路德德译圣经的尼采多次在自己作品里用到这个短句（Eins ist noth［有一样不可少］），参《快乐的科学》290，《敌基督者》20，43 等。

我们的责任乃赞美万物之主，把伟大归于起初塑造世界的主，因为主没有使我们与其他地方的民族一样，也没有将我们安置在与地上其他家族一样的位置上，因为他给予我们的份额与他们不同，给予我们的命运也不同于一切其他众民［因为他们崇拜无价值的东西和空洞的东西，向不能拯救的神祈祷①］。但我们弯腰跪拜并感谢至高无上的万王之王、神圣

---

① 根据赫尔茨（Joseph H. Hertz）编《权威版每日祈祷书》（*The Authorized Daily Prayer Book*，New York：Bloch Publishing Co.，1948），页551，方括号中的话是两行圣经诗文的混杂：《以赛亚书》30：7和45：20。有人也曾错误地指控这句话污蔑基督教，甚至将之用作迫害犹太人的理由（甚至玛拿西［Manasse ben Israel］也相信自己受到召唤，在他的《为犹太人辩护》［*Vindiciae Judaeorum*，1656］一书中专辟一章，为这句有争议的话辩护）。到了十八、十九世纪，慑于教会和政府的审查，大多数中、东欧的犹太人祈祷书（Ashkenazic prayerbooks）都把它删除了。西班牙犹太人的祈祷书（Sephardic prayerbooks）仍保留这句有争议的话。据我所知，至少有一部正统祈祷书的新近美国版重新收录了这句话（*The Complete Artscroll Siddur*，Nosson Scherman 编，Brooklyn，1984，页158）。这句祷文首次出现在莱夫（Rav，又称 Abba bar Aivu 或 Abba "Arikha"）编排的新年礼仪书中，产生于大约三世纪琐罗亚斯德教徒（Zoroastrian）治下的巴比伦，也就是说，它出现于一个与基督教完全无关的环境。到了大约十二世纪的时候，包括宗教节日在内，人们每天三次祈祷，都以本行做结，全年如此。传统上这篇祷文的写作归于约书亚（Joshua），据传，约书亚在以色列人渡过约旦河，征服迦南之后创作了这篇祈祷文。关于它的起源，现代人有两种观点：可能为莱夫所作，或许是更为古老的作品，可能传自波斯人统治时期的犹太人，时在从巴比伦流亡回来之后，但在亚历山大征服犹大之前。祈祷文强调上帝完美绝对的至高无上权能（sovereignty），毫无疑问是具有崇高和高贵灵性（of high and noble spirituality）的作品，但它公认的"权威性"不仅仅在于此，甚至也不是因为它古老。相反，其权威性似乎来自它与中世纪基督教迫害犹太人之间的关系，特别是十字军东征以来发生的事件："它是中世纪犹太殉教者的死亡之歌"（见 Philip Birnbaum 编，《每日祈祷书》［*Daily Prayer Book / Ha-Siddur Ha-Shalem*］，New York，1949，页136）。

者，愿至福归于他，他展开苍穹，给大地以基石，他的荣耀的宝座在苍穹之上，他的威力的住所在最高的群峰之间。他是我们的上帝；舍他无神。他真是我们的王；舍他无王。正如他的《托拉》所写："所以今日你要知道，也要记在心上，天上地下惟有耶和华他是神，除他以外，再无别神。"（《申命记》4：39）

因此，我们寄希望于你，主啊，我们的上帝，让我们快快目睹你的威力所展现的荣耀，当你将那些偶像从地上清除出去，完全剪除那些假神时，当全能者王国之下的世界变得完美，所有人都在称颂你的名字时，当世上所有的恶人归向你时。让所有世人都认识并懂得，人人都必须屈膝于你，人人都必须誓言效忠于你。在你面前，主啊，我们的上帝，让他们屈膝拜倒，让他们向你荣耀的名字呈贡尊崇。让他们都接受你王国的枷锁，这样你才能很快并永永远远统治他们。因为王国是你的，你将永远在荣耀中统治它。正如你的经书所写："耶和华必作王，直到永永远远"（《出埃及记》15：18）。据说，"耶和华必作全地的王：那日耶和华必为独一无二的，他的名也是独一无二的"（《撒迦利亚书》14：9）。

现在，让我们保持耐心，再花点时间反思一下幻象（delusion）。什么是幻象？我们也称之为"梦想"（dream）。这是迄今有过的最高贵的梦想。相对于从肮脏的现实中谋利并沉迷于其中，显然，为最高贵的梦想而做个受害者肯定更加高贵。梦想与抱负同源。抱负是对谜一般的景象的一种预见（a kind of divination of an enigmatic vision）。在强调的意义上，谜一般的景象是对终极神秘的感知——是对终极神秘的真实性（the truth of the ultimate mystery）的感知。当今，即使不信教的犹太人也不能否认终极神秘的真实性——这真实性即：有一种终极神秘，存在（being）是极端神秘的。我们时代不信教的犹太人若受过教育，通常都是实证主义者，即便不是一个没受过任何教育的实证主义者，也是科学的信徒。作为科学家，在无数的问题中，他必定会关注犹太人问题。他把犹太人问题简化为不可辨别的某种东西：宗教少数派、少数民族。换句话说，你可以在那里找出犹太人问题的这个因素，在这里找出犹太人问题的另一个因素，把各种特征搅和在一起。我所说的是经验之谈。我曾与一些社会科学家展开过讨论，拉比佩卡斯基也在场，当时我就看到过这种做法。当然，这样做的话，统一性就彻底消失了。社会科学家不能如其所是地看待他试图诊断和分析的现象。他的概念和分析建立在肤浅的、欠思考的心理学或社会学基础之上。说这种心理学或社会学肤浅和欠思考，是因为它不自我反思，不反思科学本身。它至多会问："什么是科学？"无论如何，不管答案可能是什么——天哪，我必须要结束了。

  按照实证主义者的理解，科学容许无限进步。我相信，你们如今在所有小学里都学到这点。科学的每个结果都是暂时的，并遭受未来的修正，这种局面永远不会改变。换言之，五万年以后的结果会与今天的结果完全不同，但仍然会受到修正。科学容许无限进步。但是，如果科学的对象不具备内在的无限性，它又如何容许无限进步呢？换言之，科学的对象是现存的一切（everything that is）——是存在（being）。所有科学的信徒如今都承认的这一信念——就其本性而言，科学本质上是向前推进的，且永远向前推进——不消说，暗示出存在（being）的神秘性。我刚才追溯的两条线索在这点上虽然没有正好相交，但也只有一箭之遥。我相信，在一般意义上，对普通人（people in general）期待更多是不合情理的。

演讲结束

[主持人] 克罗普西：由于各种原因，我只讲几句话。大家知道，施特劳斯博士曾几次讨论过"耶路撒冷与雅典"这个主题。我今晚惟一的结论是，我相信他把这个主题又讨论了一遍。在我看来，就犹太人问题的解决或犹太人问题的性质，施特劳斯博士以一个可敬的人能理解的解决该问题的方式作了探讨，他的演讲是一种对人类一体的肯定（a sort of affirmation of the human unity）——［一体的一方是］古老的犹太传统所习知的各种卓异品质（excellences），［另一方则是］由希腊人可能以他们自己的方式就各种道德德性和理智德性首先表达的那些永恒事物（those timeless things）。

问答时间

发问人：演讲的题目是"我们为什么仍然是犹太人？"，你的回答是，我们别无选择。

施特劳斯：对于君子（honorable men），肯定没有。

发问人：那么，退一步说，我们如果希望做小人（dishonorable men），会有选择吗？

施特劳斯：有。但我刚才试图指明，即使如此，也行不通，因为你必须具有非常非常特殊的……比如杀人犯，你知道，他认为最容易的事是通过杀人得到自己想要的钱财，接下来，他一辈子都脱不开那场谋杀。我的意思是，那不是个实践问题。而这个试图那样做的家伙，他的整个余生都要伴随着自己的解决方案（［中译按］指谋杀）。换言之，他的解决方案将成为一个问题。我有所保留只是因为下面这个缘由：我们不能遍览人类，在人类当中，我们只认识有限的一部分人。在某地，或许在阿拉斯加,可能生活着一位犹太人。人们不知道他是犹太人,他也一直无忧无虑地生活着。这种情况我不能排除。但你明白我的意思。

发问人:我在性情上没有你那么悲观,可能是因为更年轻和更愚蠢,但我认为,改变"歧视"问题的东西之一正是科学的精华。若我们犹太人能够从神学教义、社会、文化方面了解基督徒和非犹太人,他们也从社会、文化、历史方面更好地理解我们——对待黑人也是一样,我们还是能够保持犹太人、非犹太人和黑人身份,还是可以赢得互相尊重。

施特劳斯:那是当然!我要指出,我不同意"悲观"一词,因为那意味着相信这个世界是所有可能的世界中最糟糕的世界。我想,几乎没有人这样相信,也不可能支持这种观点。但你认为,我比你更忧虑是吗?

发问人:我们至少还可以抱以希望吧。让我们不要希望结束"歧视"。我的意思是,人人都有自己的朋友,人人都有自己的喜好和憎恶,我们不希望从任何人那里剥夺那些东西,虽然我们完全可以希望增加不同宗教、不同种族之间的互相尊重。

施特劳斯:那当然!那当然!我是说,人人都应该努力教育好自己,如果可以的话,也教育好别人,以成为正派的人。然而,那些所谓的偏见,即错误的观点,是不是重要——在有些情况下它们可能重要——但它们是不是处处都重要,应该打个问号。你知道,对另外一个群体——一个民族或无论什么群体——的知识,并不一定使双方的关系变得友好。德国与法国的文化关系在一战前夕非常繁荣,超过最乐观的人对现在〔美国〕与苏俄文化关系所抱的任何展望。巴黎的德国人和柏林的法国人身边都没有保安。然而,考验的时刻一来,所有这些文化关系(比美国与苏联两国的科学家之间的文化关系还要密切得多)对于它们政治关系的命运完全没有任何作用。① 换句话说，政治事务中，更强大、更低俗的东西比更崇高、更弱势的东西要有力，这点众所周知。但无论如何，还是要走下去。毫无疑问，如果出现误解（misconceptions），如果有人认为（举个中性的例子），每一个黑人都遭到虐待，最好要告诉他，这是误解，告诉他"你完全错了，那个归纳是错的"。我当然赞成这样的做法。但我不相信……顺便说一下，我不认为自己的观点是特别的忧虑。只有你期望在一般情况下所有人都完全和睦相处，这个观点才是一种忧虑，不过，这确实会让人失望。但是，没有神的干预，我们有什么权利抱有这样的希望呢？换句话说，如果真有一天，不存在针对犹太人的任何"歧视"，这个国家所有的犹太人与非犹太人完全和睦相处，我敢保证，那时又会有另一种"歧视"标准。我相信，人类需要它。

发问人：在关于"我们为什么仍然是犹太人"的讨论中，我似乎没有听到关于何为犹太人的界定。我提出这个问题，是因为我想到了历史遭遇，想到了今天的犹太人与我们的祖先可能具有的类似之处，而不管这些类似之处是什么。就这点而言，我想知道，这种变化难道不能使我们想到某种我们前进的目标？这种东西我们今天虽然难以界定，但仍然是一种进步？另外，看看世上的一般人，难道不是所有人都在向某个目标推进？

施特劳斯：我相信自己理解你的立场。这种立场也有很悠久、很令人敬佩的历史。但我要这样说：从我们祖先到我们之间存在着转变，这个引人瞩目的事实构成了我整篇讲话的基础。否则，我们坐在这里，可能会倾听圣经章句的讲道式解释（homiletic interpretation），而不是讨论上面的问题，或者讨论宗教律法的某些细微含

---

① 在本句中，"它们政治关系的"为编者所加，以使施特劳斯的意思更加清楚，即要明确施特劳斯关注的是什么命运。选这些词时，我利用了同一句中使用的"文化关系"和下一句中的"政治事务"，把两者结合起来，而且，这句话似乎显然有意要表达文化关系与政治关系的反差。

义，而不是做我们现在做的事情。毫无疑问，情况发生了变化。你还问："有可能进一步前进吗？"这意味着，从我们的祖先到我们的变化是不合格的进步。[这是]一个非常严重的断言。如果你的标准是没有犹太大屠杀或其他诸如此类的事情，是一种生活水准和诸多便利、法律保障，甚至其他更重要的事情，那么，这种进步无可否认。还有科学。我的意思是，今天的科学毫无疑问比几百年前要先进得多。但这就够了吗？我们能够仅仅只说进步吗？

发问人[继续上面的问题]：从神学上讲，我认为也有进步。

施特劳斯：什么意思？

发问人：变化。它可能是个人性的，但仍然是一种进步。

施特劳斯：对，但你想想，你说"让个人来决定"时，你是在说，这完全是任意的偏好，那么，我们就不能再说进步了。那么，为什么你不固执己见呢？那样将可能意味着，我们的时代写就的神学——犹太神学——实际上优于（如果你断定是进步的话）哈列维（Yehuda Halevi）、迈蒙尼德（Moses Maimonides）或其他什么人的神学。我的意思是，在研究之前，那当然是可能的，但是，我只请你注意到一点。目前在各个方面——生活水平上甚至政治上——取得的巨大进步，都跟现代技术有紧密联系，现代技术本身又依赖现代科学。正是这种科学与技术也第一次有可能——或将来有可能——毁灭人类。以前最邪恶狠毒的人——尼禄本人——即使非常渴望，都不可能想到诸如原子弹之类的装置。换言之，尼禄的杀伤力还没有达到有些人所说的"过度杀伤力"（overkill；或"灭绝"）的程度。这恰恰是问题的另一面。我想说的是，我们在谈论进步即肯定进步时，也必须说，从根本而非偶然上讲，这种进步也伴随着破坏能力的进步。如果我们看看犹太历史，用犹太人的眼光看看那段历史，我们必然会说，这样的事情——我们经历的可怕的事情，像纳粹这样的事情，以前从来没有发生过。我的意思是，在二十世纪之前从来没有发生过。你若看看中世纪对犹太人骇人听闻的迫害，就不得不承认，要求这样做的不是政府。由高层教士（high clergy）代表的政府反对这样做。我的意思是，可以用一幅简单的画证明这点。在一些中世纪的教堂里，特别是在斯特拉斯堡（Strassburg）的明斯特（Münster），有一幅基督教堂和犹太会堂的绘画。基督教堂：睁着眼睛；犹太会堂：蒙着眼睛。按照基督徒的说法是"盲目"（blindness），但其中无论如何没有丝毫卑劣或羞辱成分，无论如何都没有。基督徒从自身的角度认为可以持有这样教义式的观点，但它本身没有什么，无论如何跟低劣或羞辱之类没有任何关系，根本不像纳粹德国实行的政府政策（government policy）。甚至沙皇政府也没有达到纳粹那种令人发指的程度，虽然它本身也令人发指。这就发生在二十世纪。所以我相信，那就是为什么许多人对"进步"的说法是否明智抱怀疑态度。有些方面进步了，有些方面，或许更重要的方面，又退步了。因而，从我们的祖先到我们之间有一个转变，我们变得不同于以前了，这毋庸置疑。假定从我们到一百年后的犹太人将会有进一步的转变，也不失为明智。但若说这是一种进步，则它是没有任何根据的假设。如果一切顺利，现实称之为"歧视"的东西可能会减少。我相信，这点就目前来讲很有可能。在这方面，我想——请允许我用个高雅的称呼，这位女士——那是我的幸事。但别的就没有了。

发问人：我恐怕没有把自己的问题说清楚。我认为，你指出了一些与我们的口味不太相符的东西：不仅有纳粹分子和俄国人，还有爆发（但不是确定的趋势）核毁灭的可能性。我的问题的实质不是讨论进步与否，而是从许多世纪以前的犹太教到今天已经出现了无可否认的变化。在我看来，这个变化还在继续，并延伸到将来，我认为这种变化是合理的。

施特劳斯：呵呵！那就是关键之所在。我的意思是，变化无可否认。但变好还是变坏，那是个问题。

发问人：嗯，我把问题转回到根本论题上来：我们为什么仍然是犹太人？鉴于这种不断发生的变化，我们应该界定"什么才是犹太人"、"我们仍然是什么"、"我们变化前是什么样子"和"我们将变成什么样子"。各种各样的信念有没有可能逐渐变得不属于我们今天所说的"犹太人特征"？

施特劳斯：哦，那正是十八世纪的梦想。如果我记得不错，莱辛（Lessing）在给门德尔松（Moses Mendelssohn）的信中是这样表述的。你知道，莱辛非常讨厌宗教论争。莱辛并不属于正统的路德教派，因此陷入了各种麻烦之中。他说："我希望能够到一个既没有犹太教徒也没有基督徒的国家。"① 他就这样以简洁的书信表达了一场声势浩大的政治运动的目的。有些人说，这个设想是美国宪法的基石。你知道，这是有争议的，因为它引起了一个问题：第一条修正案意味着什么？然而，乍看上去，这个设想的确可能实现：一个世俗的社会。但这不再是一种抱负。现在我们已对世俗社会有了一些经验。我们如果明智的话，就必须思考那种经验。……我想说的是，一个宗教信徒，在神的启示基础上确信，这将是未来——即救世主时代会到来，那么，如果面对所有相反的证据，他仍然保持信仰，他就是一以贯之的。然而，其希望不是基于神启的人必须为此给出人的理由。我认为，你给不出任何理由。其原因在于，你知道，人们猜想，一百年后，现实中

---

① 这是莱辛给门德尔松（Moses Mendelssohn）的最后一封信，写于1780年12月9日：

这位移民的名字叫戴夫生（Alexander Daveson），我可以作证，我们的人民在你们的人民煽动之下，以令人发指的方式对待他。亲爱的摩西（［中译按］摩西是门德尔松的名字），他惟一想让你做的是，向他指出，到一个既没有基督徒也没有犹太人的欧洲国家，哪条路最短最稳妥。我不想失去他，但他一安全到抵达那里，我就第一个随后跟上。

Alexander Altmann 译文，见其《门德尔松传》（*Moses Mendelssohn: A Biographical Study*, Philadelphia: Jewish Publication Society, 1973），页581。

不再有教徒，宗教团体、基督教堂、犹太会堂等的成员将占极少数，即使这样，也肯定不能意味着，犹太人和基督徒甚至和非犹太人之间的差别将会消失。因为犹太群体具有这样特殊的性质，它的确可以称之为我们所说的"宗教群体"——"宗教"不是一个犹太词汇——但与此同时，它是一个民族，是亚伯拉罕的后裔，那［两者］（［中译按］指犹太民族和犹太宗教）形影不离（that goes together）。在犹太传统思想中，形影不离如何形成，是个非常深奥也非常古老的问题，但这个事实不可否认。你知道，所有实践问题必须当下得到解决。你的曾孙解决问题的方式并不能决定你现在解决同一问题的方式，因为你不可能知道你的曾孙将会处于何种情况。社会科学即便声称可以预测，也不意味着它能够预测犹太人一百年后的生活情况。社会科学家的预测会受到更多条件的限制，我可以说，他们的预测与实践问题没有关系。我是从实践的角度说这番话的。它们在理论上则非常有意思。

发问人：我既想表达我的不安，也想问你一个问题。我首先想表达的不安与下述事实有关：在当今世界——我在评论你谈到基督徒（作为一方）和非犹太人（作为另一方）时所采用的轻松自然的方式——那些突出的反犹分子或犹太仇恨者已不是基督徒，而是纳粹分子（一方面），他们不是基督徒。（施特劳斯：正是如此。）我的问题是，在人们之间，比如在蒂利希（Paul Tillich）和布伯（Martin Buber）之间，① 不断加深友谊成为主流，至少在神学及其他一些方面如此，你认为这表明了什么？如果愿意的话，

---

① 布伯（Martin Buber，1878—1965）是二十世纪重要的哲学家和犹太思想家，曾在德国和以色列任教，其著作包括《我和你》（I and Thou，1923）、《摩西》（Moses，1946）和《上帝的隐遁》（The Eclipse of God，1953）。蒂利希（Paul Tillich，1886—1965）是位宗教思想家，可能是1945年以来给予新教神学影响最大的人。他曾在德国和美国任教，其主要著作有《存在的勇气》（The Courage to Be，1952）、《信仰动力学》（Dynamics of Faith，1957）和《系统神学》（Systematic Theology，1963）。

你可以看到,那些大神学家,既有犹太神学家,也有基督教神学家,他们之间都谈论对方,阅读对方,引用对方,其间透露的友爱之情溢于言表。依你看,当今世界有没有基督教犹太化或犹太教基督化的现象?

施特劳斯:没有,当然没有。我的意思是,我不清楚自己会不会选用你选的例子——我指的是你提到的那些个人,但这完全没有关系。你说得对,是有这么一些人;英国的帕克斯(James Parkes)就是个很好的例子。① 现在,不少基督徒都指责当初奥古斯丁做出用强力迫害犹太人的决定。这我知道。我也愿意认为,过去任何时候都有一些睿智的基督徒内心深处也持有同样的观点:这与基督教不相容。我虽然对这些进步感到欣慰,但必不能放弃某种……如何表达呢……必不能放弃某种我应有的清醒(sobriety),因为我属于政治学系。换句话说,我也必须谈论问题的阴暗面。我这样做,并不曾有一刻希望驳斥任何关心这些事情的个人。比如,我认识犹太神学院(Jewish Theological Seminary)的芬克尔斯坦(Louis Finkelstein)教授,他与(如你们所知)协和神学院(Union Theological Seminary [中译按] 此为基督新教神学院)的尼布尔(Reinhold Niebuhr)非常要好。② 我还有其他类似的例子。

---

① 帕克斯(James Parkes, 1896—1981)是英国国教神父,在犹太教尤其是犹太教与基督教的历史和神学关系方面颇有研究,他还主张从根本上纠正基督徒对待犹太人、犹太教和以色列的态度。他的主要著作包括:《基督教会与犹太会堂的冲突》(*The Conflict of the Church and the Synagogue*, 1934)、《不再流亡:以色列、犹太人和非犹太世界》(*End of an Exile: Israel, the Jews, and the Gentile World*, 1954)、《谁的家园?巴勒斯坦民族史》(*Whose Land? A History of the Peoples of Palestine*, 1970)等。

② 芬克尔斯坦(Louis Finkelstein, 1895—1991)专门研究拉比时期和中世纪的犹太教,是美国犹太教保守主义派别的领袖。从1940年到1971年,他是纽约犹太神学院的校长和负责人。他的主要学术著作包括《中世纪犹太人的自治》(*Jewish Self-Government in the Middle Ages*, 1924)、《阿基巴:学者、圣人和殉教者》(*Akiba: Scholar, Saint, and Martyr*, 1936)、《法利赛

这没什么疑问。但对下面这个事实,你不能熟视无睹:一百年来,有一股既反犹太教又反基督教的极其强大的潮流,力量不断壮大,在我们这个世纪已非常引人注意。这当然会导致……这里从真实的政治中引用例子不太恰当。你知道,一个新政党崛起且非常强大时,那些此前一直在凶狠互斗的老政党可能被迫相互讲和。就犹太教和基督教而言,这种事可能发生,最高贵的犹太人和最高贵的基督徒怀着最高贵的抱负,下面这个事实可以证明这点:你知道,我们犹太人可以在哈列维、迈蒙尼德等人那里发现所有这类主张。我不想质疑这种神学上的正当性,但我要说,我们必须看到另一面,这就是我的论点。这也正是我刚才试图说明的东西。……只有彻底无知的人才会说,反犹是基督教的事。当然不是。亚历山大里亚以及其他地方的罗马人和希腊人与德国或意大利等地最邪恶的僧侣一样反犹。换句话说,这一事实——不少基督徒对犹太人很友好,具有重要意义,从这点来讲,我有意提到了尼采,尽管大家都知道,尼采根本不是基督徒,但尼采肯定具有很多德国特点,而且对纳粹还负有部分责任。① 犹太人有点憎恨

人》(The Pharisees, 1962)和《来自先知的新启明》(*New Light from the Prophets*, 1970)。尼布尔(Reinhold Niebuhr, 1892—1971)是北美二十世纪最重要的新教神学家之一,在纽约协和神学院任教几十年。他关注的焦点是宗教与政治的关系。在基督教圈内和世俗领域,尼布尔在漫长的职业生涯里始终是犹太人、犹太教和以色列坚定的朋友。他的主要著作有《道德的人和不道德的社会》(*Moral Man and Immoral Society*, 1932)、《人的本性和命运》(*The Nature and Destiny of Man*, 1943)、《信仰与历史》(*Faith and History*, 1949)、《基督教实在论和政治问题》(*Christian Realism and Political Problems*, 1953)。

① "对犹太人很友好,具有重要意义"为编者所加,以使施特劳斯的句子更为清晰。施特劳斯在演讲的即兴中没有讲出这些词。这样编辑的根据是施特劳斯在本段下面部分采用的类似语言(参见他提到韦伯和谢林时所用的语言:"他们不仅友好对待犹太人")。在本处回答的后半部分,施特劳斯提到两位德国思想家,即韦伯和谢林,他们"对人们称之为犹太教'本质'

(animosity)德国——我相信,在这点上,我本人的憎恨在过去不比任何人少,但我也相信,这点也需要重新思考。我们也有其他例子:比如,在社会科学界闻名于世的韦伯(Max Weber)和相比之下不太有名的谢林(F. W. J. Schelling),还有其他著名例子——恰恰都在德国——他们不仅友好对待犹太人,还对人们称之为犹太教"本质"的东西有着深刻的理解。你们知道,对犹太人友好的人通常并不具备这点。这显然是存在的。但我们一定不要忘记这种和解的背景。……其结果是,犹太教和基督教之间的敌视——与基督教派内部的敌视一样——趋于消失。我要说的是,随着犹太教和基督教之间敌视的消失,同样数量的其他新敌视会接踵而来。我们不能认为,这些敌视无涉犹太人与非犹太人之间的差异,它们很有可能会利用这种差异为自己服务。但最重要的是要认识到,正如我通过比较希腊东正教会和犹太教会堂所展示的那样,那个共同敌人的实际政策更多地是反犹太教,而非反基督教。我了解你提到的事实。我提到中世纪那些骇人听闻的年代,只是想消除海涅残忍和单纯的观点:不幸。那不仅仅是不幸;那

的东西有着深刻的理解"。如果简要介绍一下他们关于犹太教本质的思想,可能对读者有所帮助,因为施特劳斯认为这两位思想家非常重要,只提了他们两个。谢林(F. W. J. Schelling, 1775—1854)在其哲学发展的最后阶段对一个立场加以辩护,他坚持认为,上帝对以色列的启示不可化约(irreducible)。这启示一直以来承担了传达《希伯来圣经》、揭示无法言传的上帝之名的深刻性、见证上帝[对以色列人]的拣选是人神之间特殊关系的基石的任务。谢林还通过他的《此世的诸纪元》(The Ages of the World)深刻影响了罗森茨威格(Franz Rosenzweig)的犹太思想。韦伯(Max Weber, 1864—1920)在他的《古代犹太教》(Ancient Judaism, 1917—1919)和《宗教社会学》(The Sociology of Religion, 1921—1922)里,认为犹太教是最初的伦理理性主义,并详细研究了犹太教的社会根源和历史发展问题。根据他的观点,犹太人通过犹太教的上帝概念、通过对上帝概念在社会和道德方面的阐释,对西方文明坚韧的性格和美德以及西方文明独特和持续的问题性(the unique and continuing problematics)做出了决定性贡献。

是比不幸严重得多的东西。

发问人：“歧视"犹太人和"歧视"黑人有根本的区别："歧视"黑人的人乐于有自己可以瞧不起的人，而反犹分子则希望犹太人根本不存在，因此要让他们的财产归于基督徒或他们自己的派别，你同意这种看法吗？

施特劳斯：我从来没考虑过这个问题。我也不知道是否同意。我的意思是，我首先要说，鄙视别人的欲望不仅限于反犹分子。我所知道的犹太人有些也有同样的欲望。我的意思是，任何有（用"雄心"的粗俗含义来讲）"野心"（ambition）的人都有这种欲望。因此，我们还是不要在这点上自以为义（be self-righteous）。然而，你知道，并非每个追逐虚名（badges）的人都品行不端，但其中却有品行不端的因素。至于你说的这点，我对反犹和反黑人宣传的细节不太熟悉。你所陈述的事实——如果是事实的话，仅仅证明，犹太人比黑人有更多财产可以自由分配。

发问人：作为非犹太人，我发现，我最大的问题之一就是，你在演讲最后提到的存在的事实（the fact of being）以及支撑并高扬进步观念的无止境（the infinity）问题。我发现自己面对这个存在观念，当我直视一位犹太人时，仿佛他与我之间的差异不相干（irrelevant）。在我们的态度中，把我们区别开来的一件事似乎是（我觉得你可以称我为"人文主义者"），在存在的事实面前，我承认我们所有的符号是相关的（relevant），而且我们都置身同一种天意下（under the same dispensation）。但犹太人会不承认，他从来不会只说："你和我一样是人。"我觉得，这是个真正困难的问题。（施特劳斯：哦，不是那么回事。我的意思是，完全不是那么回事。）不，我发现，你瞧，他坚持说他是犹太人。这个自我界定的问题为交流造成了真正的困难。（施特劳斯：天哪！我想那太不公平了。这就仿佛你因为一位基督徒说自己是基督徒而责备他。难道你会说基督徒否认非基督徒具有人的特点吗？还有穆斯林呢？还有佛教徒呢？或者说，若有人说，"我是美国人"，难道他就否认非美国人都不是人？）不会这样。但基督徒对教义有确定的主张。

我发现，比如你刚才在提出犹太人问题时某种程度上也讲过，有些人不能以祖先的信仰方式去信仰。而且，我还倾向于认为，作为纳粹问题的种族问题只是个残留问题。也就是说：有人出于偏爱，会继续选择停留于传统和种族中，只要有一个种族存在，他们可能延续我们称之为"优秀种族"（distinctive race）的苗裔（a seed）。

施特劳斯：呵，可不是任何特殊的生物学（biological）意义上种族。我认为，那［种意义上的种族］是一派胡言。但是，人们——用非常愤世嫉俗的（cynically）话来说——只是相信自己乃亚伯拉罕、以撒和雅各的后代，对吧？是呵，当然，那有可能。但我要说的是，我不觉得这有什么不对。

发问人：对。但问题的关键是，考虑到这一事实，种族本身……我的意思是，只要到纽约走一走，看一看，比如说看看马加比（Maccabee）足球队，这个来自以色列的球队到杨克斯（Yonkers）的运动场踢球，就能意识到，这与整个种族事务根本不相干。所有这些人都称自己为犹太人，并且生理上的种族概念（the idea of physical race）……

施特劳斯：在任何人类语境中谈论"种族"这个话题，生物学家都说不了什么。这显而易见。

发问人：对，我同意。这也是我的观点。我们有一些犹太人在信仰上不能完全认同自己祖先的教义固执（dogmatic fixation），但他依然坚称自己为犹太人。因此，他可能是个犹太人，但他的犹太性（his Jewishness）存在于一个神话（a myth）。我同意你的观点，这在人的意识中可能是真实的，但我却不能触摸到它。

施特劳斯：哦，你这样说非常非常好：它可能存在，尽管你不能触摸到它……但我要说，我一直在试图解释那一点。我刚才举了个极端的犹太人为例——没有包括你那个特殊的"人文主义者"，当然我也可以包括他——这个犹太人觉得，这一切，嗯，或许是个高贵的信仰，但它并不是一个真实的信仰（true belief），因此，他不能分享它。所以，他看不出，这种旧的共同体还有何种理由再延续下去。好了。但他要做什么呢？在现实中它又是什么样呢？你知道，在所有现实事务中，仅仅指出目标是不足够的，你还必须表明达到目标的道路。你能表明的最容易的事是第一步。假设你告诉这个人："好吧，你不要留胡子了。"……我听说，胡子的意义现在已经改变。曾经有段时间，你可以通过胡子来辨认犹太人……于是，换句话说，他会把外表方面能够改变的都改变了。他甚至可以改变姓名，他甚至可以娶非犹太女人，把孩子抚养得既不是犹太教徒也不是基督徒，也不给孩子行割礼或洗礼。我的意思是，让我们就这样做。我们如果想行背叛之举，就必须这样做。好了，我们下一步如何走呢？我想说的是，你将发现——极个别特殊的情况除外——你会在某处碰壁。例如，这位自由的犹太人和自由的非犹太女人不是（引用一位古代诗人的话说）岩石或橡树的后代，而是人的后代。我说这话的意思是，他们分属不同的家庭。那些家庭并不一定与它们最自由的成员看法一致。犹太人可能愿意说："好吧，我再不见父母、兄弟和姐妹了。"但非犹太人妻子，由于女性的友善弱点（amiable weakness of the female sex），可能会说："哎呀，这太难（hard）了，我要见我的母亲。"那么，他们（[女方]家庭）就总会说："你当初为什么那样做？为什么要嫁给那个犹太人？"孩子肯定也要见（外）祖母，那么，同样的困境又会重演。我的意思是，你不能希望这些东西不存在。然后，你必须建立一些聚居地（colonies），使那些与自己的犹太传承或过往出身以及基督教的过往出身决裂的人可以单独生活在一起。……即使你在最低层面上来实践——我的意思是，采取马基雅维利的药方根除不幸，也行不通。个人情况下可能行得通。若举出当今行得通的例子，我不知道是否可以说，或许巴鲁克（Bernard M. Baruch）是个例子。① 我曾听说这位绅士，但不认识他，也不知道他是如何实践的。但他现在上

---

① 巴鲁克（Bernard M. Baruch, 1870—1965）是第八代美国犹太人，他的家族长久以来就居住在南卡罗莱纳州。他是著名的政治家，也是金融家。从 1912 年到 1951 年，在几任总统的政府中，他为国家做出了突出贡献。

了年纪,此外,还住在美国南方。我只是听说,并不了解。可能还有其他类似情况。然而,如果这是个社会性的问题,也就是说,不是他作为个体独有的问题,而是他那类人的问题,他就必须想想他那一类的其他人了。他可能会说,即便对他完美无缺的解决方案也因为这些联结(these bonds)而并不完美。在我看来,问题的关键点似乎就在于此。再说得超然些、实事求是些(hard-boiledly),在不考虑所有更深层问题的情况下——你为什么想要完美的解决方案呢?

发问人:但那就是全部问题所在。我不是在寻求解决方案。你知道,我不想让犹太人终止存在。(施特劳斯:哦!)这就是为什么信教的犹太人在神秘的存在面前有一个立场,我尊重这种立场。顺带说一下,我比其他许多我认识的人都更尊重这种立场。但是,我遇到一些人,他们就没有这种取向(orientation)。我认识到,种族问题与此无关,然而此外,这个个体为自己创造一种特殊的取向,这种取向,在我看来,恰恰具有神话的品质(the quality of a myth)。

施特劳斯:不。我相信,那在经验上是错的。我的意思是,如果你说的神话是某种杜撰的、仅仅设想出来的东西(something fabricated, merely figured out)……[此处录音中断]……那就是galut一词,即"流亡"(exile)。换句话说,这就是记忆(recollection),这个概念([中译按]应指流亡的记忆)意味着:在我们作为犹太人的处境中有某种东西———一种重大缺陷,在我们作为犹太人的处境中的这种重大缺陷与人的处境(the situation of man)的深刻缺陷联系在一起。那是一个隐含在传统犹太信仰中的意味。我认为,这种隐含意味(implication)——不考虑诸如神学前提之类的东西和它的后果——是一个在经验层面站得住脚的断言。犹太人大多知道这一点。我的意思是,现代犹太人所处的困境显而易见。我没有完全展开这个问题,因为我想大家都知道这点。每个犹太人都肯定知道这点,每个认识犹太人的有思想的非犹太人也不必别人告诉他这一点。这些东西中有些部分提起来极令人痛苦,如果不承担有用的意图,那些东西就仅仅是历史记录。那就是我不会那样做的理由。然而，在另一方面，人们不能否认它，不能否认——如你们所说的——它的"现实性"（reality）。它不是一个神话。有关于此的各种理论或那种犹太复国主义意识形态，这些东西可以说是神话。我在几十年前刻苦研究这些东西的时候，总是将平斯克（Pinsker）作为最明显例子，以他为一方，以诺煮（Max Nordau）为另一方，对他们两者加以区分。①平斯克真正从犹太人问题开始，因为这个问题直接触动了他；而诺煮则有一个民族主义的一般理论（a general theory of nationalism），犹太人问题只是其中一个特别的个案。我总是赞成那些比较直接的人，因为你知道，他们的出发点大家都明白。还有其他各种各样的事情，但我不想深入探讨犹太人内部的争论（intra-Jewish polemics）。你意识到这个事实，这个国家有少数犹太人认为，以色列国（the state of Israel）是——委婉点儿说——个令人难受的东西（a pain in the neck）。我了解这些人，但人们只能说，他们是幻想家（the delusionists）。也可以按最简单的方式这样说：人们所说的犹太人问题是人的问题最简要也最现成的例证（the most simple and available exemplification of the human problem）。这是"犹太人是选民"的一种表达方式。如果那一点得到适当展开，所有其他事情都会显露出来。人们过去和现在一直梦想的彻底解决方案，要么一事无成，要么就导致远比各种费劲的方案（the uneasy solutions）更严重的兽行（bestiality），明智的人总是满足于费劲的方案。

发问人：假如我试着从你的言谈中归纳出一个一般原则——

---

① 诺煮（Max Nordau, 1849—1923）是欧洲著名的犹太散文家、批评家和记者。他是在赫尔茨的鼓动下第一批投向复国主义事业的人之一。作为非常有魅力的演讲家，他曾在瑞士巴塞尔举行的第一届世界复国主义大会（1897）上，向代表们做了纲领性的主题发言。施特劳斯年轻时曾写过一篇文章论述"诺煮的犹太复国主义"（Nordau's Zionism, 1923），这篇文章发表在布伯（Martin Buber）编辑的《犹太人》（Der Jude）卷7（1923），页657-660。

我不知道这是否正确——但我还是会这样说：一个人如果选择与自己的血统、自己家族的信仰不一致或是决裂，他就丢人（being dishonorable；或"不光彩的"、"丢脸的"）。

施特劳斯：我刚才做了限定。我说，我能够想见（visualize）一个人，出身最底层，自己却恰恰拥有更高贵的东西，他倾向于改变——好似——就以这种方式。我只能说，他的行为明智。若是他拥有归于他的各种非凡品质，他就不会到处卖弄说"瞧我的成就"。但我要说的是，这不是犹太人的情形。几个世纪以来，我们在各个国家无论被迫生活得多么低下，我们贬低自己。我们当然受到虐待，遭受各种痛苦。但对普通犹太人（the *average* Jew）而言，很清楚的是我们显然不值得在这些人（these people）手上遭受苦难。或许我们在上帝手上遭受苦难才值得——这是另外一回事——但不是在这样的人（the people as such）手上遭受苦难。我可以给你们讲些儿时的故事作为例子，上了年纪的人（或这里像我这个年龄的人）也能举出一些例子来，说明传统的姿态（the traditional posture）是什么。我提醒你们，只有一篇文章仍然值得对此感兴趣的人去读。这篇文章的作者是阿哈德·哈阿姆（Achad Ha'am）……你知道他是谁吗？金斯伯格（Asher Ginsberg）……我指的这篇由阿哈德·哈阿姆写的文章名为"外部是自由、内部是奴役"（In External Freedom and Internal Slavery）。① 在这篇文章

---

① 阿哈德·哈阿姆（Achad Ha'am）是金斯伯格（Asher Ginsberg，1856—1927）的笔名，他是位重要的现代犹太思想家，明晰的希伯来作家和文体家，"文化复国主义"之父。文化复国主义是赫尔茨的政治复国主义的对立面。施特劳斯提到的那篇著名文章"自由中的奴役"（*Avdut betohk Ḥerut* = Slavery in Freedom）首次发表于 1891 年。参见《阿哈德·哈阿姆全集》（*Kol Kitvei Aḥad Ha'am*，Tel Aviv：Dvir，1964）；《阿哈德·哈阿姆文选》（*Selected Essays of Aḥad Ha'am*，Leon Simon 编译，Philadelphia：Jewish Publication Society，1962），页 171 - 194。[中译按] Aḥad Ha'am 意为"这个民族中的一员"。施特劳斯对阿哈德·哈阿姆文章的标题应该是作了意译。

中，阿哈德·哈阿姆把俄国隔离区的犹太人（Jews in the Russian ghetto）和法国的首席拉比（the chief rabbi of France）做了比较，法国的首席拉比还是犹太议事会的头儿（the head of the Sanhedrin）——大家知道，这个议事会由拿破仑亲自设立。这位首席拉比受到高度尊敬，拥有各种荣誉及——你们知道——所有诸如此类的东西。但阿哈德·哈阿姆根据这个人——这位首席拉比——的言谈表明，他是个奴隶而非自由人。从外表上看，他是自由的：他可以投票，可以做很多其他事情，可以拥有财产，可以做任何他想做的事情，但他在内心深处却是个奴隶。与此相反，最贫穷的波兰犹太人（若他正好没有特别可鄙的性格，不过，这种性格的人任何地方都有）从外表看没有各种权利，在这个意义上是奴隶，然而，他在内心深处却不是奴隶。而那一点在这件事上具有关键的重要性。

发问人：我的看法是这样的。假如有个普通的犹太人对我说："我最近的思考让我有了真正的思想斗争，但我已决定，我不能再凭良心做个犹太人。我已决定成为实证主义者，我将悬置判断（suspend judgment），等等。"我会说，即使我认识到，这将使他与家庭的关系出现麻烦，使他感到烦恼（施特劳斯：你是指"不方便"），是的，使他感到不方便，我会说，如果这个人仍然做个犹太人（remains a Jew），他就会丢人（dishonorable）。

施特劳斯：哦！那是另一个问题。你的意思是说：有些犹太人不去会堂、不祈祷和不参加其他集体活动，这在道德上是不是未必必需（is it not morally necessary）？

发问人：不仅如此，我的意思是，如果他这样决定，觉得这样做是正确的，就可以完全接受另外一种宗教的装饰（trappings）。

施特劳斯：对，在更深入的论证之前，我们必须说对。我成长于一个极为老派的乡村（a very old-fashioned country），那里的人们认为，改宗基督教的犹太人没有一个是诚心诚意的。这是我所学到和相信的看法，直到我求学时遇到一位教授，他把自己改宗基督教的事告诉了我（他是一位拉比的儿子）。我必须说，他的故事并没多少可圈可点之处。要不是在多少有些陌生的你们面前不可评论仍然健在的人，我就讲出这个与其说令人感到愤慨，不如说是令人可怜的故事。但我得承认，他在主观上是情真意切的，没有搀杂任何心计（calculation）。对此，我只能说这么多。我知道，我的原始情感（正如一位伟人所说，我从乳母那里了解到我的原始情感）与我的理性判断之间有真实的反差（real disproportion）。然而，我开始的时候就说，改宗［或皈依］总有可能。问题不单单在于是否成为一个犹太教信徒群体（a Jewish congregation）的成员，并带着该信仰的所有的隐含意味。不少犹太人都没这样做——你也知道这方面的统计是什么样。然而，尽管如此，有意思的是：犹太人问题仍然存在。我给你们举过例子，说有些［犹太］人成了基督教科学派（Christian Scientists）。我假定——因为每个人在被证明有罪之前必须被看作是无辜的——他们这样做是出于确信（conviction）。换言之，他们不是只想摆脱"不幸"，而是深信基督教科学派（Christian Science）的真理。但是，什么也没有做的他们又遭受了什么呢？毕竟，其他成为基督教科学派成员的犹太人也获得了这种确信——完全纯洁的确信——然而，这个团体的主席对他们说："你们为什么不设立一个你们自己的基督教科学派团体呢？"你可以说："噢，对于只关心宗教真理（在这种情况下，是基督教科学派）的人来说，他们或他们的同伴以前是不是犹太人并没有什么分别。"这毫无疑问。然而，我要说，那非常不公平，可以说几近残酷，因为这些人因此而遭受痛苦。尽管他们不是为了摆脱犹太教的缺陷而成为基督教科学派，然而，他们感觉受到了"歧视"。从他们自己的观点来看，他们是正确的。只不过，对个别情况或症候感到愤怒没用，但必须统观全局。

发问者：某种程度上，我猜有点痛苦，我真的认为我——作为一名犹太人,对于我为什么仍然是犹太人、又该如何这样去做这两个问题,我非常想找出某种有意义的答案——必须重复那位非犹太人提出的问题。我认为,你实际上基本没有给出任何理由,让我们以积极的心态仍然做犹太人。你至多告诉我们,对[犹太人]处境的一种经验性的、实事求是的分析——这就是你今晚的立场(施特劳斯:正是如此,永远如此)——会迫使一个人遵循这个方向。其次,你最多告诉我们,我们可能把各种挫折(various flies in the ointment)理想化。(施特劳斯:不!我没有那样说,没有,没有。)哦,我猜我的确是在做出反馈,我认为您允许我反馈。(施特劳斯:是的,当然,说出来吧。)但从根本上讲,我认为,你所真正建议的——如果你针对的是这里的年轻人,我也把自己算在内(施特劳斯:正是如此)——是:你实际上是在挑战我们,实际上是在迫使我们说,这恰是"我们将要克服"的另一个问题。因为,从你描绘的图景来看,即使我们失败了,也是值得的。我认为,同时也希望(虽然今晚不是我做演讲),自己有不同的理由,以说明为什么仍然要积极地做犹太人,以回答犹太人区别于基督徒在哪些方面有重要意义。然而,我与你的意见部分相左,因为我不能接受你的基本前提。我觉得,至少现在——我们可能受到迷惑(deluded),但我想,处于我这种境况的美国人对此体会颇深——那是自愿的行为。你讲的逸闻可以说也过时了。基督教科学派的故事对我们这一代没有说服力。我认为,你对美国情况的很多解释都建立在这些我觉得没有说服力的轶事上面,虽然这些事件可能在某处发生过,或最近发生过。然而,从根本上讲,若接受你的前提,我应该说,你给的具有积极意义的建议就是做一位宗教复国主义者。然而,在那不成之后,你给我一个非常舒服的解决方案:当一名在某种程度上能够调和科学实证主义与终究来自犹太教的永恒神秘(the eternal mystique)两者关系的科学家。不过我发现,这个方案差强人意,因为它不够有挑战性,也不够独特。

施特劳斯：非常感谢你的陈述。你有些地方误解了我的观点。但既然我认识你，我只能说你的误解是由于我演讲本身的一些缺陷。你说我对美国犹太人的认识（这里有一个问题）有缺陷，我完全承认。我来这个国家才二十三年（我暂时没计算准确年数，大约如此）。但我在观察方面也有过一些训练，当然，我指的不一定是社会科学方面的训练。

你知道，我试图说明的是：我认为在至关重要的事情上，清晰或诚实（clarity or honesty）至关重要。这就是我的前提。由于不能整个展开，因而，我半明半暗地（partly explicitly and partly implicitly）拒绝根据一种文化去解释犹太历史的全部尝试。于是就有了你所抱怨的空洞无物。换句话说，问题对我而言就是：老实说（truly），要么是通过我们的传统理解的《托拉》，要么就是不信仰（unbelief）。我认为，那确实远比任何文化的解释都更为重要——文化解释以不言而喻的不信仰为基础，并不能取代它所放弃的信仰。我相信，就我能看到的而言，那就是我们间的分歧的基础。让我再补充一点。我在谈到"我们的祖先所持有的犹太信仰"时，我并不是说，每种具体的信念（every particular belief）（即使大多数或绝大多数的犹太人已经相信几百年了）都必定具有约束力（be binding）。我碰巧知道一点中世纪犹太思想家的事，我知道他们甚至［对传统信念］做了不少非常有力而且重大的修改。我相信——我这样说丝毫没有不尊重正统犹太教徒的意思——很难让今天的大多数犹太人信仰字面启示（verbal inspiration，我指的是《托拉》的字面启示）和奇迹——或大多数奇迹——以及其他事情。我知道那一点。我的朋友拉比哈里斯（Rabbi Harris）不在这里，但我对他的"后批判犹太教"（post-critical Judaism）深感同情。我认为，他的提法指出了完全正当和明智的目标，也就是要以某种方式重申犹太信仰的实质，这种方式绝不是在字面上等同于，比如，兰姆巴姆（Rambam）的"世界的创造者"（the Creator of the world），①或诸如此类的东西——我指的是，不等同于任何传统的原则主张（traditional statement of principles）。这不是问题的关键。然而，一种不信仰"世界的创造者"的犹太教本身会问题重重。

我再给你讲一个故事，这个故事具有某种更伟大的尊严。新康德学派的创始人柯亨（Hermann Cohen）是德国最杰出的犹太人之一。②从有信仰的犹太人这个意义上讲，他非常关心自己如何做到既是哲学家又是犹太人。那是终生的斗争，我认为，他说的话决不是无关痛痒的，因此值得关心此问题的每个人去研究。有一次，他向一位有学识的正统犹太人读了一段自己认为是犹太教实质的简短声明。那位（出身与教育都）老派、质朴的人说："可世界的创造者如今在哪儿（where remains the Creator of the world）？"我就在这个楼里曾听到有人说："我相信上帝是个符号。"③那么，

---

① 兰姆巴姆（Rambam）是 Rabbi Moses ben Maimon（迈蒙之子拉比摩西，1135—1204）的首字母组合，他也被称为迈蒙尼德。Rambam 是传统犹太人熟悉和使用的名字。

② 柯亨（Hermann Cohen, 1842—1918）是十九世纪新康德学派的领军人物，曾在德国马尔堡大学任教几十年。他以新康德主义模式发展了自己的哲学体系，并撰写了皇皇三卷巨著对之加以阐述。柯亨晚年转向犹太教，写了《源于犹太教的理性宗教》（*Religion of Reason out of the Sources of Judaism*），这本书被认为是现代犹太哲学真正的伟大著作之一。关于施特劳斯对柯亨的复杂看法，参见本书第五篇论文和编者序言（［中译按］即 "Introductory Essay to Hermann Cohen"，刊 L. Strauss, *Jewish Philosophy and the Crisis of Modernity*, K. H. Green 编, New York, 1997, pp. 267-282）。

③ 见 Leo Strauss,《哲学与律法》（*Philosophie und Gesetz*, Berlin, 1935），页 33, 38-39；参阿德勒（Eve Alder）译文（*Philosophy and Law*, Albany, 1995），页 44-45, 48-51, 139（注 6）；K. H. Green,《犹太人与哲人》（*Jew and Philosopher*, Albany, 1993），页 46-47。罗森茨威格曾评论过哈列维的诗"名字"（The Name），在评论结尾部分，他讲了关于柯亨和"世界的创造者"（Borei 'olam）的故事。罗森茨威格首先从施特劳斯那里听到这

我要说，在其他条件相同的情况下，一个说"我不信仰上帝"的人更好。我并不否认，一个人可以信仰上帝，但不相信创世，尤其不相信从无中创世。毕竟，人们或许可以看到，《圣经》本身也没有明确教导从无中创世。然而尽管如此，犹太教依然包含着关于人的责任感和最后救赎的整个概念。我的意思是，你可以说："好吧，取消身位式的弥赛亚（the personal Messiah），只要弥赛亚时代。"你知道，大多数自由派犹太人都这样做，你还可以增加更多这样的东西。但是，不信仰关注正义的上帝，最后救赎的确定性这个概念本身也站不住脚——而这是个如此至为重要的问题。我要说，在我看来，不信仰那一点的人，其恰当的姿态就是进入这种神秘（this mystery），进入这种神秘的信念（this mysterious belief）。我想，他出来时会——即使他带着对神秘的信念出不来也会——带着他以前从来没有过的理解。

以我个人拙见（我的意见在这些问题上无足轻重），当今最深刻的犹太思想家之一，也可能是最深刻的犹太思想家，是〔耶

个故事，认为它表现了柯亨理性主义神学核心部分的致命缺陷。见 Steven S. Schwartzschild，"罗森茨威格关于柯亨的轶事"（Franz Rosenzweig's Anecdotes about Hermann Cohen），载《反思当前》（*Gegenwart im Rückblick*，H. A. Strauss 和 K. R. Grossman 编，Heidelberg，1970），页 209 – 218。至于罗森茨威格评注哈列维那首诗的译文，参见 Barbara E. Galli，《罗森茨威格与哈列维》（*Franz Rosenzweig and Yehuda Halevi*，Montrealand Kingston：McGill-Queens University Press，1995），页 206 – 207。

"上帝是符号"的说法指的可能是蒂利希的神学。蒂利希曾任教于哈佛大学和纽约的协和神学院，在芝加哥大学也做过多次演讲，并于 1962—1965 年间在芝加哥大学任教。参见他的《信仰的能量》（*Dynamics of Faith*，New York，1957），页 41 – 54，89 – 98。在吉尔丁（Hilail Gildin）编《政治哲学导论》（*An Introduction to Political Philosophy*，Wayne State University Press，1989）的"跋"（Epilogue）中，施特劳斯也说过一段类似的话（页 148 – 149）。在这段话中，施特劳斯明确指出，在他看来，"坦诚的无神论者要好于认为上帝是个符号而又自称为有神论者的人"。〔原注 44〕

路撒冷]希伯来大学的索勒姆（Gershom Scholem）。在他的近著中——这本书现在只有德文版（我记得原版是希伯来文，但我甚至记不得其德文题目）①——他指出，我们的某些神秘主义者走了怎样惊人漫长的路才想通这些信念，随后他们发现，我们许多人所持有的反对这些传统信念的诸多意见不再站得住脚。我认为，这类事令人感到满意。然而，我相信，若有人单单用犹太民族的创造性天才（the creative genius of the Jewish people）来取代上帝，他就放弃了，他就剥夺了自己的——即使此人不信仰——人的理解的一个来源（a source of *human* understanding）。②让我们还要记得问一问：一个人没有信仰意味着什么？当前有多少不信仰者存在，有多少人是出于道听途说？甚或有多少人是出于你们的某个同行所谓的"社会压力"？信与不信不是这么简单的状态：这是信教的阵营，那是不信教的阵营。从政治上讲，很多场合都可能

---

① 索勒姆（Gershom Scholem, 1897—1982）是位伟大的学者，专研犹太教神秘主义，精通犹太教精神史的大部分领域。从在德国的青年时代起，索勒姆就是施特劳斯的友人，自 1923 年移居巴勒斯坦后，索勒姆在耶路撒冷的希伯来大学教书。凭自身的才学，索勒姆还是一位重要的现代犹太思想家。有关他对犹太教神秘主义者的激进思想所作的评注，施特劳斯所指的很可能是索勒姆的《论喀巴拉及其象征主义》（*Zur Kabbala und irher Symbolik*, Zurich: Rhein - Verlag, 1960; = *On the Kabbala and Its Symbolism*, Ralph Manheim 英译, New York: Schocken, 1965）

② 在这种情况下，最好考察一下施特劳斯非常敬佩的索勒姆所说的话。索勒姆在他的"犹太神学反思"（Reflections on Jewish Theology）一文中评述了信仰的对象由上帝转为"犹太民族的创造性天才"的现象。索勒姆认为，犹太宗教存在主义实际上意味着人文主义。索勒姆在自己的行文中把犹太宗教存在主义所主张的启示信条与世俗文化复国主义的人文实证主义联系起来。他的这些评注在本书（[中译按]指《犹太哲学与现代性危机》，前揭）的"编者导言"中曾全文加以引述（见前，"编者导言"，注99）。另参 Werner Dannhauser 编，《论危机中的犹太人和犹太教》（*On Jews and Judaism in Crisis*, New York, 1976），页 274 - 275。

出现这种情况，但对两个阵营中大多数较有思想的人（the more thoughtful people），情况就不一样了。我不希望小看民间舞蹈、讲希伯来语和许多其他事情——我不希望小看它们。但我相信，他们不可能取代我们传统中最深刻的东西。

然而，无论如何（however this may be），我今天出过庭了（I have had my day in court），我讲了自己的想法。我必须要说，你们还听到现在，让我感到诧异。

图书在版编目（CIP）数据

犹太哲人与启蒙：施特劳斯讲演与论文集.卷一/（美）列奥·施特劳斯（Leo Strauss）著；张缨译.--增订本.--北京：华夏出版社，2019.1
（西方传统：经典与解释）
ISBN 978-7-5080-9504-2

Ⅰ.①犹… Ⅱ.①列… ②张… Ⅲ.①犹太哲学－文集 Ⅳ.①B382-53

中国版本图书馆CIP数据核字（2018）第144021号

犹太哲人与启蒙（增订本）——施特劳斯讲演与论文集：卷一

作　　者	［美］列奥·施特劳斯
译　　者	张　缨
责任编辑	陈希米
责任印制	刘　洋
出版发行	华夏出版社
经　　销	新华书店
印　　装	三河市兴达印务有限公司
版　　次	2019年1月北京第1版 2019年1月北京第1次印刷
开　　本	880×1230　1/32
印　　张	10.875
字　　数	292千字
定　　价	75.00元

华夏出版社 地址：北京市东直门外香园北里4号　邮编：100028
网址：www.HXPH.com.cn　电话：(010)64663331（转）
若发现本版图书有印装质量问题，请与我社营销中心联系调换。

西方传统：经典与解释
Classici et Commentarii
HERMES
刘小枫 ◎ 主编

古今丛编

货币哲学　[德]西美尔 著

孟德斯鸠的自由主义哲学
——《论法的精神》疏证　[美]潘戈 著

莫尔及其乌托邦　[德]考茨基 著

试论古今革命　[法]夏多布里昂 著

但丁：皈依的诗学　[美]弗里切罗 著

在西方的目光下　[英]康拉德 著

大学与博雅教育　董成龙 编

探究哲学与信仰
——基尔克果与苏格拉底　[美]郝岚 著

民主的本性
——托克维尔的政治哲学　[法]马南 著

梅尔维尔的政治哲学
——《切雷诺》及其解读　李小均 编/译

席勒美学的哲学背景　[美]维塞尔 著

果戈里与鬼　[俄]梅列日科夫斯基 著

自传性反思　[美]沃格林 著

黑格尔与普世秩序　[美]希克斯 等著

新的方式与制度
——马基雅维利的《论李维》研究
[美]曼斯菲尔德 著

科耶夫的新拉丁帝国　[法]科耶夫 等著

《利维坦》附录　[英]霍布斯 著

或此或彼（上、下）　[丹麦]基尔克果 著

海德格尔式的现代神学　刘小枫 选编

双重束缚　[法]基拉尔 著

古今之争中的核心问题
——施米特的学说与施特劳斯的论题　[德]迈尔 著

论永恒的智慧　[德]苏索 著

宗教经验种种　[美]詹姆斯 著

尼采反卢梭　[美]凯斯·安塞尔-皮尔逊 著

舍勒思想评述　[美]弗林斯 著

诗与哲学之争　[美]罗森 著

神圣与世俗　[罗]伊利亚德 著

但丁的圣约书　[美]霍金斯 著

古典学丛编

探究希腊人的灵魂　[美]戴维斯 著

尤利安文选　马勇 编/译

论月面　[古罗马]普鲁塔克 著

雅典谐剧与逻各斯
——《云》中的修辞、谐剧性及语言暴力
[美]奥里根 著

莱园哲人伊壁鸠鲁　罗晓颖 选编

《劳作与时日》笺释　吴雅凌 撰

希腊古风时期的真理大师　[法]德蒂安 著

古罗马的教育　[英]葛怀恩 著

古典学与现代性　刘小枫 编

表演文化与雅典民主政制
[英]戈尔德希尔、奥斯本 编

西方古典文献学发凡　刘小枫 编

古典语文学常谈　[德]克拉夫特 著

古希腊文学常谈　[英]多佛 等著

撒路斯特与政治史学　刘小枫 编

希罗多德的王霸之辨　吴小锋 编/译

第二代智术师
——罗马帝国早期的文化现象　[英]安德森 著

英雄诗系笺释　[古希腊]荷马 著

统治的热望
——修昔底德笔下的阿尔喀比亚德和帝国政治
[美]福特 著

论埃及神学与哲学
——伊希斯与俄赛里斯　[古希腊]普鲁塔克 著

凯撒的剑与笔　李世祥 编/译

伊壁鸠鲁主义的政治哲学
[意]詹姆斯·尼古拉斯 著

修昔底德笔下的人性　[美]欧文 著

修昔底德笔下的演说　[美]斯塔特 著

古希腊政治理论　[美]格雷纳 著

神谱笺释　吴雅凌 撰

赫西俄德：神话之艺
[法]居代·德·拉孔波 等著

赫拉克勒斯之盾笺释　罗逍然 译笺
《埃涅阿斯纪》章义　王承教 选编
维吉尔的帝国　[美]阿德勒 著
塔西佗的政治史学　曾维术 编

古希腊诗歌丛编
古希腊早期诉歌诗人　[英]鲍勒 著
诗歌与城邦　[美]费拉格、纳吉 主编
阿尔戈英雄纪（上、下）
[古希腊]阿波罗尼俄斯 著
俄耳甫斯教祷歌　吴雅凌 编译
俄耳甫斯教辑语　吴雅凌 编译

古希腊肃剧注疏集
希腊肃剧与政治哲学　[美]阿伦斯多夫 著

古希腊礼法
希腊人的正义观　[英]哈夫洛克 著

廊下派集
廊下派的神和宇宙　[墨]里卡多·萨勒斯 编
廊下派的城邦观　[英]斯科菲尔德 著

希伯莱圣经历代注疏
希腊化世界中的犹太人　[英]威廉逊 著
第一亚当和第二亚当　[德]朋霍费尔 著

新约历代经解
属灵的寓意　[古罗马]俄里根 著

基督教与古典传统
保罗与马克安
——一种思想史考察　[德]文森 著
加尔文与现代政治的基础　[美]汉考克 著
无执之道
——埃克哈特神学思想研究　[德]文森 著
恐惧与战栗　[丹麦]基尔克果 著
托尔斯泰与陀思妥耶夫斯基
[俄]梅列日科夫斯基 著
论宗教大法官的传说　[俄]罗赞诺夫 著
海德格尔与有限性思想（重订版）
刘小枫 选编
上帝国的信息　[德]拉加茨 著
基督教理论与现代　[德]特洛尔奇 著

亚历山大的克雷芒　[意]塞尔瓦托·利拉 著
中世纪的心灵之旅
——波纳文图拉神学著作选　[意]圣·波纳文图拉 著

德意志古典传统丛编
彭忒西勒亚　[德]克莱斯特 著
穆佐书简　[奥]里尔克 著
纪念苏格拉底——哈曼文选　刘新利 选编
夜颂中的革命和宗教
——诺瓦利斯选集卷一　[德]诺瓦利斯 著
大革命与诗话小说
——诺瓦利斯选集卷二　[德]诺瓦利斯 著
黑格尔的观念论　[美]皮平 著
浪漫派风格——施勒格尔批评文集　[德]施勒格尔 著

美国宪政与古典传统
美国1787年宪法讲疏　[美]阿纳斯塔普罗 著

世界史与古典传统
西方古代的天下观　刘小枫 编
从普遍历史到历史主义　刘小枫 编

启蒙研究丛编
浪漫的律令
——早期德国浪漫主义概念　[美]拜泽尔 著
现实与理性　[法]科维纲 著
论古人的智慧　[英]培根 著
托兰德与激进启蒙　刘小枫 编
图书馆里的古今之战　[英]斯威夫特 著

荷马注疏集
不为人知的奥德修斯　[美]诺特维克 著

品达注疏集
幽暗的诱惑
——品达、晦涩与古典传统　[美]汉密尔顿 著

欧里庇得斯集
自由与僭越
——欧里庇得斯《酒神的伴侣》绎读　罗峰 编译

阿里斯托芬集
《阿卡奈人》笺释　[古希腊]阿里斯托芬 著

色诺芬注疏集
居鲁士的教育　[古希腊]色诺芬 著
色诺芬的《会饮》　[古希腊]色诺芬 著

柏拉图注疏集

柏拉图书简　彭磊 译著
克力同章句　程志敏 郑兴凤 撰
哲学的奥德赛——《王制》引论　[美]郝兰 著
爱欲与启蒙的迷醉
　　——论柏拉图的《会饮》　[美]贝尔格 著
为哲学的写作技艺一辩
　　——《斐德若》疏证　[美]伯格 著
柏拉图式的迷宫——《斐多》义疏　[美]伯格 著
哲学如何成为苏格拉底式的　[美]朗佩特 著
苏格拉底与希琵阿斯　王江涛 编译
理想国　[古希腊]柏拉图 著
谁来教育老师——《普罗塔戈拉》发微　刘小枫 编
立法者的神学
　　——柏拉图《法义》卷十绎读　林志猛 编
柏拉图对话中的神　[法]薇依 著
厄庇诺米斯　[古希腊]柏拉图 著
智慧与幸福
　　——柏拉图的《厄庇诺米斯》　程志敏 选编
论柏拉图对话　[德]施莱尔马赫 著
柏拉图《美诺》疏证　[美]克莱因 著
政治哲学的悖论
　　——苏格拉底的哲学审判　[美]郝岚 著
神话诗人柏拉图　张文涛 选编
阿尔喀比亚德　[古希腊]柏拉图 著
叙拉古的雅典异乡人
　　——柏拉图《书简七》探幽　彭磊 选编
阿威罗伊论《王制》　[阿拉伯]阿威罗伊 著
《王制》要义　刘小枫 选编
柏拉图的《会饮》　[古希腊]柏拉图 等著
苏格拉底的申辩（修订版）　[古希腊]柏拉图 著
苏格拉底与政治共同体　[美]尼柯尔斯 著
政制与美德——柏拉图《法义》疏解　[美]潘戈 著
《法义》导读　[法]卡斯代尔·布舒奇 著
论真理的本质　[德]海德格尔 著
哲人的无知　[德]费勃 著
米诺斯　[古希腊]柏拉图 著

亚里士多德注疏集

亚里士多德《政治学》中的教诲　[美]潘戈 著
品格的技艺　[美]加佛 著
亚里士多德哲学的基本概念　[德]海德格尔 著
《政治学》疏证　[意]托马斯·阿奎那 著
尼各马可伦理学义疏
　　——亚里士多德与苏格拉底的对话　[美]伯格 著
哲学之诗
　　——亚里士多德《诗学》解诂　[美]戴维斯 著
对亚里士多德的现象学解释　[德]海德格尔 著
城邦与自然——亚里士多德与现代性　刘小枫 编
论诗术中篇义疏　[阿拉伯]阿威罗伊 著
哲学的政治
　　——亚里士多德《政治学》疏证　[美]戴维斯 著

普鲁塔克集

普鲁塔克的《对比列传》　[英]达夫 著
普鲁塔克的实践伦理学　[比利时]胡芙 著

阿尔法拉比集

政治制度与政治箴言　阿尔法拉比 著

莎士比亚绎读

莎士比亚的历史剧　[英]蒂利亚德 著
莎士比亚戏剧与政治哲学　彭磊 选编
莎士比亚的政治盛典　[美]阿鲁里斯/苏利文 编
丹麦王子与马基雅维利　罗峰 选编

洛克集

上帝、洛克与平等　[美]沃尔德伦 著

卢梭集

论哲学生活的幸福　[德]迈尔 著
致博蒙书　[法]卢梭 著
政治制度论　[法]卢梭 著
哲学的自传
　　——卢梭的《孤独漫步者的遐思》　[美]戴维斯 著
文学与道德杂篇　[法]卢梭 著
设计论证
　　——卢梭的《社会契约论》　[美]吉尔丁 著
卢梭的自然状态　[美]普拉特纳 等著
卢梭的榜样人生
　　——作为政治哲学的《忏悔录》　[美]凯利 著

莱辛注疏集
- 汉堡剧评 [德]莱辛 著
- 关于悲剧的通信 [德]莱辛 著
- 《智者纳坦》研究版 [德]莱辛 等著
- 启蒙运动的内在问题
  ——莱辛思想再释 [美]维塞尔 著
- 莱辛剧作七种 [德]莱辛 著
- 历史与启示——莱辛神学文选 [德]莱辛 著
- 论人类的教育
  ——莱辛政治哲学文选 [德]莱辛 著

尼采注疏集
- 尼采引论 [德]施特格迈尔 著
- 尼采与基督教
  ——尼采的《敌基督》论集 刘小枫 编
- 尼采眼中的苏格拉底 [美]丹豪瑟 著
- 尼采的使命
  ——《善恶的彼岸》绎读 [美]朗佩特 著
- 尼采与现时代
  ——解读培根、笛卡尔与尼采 [美]朗佩特 著
- 动物与超人之间的绳索 [德]A.彼珀 著

施特劳斯集
原著
- 论僭政(重订本)——色诺芬《希耶罗》义疏 [美]施特劳斯 [法]科耶夫 著
- 苏格拉底问题与现代性(增订本)
  ——施特劳斯讲演与论文集:卷二
- 犹太哲人与启蒙(增订本)
  ——施特劳斯讲演与论文集:卷一
- 霍布斯的宗教批判
- 斯宾诺莎的宗教批判
- 门德尔松与莱辛
- 哲学与律法——论迈蒙尼德及其先驱
- 迫害与写作艺术
- 柏拉图式政治哲学研究
- 论柏拉图的《会饮》
- 柏拉图《法义》的论辩与情节
- 什么是政治哲学
- 古典政治理性主义的重生(重订本)
- 回归古典政治哲学——施特劳斯通信集
- 苏格拉底与阿里斯托芬

研究作品
- 论源初遗忘
  ——海德格尔、施特劳斯与哲学的前提 [美]维克利 著
- 政治哲学与启示宗教的挑战 [德]迈尔 著
- 阅读施特劳斯 [美]斯密什 著
- 施特劳斯与流亡政治学 [美]谢帕德 著
- 隐匿的对话
  ——施米特与施特劳斯 [德]迈尔 著
- 驯服欲望
  ——施特劳斯笔下的色诺芬撰述 [法]科耶夫 等著

施米特集
- 宪法专政
  ——现代民主国家中的危机政府 [美]罗斯托 著
- 施米特对自由主义的批判 [美]约翰·麦考米克 著

伯纳德特集
- 古典诗学之路(第二版)
  ——相遇与反思:与伯纳德特聚谈 [美]伯格 编
- 弓与琴(重订本)
  ——从柏拉图解读《奥德赛》 [美]伯纳德特 著
- 神圣的罪业 [美]伯纳德特 著

布鲁姆集
- 巨人与侏儒(1960-1990)
- 人应该如何生活——柏拉图《王制》释义
- 爱的设计——卢梭与浪漫派
- 爱的戏剧——莎士比亚与自然
- 爱的阶梯——柏拉图的《会饮》
- 伊索克拉底的政治哲学

沃格林集
- 自传体反思录 [美]沃格林 著

大学素质教育读本
- 古典诗文绎读 西学卷·古代(上、下)
- 古典诗文绎读 西学卷·现代编(上、下)

中国传统：经典与解释
Classici et Commentarii
经典与解释
刘小枫　陈少明 ◎ 主编

《孔丛子》训读及研究 / 雷欣翰 撰
论语说义 / [清]宋翔凤 撰
周易古经注解考辨 / 李炳海 著
浮山文集 / [明]方以智 著
药地炮庄 / [明]方以智 著
药地炮庄笺释·总论篇 / [明]方以智 著
青原志略 / [明]方以智 编
冬灰录 / [明]方以智 著
冬炼三时传旧火 / 邢益海 编
《毛诗》郑王义发微 / 史应勇 著
宋人经筵诗讲义四种 / [宋]张纲 等撰
道德真经藏室纂微篇 / [宋]陈景元 撰
道德真经四子古道集解 / [金]寇才质 撰
皇清经解提要 / [清]沈豫 撰
经学通论 / [清]皮锡瑞 著
松阳讲义 / [清]陆陇其 著
起凤书院答问 / [清]姚永朴 撰
周礼疑义辨证 / 陈衍 撰
《铎书》校注 / 孙尚扬 肖清 等校注
韩愈志 / 钱基博 著
论语辑释 / 陈大齐 著
《庄子·天下篇》注疏四种 / 张丰乾 编
荀子的辩说 / 陈文洁 著
古学经子 / 王锦民 著
经学以自治 / 刘少虎 著
从公羊学论《春秋》的性质 / 阮芝生 撰

刘小枫集
以美为鉴：注意美国立国原则的是非未定之争
古典学与古今之争［增订本］
这一代人的怕和爱［第三版］
沉重的肉身［珍藏版］
圣灵降临的叙事［增订本］
罪与欠
儒教与民族国家
拣尽寒枝
施特劳斯的路标
重启古典诗学
设计共和
现代人及其敌人
海德格尔与中国
共和与经纶
现代性与现代中国
现代性社会理论绪论
诗化哲学［重订本］
拯救与逍遥［修订本］
走向十字架上的真
西学断章

编修［博雅读本］
凯若斯：古希腊语文读本［全二册］

译著
普罗塔戈拉（详注本）
柏拉图四书

经典与解释辑刊

1. 柏拉图的哲学戏剧
2. 经典与解释的张力
3. 康德与启蒙
4. 荷尔德林的新神话
5. 古典传统与自由教育
6. 卢梭的苏格拉底主义
7. 赫尔墨斯的计谋
8. 苏格拉底问题
9. 美德可教吗
10. 马基雅维利的喜剧
11. 回想托克维尔
12. 阅读的德性
13. 色诺芬的品味
14. 政治哲学中的摩西
15. 诗学解诂
16. 柏拉图的真伪
17. 修昔底德的春秋笔法
18. 血气与政治
19. 索福克勒斯与雅典启蒙
20. 犹太教中的柏拉图门徒
21. 莎士比亚笔下的王者
22. 政治哲学中的莎士比亚
23. 政治生活的限度与满足
24. 雅典民主的谐剧
25. 维柯与古今之争
26. 霍布斯的修辞
27. 埃斯库罗斯的神义论
28. 施莱尔马赫的柏拉图
29. 奥林匹亚的荣耀
30. 笛卡尔的精灵
31. 柏拉图与天人政治
32. 海德格尔的政治时刻
33. 荷马笔下的伦理
34. 格劳秀斯与国际正义
35. 西塞罗的苏格拉底
36. 基尔克果的苏格拉底
37. 《理想国》的内与外
38. 诗艺与政治
39. 律法与政治哲学
40. 古今之间的但丁
41. 拉伯雷与赫尔墨斯秘学
42. 柏拉图与古典乐教
43. 孟德斯鸠论政制衰败
44. 博丹论主权
45. 道伯与比较古典学
46. 伊索寓言中的伦理
47. 斯威夫特与启蒙
48. 赫西俄德的世界
49. 洛克的自然法辩难
50. 斯宾格勒与西方的没落
51. 地缘政治学的历史片段